U0041329

我無罪

劉曉波傳

余杰——著

以此書獻給我的妻子
紀念那段與死亡擦肩而過的黑暗歲月

劉曉波是一個複雜的個性綜合體：他不僅是激情的，也是理性的；不僅是政治的，也是藝術的；他不僅屬於過去，也屬於未來。

——王丹（國立清華大學人文社會學院客座助理教授）

本書不僅是劉曉波的傳記，它還是一個時代的傳記，一部微光與影子並陳的傳記。

——吳明益（國立東華大學華文系副教授）

劉曉波在中國是個禁忌，而在許多地方他是個謎，甚至是個神話。余杰，一位熟悉劉曉波的朋友，真誠、坦白、巨細無遺的告訴我們，劉曉波既不該是禁忌，不是謎，更不是神話，而是個有驅體、有靈魂、有熱情、也有高度人格缺陷的知識分子；劉曉波動人感人，是因為他身處逆境，卻不屈不撓的追求他一貫堅持的核心價值。謝謝余杰還原了一個我們都該認識的真實劉曉波。

——杜念中（《蘋果日報》前社長）

余杰兄以春秋之筆，秉筆直書，刻劃當代中國知識分子群像，並以劉曉波先生為切入點，提供一個人文思考，歷史縱深與宗教哲理架構，是一本值得推薦閱讀的傳記。

——胡忠信（歷史學者．政治評論家）

震撼人心！深刻揭露中國知識分子生存的困境與勇氣！

——郝譽翔（國立中正大學台灣文學研究所教授）

這是一個中國勇者的發光生命史，並照亮了當代中國的黑暗與瘋狂。

——張鐵志（文化與政治評論家）

劉曉波是中國的良心，亞洲的良心，世界的良心。

——陳芳明（國立政治大學講座教授）

我們不是看到一個天生的鬥士，而是看到一個野性少年如何變成知識分子，如何從獨善其身到積極介入，如何從浪蕩高傲到堅毅謙卑，每一個選擇和判斷的轉折，給同樣身處亂世的我們，一面真誠的鏡子。

——鴻鴻（詩人．導演）

快意人生，二十年間無人比肩；溫和抗暴，亞洲又出甘地傳人。

——蘇曉康（中國大陸報導文學作家、《河殤》總撰稿人）

目次

第五章　一個人的戰鬥

第六章　地震前最後的預報：《零八憲章》

我無罪
劉曉波傳

序

余英時

余杰寫劉曉波的傳記，真可以說是天作之合：一方面劉曉波不可能找到比余杰更出色當行的作傳人；另一方面，余杰也不可能找到比劉曉波更能使他全心投入的寫傳對象。關於這一點，後文還會作進一層的解釋，暫止於此。現在讓我對這部傳記作一高度概括性的介紹，以為讀者理解之一助。

我認為本書有三個最值得注意的特色：

第一，本書並非孤立地呈現劉曉波個人的生活和思想，而是將它置於整個歷史變動的大脈絡之中。正因為如此，他的精神成長和發展才段落分明地展示了出來。從十一歲到二十一歲（一九六六至一九七六年）是他在精神上啟蒙和奠基的階段，但恰好處於「文革」時期。「文革」雖是中國人的普遍災難，卻意外成為劉曉波的一種福祉，使他在一段時間之內自由自在，不受任何精神上的束縛。這一點點自由的幼苗不斷在他心靈中茁壯，終於成為今天我們所認識的劉曉波。難怪他後來要說：「我非常感謝『文化大革命』。」

從一九七七到一九八九年則是劉曉波生命史上第二個重要階段。在這一階段中，他一方面完成了中國文學的專業研究，取得了博士學位（一九八八年），另一方面他的自由精神已沛然莫之能禦，自八〇年代初開始，便衝出了文學專業的領域，而馳騁在思想和文化這一更廣闊的世界中。但是我們同時也必須記住：這一段時期，由於胡耀邦、趙紫陽兩人主持黨政，思想和文化界出現了一個短暫的相對寬鬆局面。本書在敘事過程中便隱隱約約地將這一獨特的歷史背景透露了出來。例如提到劉曉波在一九八八年應邀赴挪威講學，作者寫道：

那時「反自由化」運動經趙紫陽的抵制逐漸淡化，北師大的「小氣候」相對寬鬆，他得以順利出國講學。

從一九八九年天安門運動到二〇一〇年獲得諾貝爾和平獎則是曉波生命史上的第三階段，本書敘事主要聚焦於此。全書共八章，自第三章以下都是屬於第三階段，因此記錄十分詳盡。在這六章的長篇敘述中，曉波個人在這二十年中的一切遭遇更是和歷史脈絡緊密相連的。所以近二十年來中國的政治、社會動態也隨著曉波的一言一行清晰地呈現了出來。自一九八九年以來，由於東歐和前蘇聯先後發生了驚天動地的變化，「亡黨」的恐懼成為中共一黨專政的主旋律。我們只要稍稍回顧一下中共在過去二十年中怎樣時輕時重地懲罰曉波，這一點便顯露無遺了。無論是短期監禁、在家軟禁或「勞動教養」，都和他的言行對於政權所構成的威脅一一相應。換句話說，對政權的威脅越大，懲罰也越重。毫無疑問，曉波在二〇〇八年底所推出的《零八憲章》構成了對「一黨專政」的最大威脅，因為這可以引發稍後在中東進行得如火如荼的「茉莉花革命」。明乎此，則曉波為什麼在《憲章》發表前夕（二〇〇八年十二月八日）被祕密拘禁，並在一年之後（二〇〇九年十二月二十六日）以「煽動顛覆國家政權罪」判刑十一年，便完全可以理解了。

第二，本書記述曉波的思想和價值觀念，相當詳盡，我們稍加推導，便能看到他的心靈發展的整體過程。這是本書一個很重要的貢獻。前面提到曉波精神進程的三個階段，現在我要進一步指出：這三個階段是一種內在理路的展開，由低而高，逐層拓廣。他在第一階段所獲得高度自由為他在第二、第三階段的思想發展提供了基本動力。徐友漁曾以「思想徹底」作為曉波的主要「特徵」，我完全同意。但是我要下一轉語，這一特色正是他的自由精神的呈現。他的少年和青年時期是在「停課鬧革命」、「上山下鄉」中度過的，所以他沒有受到長期而有系統的意識形態束縛，而且很早便形成了向權威挑戰的心態。此外他和同時代少年一輩相比，還有一個很獨特的人生經驗，即一九六九至一九七三這幾年，他隨父親到內蒙古科爾沁右翼前旗插隊。在這個草原、荒漠與森林的廣闊邊境，他可能有機會和當地的農民與牧民摔跤、喝酒，打成一片。也許由於這一背景，他的思想和寫作之中往往貫注著一股浪漫奔放的精神，和他所體現與嚮往的自由相得益彰。自由加上浪漫奔放便造成了曉波的「思想徹底」。

曉波思想的「徹底性」表現在很多方面，這裡姑且舉一二事例為證。首先，從消極方面說，他對於共產黨的否定是徹底的，從意識形態到統治都持完全反對的態度。以意識形態而論，他對八〇年代具有廣泛影響的思想啟蒙者提出鋒銳的批判，並不是抹煞他們的重大貢獻，而是因為他們在思想突破方面不夠徹底，「本身還拖著一條長長的舊意識形態的尾巴」。再就現實政治來說，一九八八年他在香港便公開發表了〈混世魔王毛澤東〉的評論，這更是徹底拒斥中共政權的一種明確表示。

其次，再從積極方面看，曉波對於普世價值的追求也同樣地勇往直前，百折不撓。前面曾指出，曉波在思想成長最初階段已完全認同自由的價值。但在第二、第三這兩個階段中，他則不斷地致力於自由的深化和擴張。從他最早（一九八四年）發表的〈論藝術直覺〉和〈論莊子〉兩文來看，他是在文學和藝術的領域中尋求自由。這正是為什麼他特別注意到莊子的緣由。因為，一方面，《莊子》這部書恰好體現了最純淨的自由精神。自嚴復至蕭公權，凡是深入西方思想的現代學人，都對《莊子》有這樣的理解，如〈逍遙遊〉可以看作是自由的至境，而〈在宥〉則是「最徹底之自由思想」。另一方面，如所周知，《莊子》也是中國藝術精神的一個最重要的源頭。但是曉波很快地便將自由推向文化和思想的廣大世界，一九八六年轟動一時的〈危機！新時期文學面臨危機〉即其明證。不但如此，他在字面上斥責的雖是中國傳統文化和專制制度，但事實上卻「項莊舞劍，意在沛公」，劍鋒遙指「黨天下」的統治。這可以說，在擴充的過程中已將自由深化了。

一九八八年曉波完成了博士論文的撰寫，這也是對自由進行深化的一大努力。他的論文題目是《審美與人的自由》，其中一個核心觀點便是「因審美得自由」。當時美學討論很熱烈，而康德（Immanuel Kant）的哲學也相當流行；在這一時代背景之下，曉波所選擇的論題可以說是順理成章的。但是他特別強調「美」與「自由」之間的關係，顯然由於受到了康德的啟發。康德在他的第三《批判》（*The Critique of Judgment*，中譯《判斷力批判》）中對這一問題有深入的論斷：我們對於純粹的「美」的判斷必須超出一切利害（disinterested）之上，也不能在「美」的物件（如自然界的花）之外，賦予它以任何外在的目的。康德稱這樣一種精神狀態是「自由的」（free）。換句話說，人只有處在這樣一種「自由」狀態之下才能成就美感的判斷。（他稱此為「自由的美」，free beauty）。這裡毋須追究曉波和康德之間的異同，但曉波論文的主旨是要使我們對於自由的理解深入到哲學的層次，則是十分明顯的。所以，《審美與人的自由》這部專論必須看作是曉波在深化自由方面所取得的重大成績。但曉波關於自由的最後、同時也是最圓熟的理解，則見於《零八憲章》。《憲章》第二節〈我們的基本理念〉劈頭便說：

自由：自由是普世價值的核心之所在。言論、出版、信仰、集會、結社、遷徙、罷工和遊行示威等權利都是自由的具體體現。自由不昌，則無現代文明可言。

《憲章》當然代表著所有起草人和簽署人的共同理念，並不是曉波一人之見。然而，由於曉波是兩位主要起草人之一，我深信「自由是普世價值的核心之所在」這一特別提法也同時折射出他個人長期探索自由真諦的終極體悟。

最後，我要指出本書的第三個特色：曉波的精神品格之成長歷程在敘事中逐步呈現了出來。余杰寫的是一個有血有肉的真實的人，而不是什麼「橫空出世」的「天縱之聖」。而因此他並不諱言曉波早年所遭受的種種批評，如廖亦武說他「好鬥」、「霸道」等等。而且余杰也指出：「年輕的劉曉波有著強烈的表現欲望，也知道如何製造話題，吸引人們的眼光。」但是通讀全書，最使我感動的則是曉波的精神境界隨著他的苦難經歷而一層一層地向上攀升。一九八九年「六四」前夕他從美國趕回天安門廣場是這一精神旅程的起點。從「六二」絕食到說服戒嚴部隊讓幾千名學生從廣場撤離，曉波的心態顯然已從早年的激進轉向和平漸進。這當然是一次精神的大提升。此下一再入獄和出獄後的監視、軟禁、傳喚、暴力毆打、「勞動教養」……種種數不清的迫害都只能使他的精神境界越來越高。所以二〇〇九年十二月，他在法庭上最後陳述道：

> 我堅守著二十年前我在〈「六二」絕食宣言〉中所表達的信念——我沒有敵人，也沒有仇恨。

這是印度甘地最後所達到的精神境界，不經過千錘百煉，是不可能「堅守」下來的。中國人的精神修練自來有兩條途徑：一條是「靜坐涵養」（如二程、朱熹），另一條是「事上磨煉」（王陽明），曉波的精神旅程是循著「事上磨煉」的方式完成的。這一旅程在本書中有極其生動的記述，讀者必須熟讀深思而自得之。

這裡我願意用我和曉波的兩次短暫的直接接觸，為他精神升進的實況作見證。我第一次和曉波會面是在一九八九年四月十五日；當時有一場討論中國大陸情勢的聚會在紐約舉行，來自大陸的與會者包括劉賓雁、王若水、阮銘等人，曉波也在應邀之列，因為他恰好在哥倫比亞大學訪問。我至今還清楚地記得他和我的談話。我事先已聽說他是大陸文壇最具反叛性的青年作家，因此我問他是否已習慣於美國的學院生活？紐約和北京對比在他心理上引起了怎樣的反應？他相當激動地說，他完全不能適應紐約生活的孤寂和淡而無味。他告訴我：他在北京差不多天天都有講演，聽眾不計其數。每次講完，必得到無數的「鮮花」和震天的「掌聲」。「鮮花」和「掌聲」是他的原話，他一再強調，因此牢牢地留在我的記憶中。但那一天（四月十五日）恰好聽到胡耀邦的死訊和北京大批學生遊行悼念的報導，與會者的注意力完全被這一新聞所轉移，我和曉波的對話也就此中斷了。我當時雖然很欣賞他的坦率，但終覺得他過於受當時大陸上浮躁風氣的感染，虛榮心未免稍重。但不久之後聽說他毅然不顧個人安危，回到北京，積極參加了天安門的民主運動，我對他的印象立即發生了很大的改變。但遺憾的是，此後我一直沒有和他再見面的機會。

我第二次和他接觸是通過長途電話，事在二〇〇七年夏天，距初晤已十八年了。不知為什麼他忽然心血來潮，從北京家中打電話向我致意。他當時非常忙碌，除了爭取人權的許多活動外，他又接辦了蘇曉康「民主中國」的網站，同時還擔任著獨立中文筆會的會長。我對他當然十分關切，電話上大約談了十幾分鐘。最使我感覺深刻的不是別的，而是他的態度和語氣與十八年前判若兩人。他變得心平氣和，富於溫情而全無激情；涉及中國前景之類的大問題，他既能從大處著眼，又能從小處著手。余杰對曉波曾有以下一段描寫：

九〇年代以來，曉波如同一塊被時間和苦難淘洗得晶瑩剔透的碧玉，早已去除了當年個人英雄主義和自我中心主義的污垢，他變得越來越溫和、越來越寬容、越來越謙卑，用劉霞的話來說，就是越來越讓人感到「舒服」。

我和曉波的兩次談話恰好可以和余杰的觀察互相印證。

我在序文的開頭說，由余杰執筆為曉波寫傳，是「天作之合」。現在我可以交代一下這句話的根據何在。我的根據便是上引余杰那篇〈看哪，那個口吃的人〉（見本書附錄一）。以年齡而言，曉波和余杰是兩代的人，但他們卻生活和思想在同一精神世界之中。

更重要的，他們之間的「氣類」相近也達到了最大的限度。讀者只要能細細體味余杰這篇回憶的文字，必能得之。陳寅恪形容他和王國維之間的關係，寫下了「許我忘年為氣類」之句；他們也是「氣類」相近的兩代人。陳寅恪寫〈王觀堂先生挽詞〉和〈王觀堂先生紀念碑銘〉，都傳誦一時，流播後世，正是由於「氣類」相近，唯英雄才能識英雄。現在余杰寫曉波生平，不但有過去，還有長遠的未來，攜手開拓共同的精神世界。這將是歷史上一個最美的故事。

二〇一二年五月十五日於普林斯頓

引子／

劉曉波人生之四幕劇

二〇一〇年十月九日，也是劉曉波榮獲諾貝爾和平獎的次日，中共當局安排劉霞與劉曉波會面。

劉曉波告訴劉霞，之前他已經由監獄方面得知自己獲獎的消息。面對劉霞，劉曉波激動地流下眼淚，並說：「這個獎，是頒給『六四』亡靈的。」

劉曉波被中共關押在監獄之中，成為諾貝爾和平獎一百多年的歷史上第二位在獄中的獲獎者。由於劉曉波無法出席頒獎典禮，在頒獎典禮上，諾貝爾委員會罕見地設置了一把具有象徵意義的空椅子。

最支持劉曉波的捷克作家哈維爾（Václav Havel），在天鵝絨革命後當選捷克總統，但他仍然不喜歡穿著正式的服裝。他拒絕了朋友奧地利王子施瓦森伯格（Karel Schwarzenberg）買給他的西裝，「這些衣服我一件也穿不出去！」哈維爾說，「這會讓我看起來像個小白臉。」他通常就穿一件套頭衫和牛仔褲，踩一輛踏板車在城堡的走廊裡穿梭。

與哈維爾相似，劉曉波在穿著上也是隨意而簡樸。他不習慣穿西服打領帶，有一次，朋友請他去一家高級的俱樂部吃飯，他穿著牛仔褲就去了，結果侍者非得讓他換一條西褲才能入內，讓他很不高興，勉勉強強地才換了褲子。八〇年代，劉曉波風頭正勁的時候，他在北師大的講台上隨隨便便地穿著舊牛仔褲和拖鞋。劉曉波博士班的同學孫津說，那時，我行我素的劉曉波經常「背一個破書包，穿個短褲、拖鞋，上身是一件T恤」。當有人非議劉曉波的打扮時，劉曉波得意地回答說：「我這一身衣服，還不到十塊錢！」

如果將來有一天，劉曉波獲得了自由，也就意味著中國的民主化進程已經啟動。那時，劉曉波會不會被邀請到奧斯陸市政大廳，諾委會為他補上一場頒獎典禮？那麼，在頒獎典禮的現場，劉曉波會不會身穿一身筆挺的黑色燕尾西服呢？西裝革履的劉曉波，不知該是怎樣的模樣？

✣

每個人的人生都充滿了「如果」，劉曉波也不例外。

如果劉曉波的父親不是文學教授，如果劉曉波沒有當過知青，如果劉曉波沒有考上吉林大學中文系並加入「赤子心」詩社，在那個「學好數理化，走遍天下都不怕」的時代，他會成為一名笨拙的工程師嗎？

如果劉曉波沒有考入北京師範大學中文系並留校任教，如果劉曉波沒有發表那篇新時期文學充滿危機的發言，如果劉曉波沒有挑戰思想界前輩李澤厚，他會是一名謹言慎行的美學教授，並一生默默無聞嗎？

在天地玄黃的一九八九年，如果劉曉波老老實實地在國外當訪問學者，而不是如飛蛾撲火般回國；如果劉曉波只是學運的旁觀者，而沒有發起「四君子」絕食；如果劉曉波沒有在廣場上堅守到最後一刻並勸說學生撤離，他會免於牢獄之災嗎？

在全民「下海」的九〇年代，如果劉曉波轉而經商弄潮，如果劉曉波重新走入象牙塔做考據式的學問，如果劉曉波在寫作暢銷書方面動用一丁點才華，他會成為一名腰纏萬貫、惺惺作態的「儒商」嗎？

在進入二十一世紀以後，如果劉曉波不曾當選獨立中文筆會會長並為言論自由奮戰，[*] 如果劉曉波沒有在海外媒體和網站上發表數百萬字的政治評論，如果劉曉波沒有參與起草和組織《零八憲章》，他會第四度入獄並榮獲諾貝爾和平獎嗎？

---

* 筆會的英文名稱為PEN，既是英文「筆」的意思，又包含了三個英文詞語：P代表詩人（Poet）和劇作家（Playwright），E代表編輯（Editor）和散文家（Essayist），N則代表小說家（Novelist）。近年來，筆會成員的範疇又有所拓展，記者（Reporter）、文學翻譯（Translator）和發行人（Publisher）也都有資格成為筆會會員。國際筆會的首任會長為約翰．高爾斯華綏（John Galsworthy），早期成員有約瑟夫．康拉德（Joseph Conrad）、蕭伯納（George Bernard Shaw）等，以後成員中包括眾多諾貝爾文學獎得主及世界各地的著名作家。（張裕，〈國際筆會之源流〉，「獨立中文筆會」網站。）

每一個「如果」，都有可能是人生的一個岔口。在過去的三十年裡，如果中國沒有劉曉波，或者如果劉曉波的責任感——也可以稱之為責任感和企圖心等的種種混合物——不夠強，那麼情況將會如何呢？

劉曉波的存在，劉曉波的受苦，對所有人都是一個提醒：我們並不單獨存在於這個世界，我們必須考慮到周遭的世界，並負擔起共同的責任。劉曉波依據自己的良心，以負責任的態度行事，也因而立下一個典範，讓我們知道如何自處於世。

✣

一九七七年，時年二十二歲、當過多年知青的劉曉波考入大學，是其成為一名獨立知識分子的起點。此後的三十多年，劉曉波的成長歷程和公共活動，大致可以分為四個階段，或者說四個劇幕。

第一個階段，從一九七七年至一九八九年，是劉曉波的學習時期、發軔時期和成名時期。

廣義的八〇年代，包括七〇年代末期，是當代中國少有的一段蓬勃向上、充滿希望的時期。儘管其間也有過「清除精神污染」和「反對資產階級自由化」等政治運動，但在胡耀邦和趙紫陽的約束和控制之下，此類「回潮」的政治運動並沒有對文化思想界造成致命之傷害。八〇年代的思想解放運動，一直持續到一九八九年才告中斷。

劉曉波得益於那個時代的精神氛圍，自己也成為其中的推波助瀾者。他從文學批評和美學領域，進入到對中國傳統文化、中國知識分子及政治制度的批判。他的著述洛陽紙貴，他的演講風靡校園。

一九八九年春，學運潮起，劉曉波毅然返回國內，全身心地投入其中，由「黑馬」而為「黑手」，由「書齋中人」而為「行動中人」，由「青年導師」而為「國家公敵」。槍聲響起的那一刻，他的青年時代亦告終結。

是為劉曉波人生之「第一幕劇」。

✣

第二個階段，從一九八九年至一九九九年，是劉曉波的入獄時期、受難時期和沉潛時期。

此十年是中國社會政治停滯、經濟騰飛的十年，是知識分子集體潰敗、基本價值懸置的十年。在鄧小平提出的「奔小康」的口號之下，中國民眾不得不接受自由被剝奪、人權被侵犯的現實，一門心思賺錢去，錢成為中國人唯一的信仰。在知識界內部，民族主義、民粹主義、後現代主義、傳統文化熱和新左派等思潮，在官方默許和鼓勵下，相繼興起。與之對應的是，自由主義日漸邊緣化。

這十年間，劉曉波因為積極介入人權活動，先後三度、有近六年的時間失去自由。即便在獄外，他也常年遭到國保警察（國內安全保衛警察之簡稱）的嚴密監控、跟蹤，甚至被非法軟禁，生存狀況極為惡劣。但是，劉曉波沒有放棄、沒有氣餒、沒有因為被大眾遺忘而焦慮不安，而是繼續閱讀文獻、觀察社會、聯絡同道，尋求新的發力點。

在此期間，劉曉波多次起草、組織和發表呼籲當局實行民主、保障人權和為「六四」平反等主題的公開信。不過，他只能在一個很小的異議人士圈子內活動，基本上是「孤獨的先行者」的角色。

此為劉曉波人生之「第二幕劇」。

✣

第三個階段，從一九九九年至二〇〇八年，是劉曉波的政論寫作時期、公共知識分子時期和人權活動家時期。

這一期間，中國的經濟快速發展，政治體制改革嚴重滯後，腐敗問題變本加厲，社會矛盾日漸尖銳。在江澤民和胡錦濤的任期內，中共對外宣示「大國崛起」，輸出「中國模式」；對內宣揚「和諧社會」，實則暴力「維穩」，祕密警察日漸猖獗。

另一方面，公民社會逐漸萌芽和壯大，NGO組織如雨後春筍般出現，網路的普及帶來前所未有的資訊自由。而知識界也出現了更大的分化，被招安和主動繳納投名狀者如過江之鯽。

中國式極權主義在通往現代社會的過程中不斷變異。大部分人都向這副忽而齜牙咧嘴、忽而口蜜腹劍的醜惡面目低頭臣服，並自我辯解說：「既然不能打敗他們，就加入他們吧。」於是，犬儒主義盛行，各階層一起潰敗，中國社會失去了變革的動力。

這一時期，劉曉波仍然處於警方的嚴密監控之下。不過，除了在每年特定的「敏感時期」遭到短期軟禁和傳喚之外，並沒有再度入獄，他的生活相對比較穩定。在早年的知識儲備和學術訓練的基礎上，加上對社會轉型進程中知識分子角色變化的自覺，他保持了敏銳的問題意識和批判熱情，「他不懈地思考著轉型的方案，乃至轉型後的方向，為『後改革』的軟著陸提供了一個打通知識界與民間社會的、彌足珍貴的獨特視角」。

其中，在二〇〇三年至二〇〇七年間，劉曉波連任兩屆獨立中文筆會會長，使筆會的重心由海外轉移到國內。在一幫同仁的配合與支持之下，將筆會打造成中國大陸第一個突破當局結社限制、捍衛言論自由、推動中文文學的獨立社團。二〇〇八年，劉曉波卸任筆會會長，又投入《零八憲章》的修訂和組織工作，直至當年十二月八日被捕。領導獨立中文筆會和《零八憲章》運動，凸顯出他的一個新身分：民間社會的組織者和協調者。

此為劉曉波人生之「第三幕劇」。

✣

第四個階段，從二〇〇九年至今。

從二〇〇八年十二月八日深夜警察破門而入那一刻起，劉曉波即失去自由。二〇〇九年十二月，劉曉波被判處十一年重刑。二〇一〇年十月，劉曉波獲得諾貝爾和平獎。

儘管囚禁了劉曉波的身體，但中共當局已經無法讓劉曉波這個名字從公共生活中徹底消失。劉曉波的存在就如同一面照妖鏡，照出了中共獨裁政權的本質。只要劉曉波仍然被關押在獄中，無論戴上什麼樣的面具，中共都無法掩飾其猙獰面目。

而諾貝爾獎的榮譽，也將劉曉波推到一個新的位置。儘管劉曉波的價值並不單單由諾貝爾獎來定義，但諾貝爾獎讓劉曉波在未來中國的社會轉型中有了更強大的著力點。劉曉波的好友陳軍指出：「我深信曉波在這方面是有自我期許和準備的。他如果能繼續他的堅持，繼續他多年的閱讀和寫作，他也會像哈維爾這樣的傑出人物一樣，對中國有更深遠和持久的影響力，這有可能比在具體環境中推進中國民主化來得更加重要，我有信心他能勝任這個角色。」在不久的將來，劉曉波有沒有可能舉起那根撬動中國社會變革的槓桿呢？

關於劉曉波未來的「第四幕劇」，讓所有關心中國前途與命運的人拭目以待，並充滿無限想像。

第一章 黑土地上一少年

回首「文革」，記憶中充滿了新奇、刺激、亢奮、野蠻、殘酷和無拘無束。人的破壞性本能、虐待狂本能和陷害他人以求自保的本能得到了淋漓盡致的發揮，能量長期被壓抑的火山噴發了，吞沒了一切，每個層次的人都有自己的革命對象。

——劉曉波

一、共產黨將軍的兒子

在專制國家，要成為一名堅持真理的異議人士，所付出的代價是很難擁有正常的家庭生活。

緬甸的翁山蘇姬（Aung San Suu Kyi）女士，為了留在祖國帶領同胞爭取民主，放棄了在英國牛津習以為常的賢妻良母角色。緬甸軍政權不給她的家人簽證，企圖以親情逼她出國。在丈夫麥可（Michael Vaillancourt Aris）重病的時候，翁山蘇姬沒能前去照料；直至麥可去世，她也未能與之見最後一面。不過，「他們一起作出了決定，這是很堅貞的情義」。

與之相似，劉曉波在反抗暴政的同時，也未能一併擔當起好丈夫、好兒子和好父親的多重角色。一九八九年的天安門屠殺之後，讓劉曉波最痛心的結局，是與妻子陶力離婚。離婚協議送到監獄中之時，他平生唯一一次如此吃力地簽上自己的名字——以往在無數崇拜者索取簽名的筆記本上簽名，他的筆跡是何等瀟灑流暢。

在離婚協議中，雙方約定，他們的兒子劉陶由陶力撫養。那時，劉曉波尚在獄中，根本沒有條件和能力養育孩子。即便出獄後，他的生計也沒有著落，長期處於警方的嚴密監控之下，只能讓兒子跟著母親和外公、外婆過。

這段時間，是劉曉波人生中的最低潮。他在回憶錄中寫道：「我不接受任何記者的採訪，儘量縮小社交範圍，更不想多見那些因『六四』而受到某種牽連的人。看書、念英文、和女朋友相愛、和朋友聊天，時常去看看病中的前妻和八歲的兒子。」

不久後，陶力移居美國。兒子劉陶住在外公、外婆家，直到中學畢業後才赴美念大學。在這幾年裡，劉曉波偶爾去探望兒子，這是他與兒子之間非常有限的一段接觸。後來，在被勞動教養的三年裡，劉曉波只好委託新婚的妻子劉霞去探望孩子。劉霞在探監之後，又不辭勞苦地去探望劉陶，成為父子間溝通的一個管道。而劉曉波第三次出獄時，兒子已經赴美留學。

在長達十幾年時間裡，陶力的父母陶德臻、浦漫汀這對老夫婦，在外孫劉陶身上傾注了無盡的心血。外公、外婆輪流從早到晚照顧孩子的衣食起居，陪他做功課，給他開家長會，還常常帶他出去玩，包括同事間的聚會也常常帶著他。小小的流著鼻涕的陶陶，在年過花甲的外公身邊，不像個隔輩的外孫，倒更像是「陶家小老四」，外公、外婆的「小老疙瘩」。

劉陶的姨媽陶寧在一篇回憶父親陶德臻的文章中寫道：「您最鍾愛的外孫陶陶，現在不僅長得比我們三個都更像您，虎背熊腰，而且舉手投足，言談舉止，處處和您如出一轍！看著這孩子，媽媽和我常常會突然愣住——我們眼前的，明明就是一個年輕的您啊！

他超乎常人的優異成績，他令人讚歎的仁義心腸，他的德才兼備，至善至孝，都使周圍的人驚異萬分，常常有人向姐姐『取經』，問這樣的好孩子是怎麼教育出來的。姐姐總是告訴別人，這孩子是他外公帶出來的！」

本來，兒子應該最像父親。父親的角色在劉陶的生命中缺席，便只好由外公來扮演。陶德臻去世後，劉陶在一篇回憶文章中說：「我是在外公家長大的。在整個童年和少年時代，我有幸體驗到任何人都想像不到的祖父的愛。」外公每天都帶他去買菜，每次一進商店，劉陶就會直接往點心櫃檯衝去。劉陶特別喜歡那家店裡的法式點心，每次總要外公買幾種。那些點心一塊就要四元錢，小孩子根本不知道，這個價格是非常貴的。外公從不在孩子的面前表現出嫌貴的模樣，讓孩子隨便要。也許，外公心裡想，這個孩子太可憐了，父親幾次入獄，母親遠赴美國，所以要盡可能地滿足他物質上的要求。

幾年後，劉陶長大了，他才知道，每月花二十多元買點心對於這個家庭是很奢侈的。那時候，外公作為大學教授，每月的工資只有兩百多元，用在給外孫買點心上的錢就占了他工資的十分之一。外公為了省錢給外孫買點心，自己早上只吃稀粥和鹹菜。

在這種情形之下，劉陶跟外公的感情很深，跟父親的感情很淡。二〇一〇年，劉曉波獲諾貝爾和平獎時，劉陶剛滿二十七歲，在美國生活了十多年，也許已經入籍成為美國公民。這個六歲的時候就失去了大部分父愛的孩子，早已大學畢業，大概也成家立業了，卻不曾在任何媒體上公開談及父親。也許，未來總有一天，劉陶會理解父親為中國走向民主化而付出的巨大犧牲，並為有這樣一位父親而感到自豪。

劉曉波曾告訴朋友，最近這些年來，他與兒子聯繫很少。從私人領域的父子情感而言，他在「六四」屠殺之後便失去了唯一的兒子——儘管不是永遠地失去。在他的心靈深處，這是一個多大的隱痛啊。

孩子遠去了，劉曉波確實是一個不稱職的父親。但比之悲慘千百倍的，是那麼多孩子在那個夜晚和那個黎明死去，那麼多的父親和母親喪失了他們本來的名份。在這個冰冷的世界上，再也找不到那些笑顏如花的孩子，但是，每一個孩子都沒有被毀滅，因為劉曉波堅信：「每個夜晚／亡靈都能觸摸到母親的天空／像十月懷胎／傾聽母親的心跳。」從那天晚上開始，劉曉波便是為這些死去的孩子而活。

那麼，他是否還記得，當年那個在黑土地上奔跑著長大的孩子？

那是他的影子。

✣

一九五五年十二月二十八日，劉曉波出生在吉林省的省會長春市。

童年和少年時代，劉曉波有一大半時間在長春度過，他念本科的吉林大學也在長春。除去中間有幾次離開，他在長春生活了十七年之久，在長春生活的時間，僅次於後來在北京生活的時間。劉曉波講話帶有濃重的長春口音。長春話裡的兒話音較多，富於幽默感，活潑生動，略顯誇張，又有自嘲的味道——這些也是劉曉波言談中鮮明的特點。他也受東北話影響，講話常帶髒字。後來，他有了博士頭銜和學者身分，卻沒有改掉東北口音和語帶髒字的習慣，仍然是「一個『操蛋』不離口的凡夫俗子」。

研究中國地域文化的學者指出，在中國人中，東北人性格的優缺點最為鮮明：他們內質剛毅，外表強悍，大嗓門不怯場，性格開朗，講義氣不重法律，容易交朋友。東北人的性格與生活方式中，有一種瑕瑜互見的「匪氣」，這在早年劉曉波的身上表現得相當突出。中年以後，劉曉波逐漸淘洗掉「匪氣」中的雜色，如自戀、自誇、張狂不羈等；而將其中的精華越煉越純，如真誠、直率、敢為天下先等。由此，他的性情與氣質，如長江出三峽，由驚濤拍岸變為有容乃大。

這是一個中國典型的嚴父慈母的家庭。劉曉波的父親劉伶，一九三一年生於吉林省懷德縣，畢業於知名高等學府東北師範大學漢語專業研究班，並留校任教，一九七九年，升任東北師大中文系副教授，直到一九八五年調到解放軍大連陸軍學院任教。劉伶在東北師範大學學習、工作、生活了三十多年，東北師大成為劉曉波童年和少年時代不能忘懷的家園。

劉曉波從不為親者諱。他認為，在當代中國的幾代知識分子中，父親這一代人的悲劇性最強。他們在政治運動中耗費了最好的年華。論待遇，遠不如一九四九年以前大學畢業的知識分子；論思想，與老一代（四九年以前）和新一代（七六年以後）相比都更僵化。他們盲目、保守、膽怯，即使反對黨文化也是滿腦子的黨文化。命運的殘酷性就在於：即使有機會，他們也不會擺脫黨文化的束縛。他們的知識結構、人格修養、思維方式和生活方式已被黨化了。

小時候，父親是一家之主，說一不二，從不與孩子們聊天、談心，管教孩子的方法不是叱喝就是動手打，似乎挺男子漢的。劉曉波回憶說：「在我幼小的心靈中，爸爸是個讓我咬牙切齒的惡魔，恨得我常幻想，要是沒有爸爸多好。」他感歎說：「父親用一種沒有愛的氣息的意識形態語言來表達父愛，這種父愛也就成了黨文化的一部分。」

劉曉波的母親張素勤，曾在東北師大保育院工作，一九七三年之後在東北師大行政處做收發工作。在幾個弟兄中，母親最疼愛老三曉波。每次遭到父親打罵，都是母親出面保護他。「六四」之後，劉曉波被捕入獄，母親受打擊最大，幾乎每天都哭，沒有睡過一個安穩的覺，常常在噩夢中驚醒，哭到天亮。只要一出家門，逢人便講兒子的事情，都快變成祥林嫂了。*

父母的思想都很正統，把工作看作革命的一部分，革命高於家庭。他們並不重視在家庭中承擔父母的角色，更看重單位中領導和同事對自己的評價。這是那個時代中國人的共

* 編注：祥林嫂是魯迅小說《祝福》中的人物，也是一個悲劇角色。她早年嫁給比她小十歲的丈夫，後來丈夫不幸去世，改嫁之後又再次死了丈夫，唯一的兒子又被狼給叼走了。於是她到處向人訴說這個慘況，最後她因此成了一位人見人煩的倒楣鬼，人人避之如瘟神。

同特徵。加之他們家中共有五個孩子，每個孩子從父母那裡得到的愛和溫暖就更加有限。

劉曉波的嬰幼兒時期有一次出國經歷。一九五六年，劉伶受東北師範大學派遣，赴蒙古國喬巴桑大學講學。劉伶、張素勤夫婦帶著二兒子曉暉和不到一歲的三兒子曉波同行，長子曉光留在家中由奶奶照顧。

在蒙古國期間，曉暉在中國駐蒙古國大使館辦的培才小學讀書，曉波則上培才幼稚園。劉曉波在幼稚園的同學，家庭背景大都與他相似，父母多為參加援助蒙古專案的專家、教員和工人，或者使館工作人員。

劉曉波一家人在蒙古國生活了四年。這正是中蒙關係史上的一段特殊時期。

蒙古獨立以後，長期在蘇聯控制之下，被視為蘇聯的「不加盟共和國」或「『第十六個』加盟共和國」。中共建政之後，毛澤東奉行向蘇聯「一邊倒」的外交政策，與以美國為首的西方國家為敵。韓戰之後，遠東地區形成冷戰加熱戰的戰略格局，中蘇關係進入互相利用的蜜月期。蘇聯樂於見到中國承認蒙古國並與之發展關係，只要不危及蘇蒙之間的主僕關係。

於是，中國開始在資金、技術和人才上大力援助蒙古。一九五五年四月七日，中蒙雙方簽訂《派遣中國員工到蒙古國幫助生產建設協定》。這是中國經濟援助歷史上第一次大規模勞務輸出的協定。中國向蒙古國派遣專業技術人員，包括大中小學教員、醫生、護士、木工、瓦工、廚師、裁縫等。劉曉波的父母正是在這一歷史背景下派赴蒙古的。

劉曉波出生後數月就被父母帶出國，這樣的經歷在那個閉關鎖國的時代相當罕見。雖然他們一家所到的是經濟和文化上比中國落後的蒙古國，但畢竟是異國的生活體驗。更何況在當時，大學教師公派出國的機率比今天中大獎還要低，必須經過嚴格的政治審查。公派出國意味著可以領取比在國內更高的津貼，可改善家人的生活。

劉曉波從半歲到四歲期間生活在蒙古國，也許年齡太小，沒有留下多少記憶，他後來不曾談及這段經歷。但可以肯定的是，比起國內越來越艱難的物質生活來，在蒙古國的中方援外人員基本上衣食無憂。

一家人回國團聚時，正趕上大饑荒時期。二十世紀五〇年代末、六〇年代初的中國，由於毛澤東錯誤的經濟政策，導致了人類歷史上規模最大的饑荒，被餓死的民眾達三千萬人以上。劉曉波一家居住在長春市區，當時東北的生活水準在全國處於領先水準，長春市民可享受日治時代留下來相對高品質的城市基礎設施。但靠著微薄的薪水撫養四個男孩，讓這個家庭力不從心。操持家務的母親精打細算，勉強讓全家吃飽穿暖。肉、油、糖等食品，對年僅四、五歲的劉曉波來說，堪稱夢寐以求的奢侈品。

早年生活的艱辛，在劉曉波身上留下深深的烙印。成年以後，他無論吃什麼東西都有極佳的胃口。跟劉曉波一起吃過飯的朋友，對他的好胃口都有深刻印象：在飯局中，每上一個菜，他總是搶著第一個下筷子，沒有一點中國人慣常的禮讓客氣、繁文縟節。儘管主人點菜一般都有富餘，但他每次都像擔心吃不飽。

有朋友問劉曉波，在飲食上的「生猛」，是不是坐牢時養成的習慣？他回答說，是因為童年經常半饑半飽，吃飯就像打仗。小時候，家裡五個孩子跟父母還有奶奶、外婆擠在一張桌子上吃飯，筷子跟筷子不時碰到一起。飯菜有限，油水更少，五個正在長身體的、生龍活虎的男孩子，如果不搶著吃，飯菜就到不了嘴裡。

關於那幾年艱難的生活，劉曉波曾在一篇文章中寫道：「一九六一年，我剛上小學，大饑荒蔓延全國。我家五個男孩，食品緊缺，奶奶和外婆時常弄些野菜回來，與很少的高粱米一鍋燉，每個孩子只能分到一碗。那年，我大哥十二歲，二哥九歲，正值瘋玩的年齡，但由於餓，我們放學回家後，再沒氣力出去玩，只能並排躺在通鋪上，等待晚飯上那碗可憐的野菜粥。」在有「中國糧倉」之稱的東北地區，一個高級知識分子家庭的生活狀況尚且如此，中國其他地區饑荒之嚴重可想而知。

✣

就學術脈絡而言，劉曉波跟父親劉伶之間並無傳承關係。儘管從科系上來看，父子倆都屬於「中國語言文學系」，但他們的研究領域各不相同，基本上沒有交集。不過，知識分子家庭一般都比較重視子女教育，這一點讓劉曉波從小受益匪淺。他從小就有書讀，也愛讀書。

劉家一共有五個兒子，劉曉波在家中排行第三。大哥劉曉光，在進出口服裝公司和軍隊幹部休養所當過幹部。二哥劉曉暉，為歷史學者，現任吉林省博物館副館長。四弟劉曉暄，為生化博士，現任廣東工業大學材料與能源學院工程系教授、系主任，在幾兄弟中與劉曉波關係最為親密。九〇年代初，劉曉暄曾受哥哥牽連，報考清華大學博士受阻。不過，他支持和敬重哥哥的選擇。劉曉波第四次被捕之後，是劉曉暄代表劉家人到法庭旁聽。五弟劉曉東，九〇年代初，因突發心臟病英年早逝。

劉曉波的兩個哥哥都與體制較為接近，不認同弟弟的人生選擇，由於擔心在仕途上受到影響，「六四」之後很少跟弟弟來往，還常常埋怨弟弟給這個家庭蒙上一層陰影。有時候，兄弟姊妹雖然有血緣之親，卻是「最親密的陌生人」。翁山蘇姬的哥哥為了父親遺留下來的房子，而將妹妹告上法庭，甚至有人說，其做法受到緬甸軍政權的指使。劉曉波的哥哥雖然不至於如此，但兄弟感情確實相當淡薄。

劉伶是中共老黨員，晚年享受少將待遇，是一名對共產黨有突出貢獻的「將軍」。青年時代曾獲「社會主義建設青年積極分子」稱號。雖然在「文革」中受過衝擊和迫害，但對共產黨總體上是認同的，認為共產黨可以自己糾正錯誤。「六四」之後，劉伶在「組織」的安排下，到北京秦城監獄探視兒子，並勸說兒子認罪。

劉伶的學生、文學教授王東成回憶說，九〇年代初，劉伶和劉曉波的繼母曾到過北京，找上王東成與劉曉波一起吃了頓飯。老先生希望王東成多勸勸劉曉波，讓其放棄批判中共的立場，此後安安靜靜地過普通人的日子。但是，王東成認為，劉曉波的選擇並沒有錯，從未在這方面勸過劉曉波一句。老先生對王東成亦不甚滿意。

儘管如此，僅僅因為身為劉曉波的父親，劉伶時常受當局騷擾。劉曉波獲得諾貝爾和平獎之後，他更是被嚴令不得接受外國媒體訪問。雖然早已退休，但其軍人身分伴隨一生，永不解脫。當局正是利用這一點，像當年阻止揭露ＳＡＲＳ疫情和「六四」屠殺真相的老軍醫蔣彥永繼續開口一樣，不允許劉伶公開為兒子抱不平。

二〇一一年一月十二日，七十九歲的劉伶因患肝病入住大連的一間醫院。病情嚴重，已不能行走，只能臥床。即便如此，瀋陽軍區派出兩名軍官到醫院，嚴密監控，主要為阻止記者或非家屬前來探訪。劉曉暄對「美國之音」表示，父親過去一年經常進出醫院，家人可以去看望，但其他人不行。當記者問及「軍區派人來是陪同還是監控」時，他回答說：「不知道，怎麼理解都可以。」

二〇一一年二月二十日，是劉伶的八十大壽。他的幾個兒子商量如何為父親祝壽——在獄中的劉曉波卻不能去探視重病的老父，甚至不能送去書信和禮物。自從劉曉波榮獲諾貝爾和平獎之後，他的家人被剝奪了法律規定的探視權。

二〇一一年九月十二日，中國傳統的中秋節，劉伶病逝於大連。據美聯社、法新社等媒體報導，劉曉波獲准在其兄弟的陪同下短暫出席父親的葬禮。當局如臨大敵，附近幾個街區實施戒嚴。附近居民議論紛紛，還以為有中央領導前來視察。

二、陽光並不燦爛的日子

幼年從蒙古返回長春後，劉曉波繼續上東北師大幼稚園，然後進入東北師大附小。

東北師大附小是長春首屈一指的名校。該校坐落在市內有名的風景區南湖之畔，沿著校前的自由大路向東，便是劉曉波家所在的東北師範大學校園。東北師大附小創辦於一九四八年，是全國第一所開放式、全日制實驗性小學。當時能進東北師大附小的，多為師大教師子女，另有部分學生來自附近特殊的居住區——吉林省和長春市黨政官員的住宅區、吉林省軍區的住宅區和文教科技單位的家屬區。

劉曉波在家中是老三，上面有兩個哥哥，下面有兩個弟弟，既不可能具備長兄的權威，又不能像最小的弟弟那樣得到額外的寵愛。所以，一般來說，「中不溜秋」的孩子最調皮搗蛋，唯有調皮搗蛋才能體現自身價值並引起大人的關注。

劉曉波跟比他小兩歲的弟弟劉曉暄關係最親密。劉曉暄說，自己一家人好像都天生「腦後有反骨」，跟周遭的環境格格不入，三哥更是如此，什麼事情都有自己的見地。小時候，兄弟幾個常在長春南湖邊的草叢中用夾子捕鳥，三哥最聰明，心細、膽大、手巧，總是把捕鳥的夾子設置得最巧妙。

劉曉波喜歡打架，仗著家裡弟兄多，遇到強敵便找哥哥幫忙。有一次，一個叫八柱的小混混偷了他的一雙黑色新鞋，那是母親買給他的生日禮物，是他平生穿過最貴的鞋。沒幾天，八柱就把這雙鞋穿出來。曉波發現後，衝上去跟那小子打起來，把那小子狠狠地教訓了一頓。八柱之後另找來幾十個小混混，把劉曉波家所在的東北師大南門旁的宿舍樓圍住。看到大勢不妙，小弟劉曉東趕緊去報告二哥劉曉暉。於是，劉曉暉出馬跟對方領頭的大哥談判。最後，那群小混混終於散去。這是劉曉波少年時代經歷過最大的一次「戰爭」。

劉曉波的童年與那個時代所有的孩子一樣，被籠罩在愚昧與殘忍之下，而愚昧與殘忍成為那一代人生長的養料。處在擔心受怕中的父母，儘管都是知識分子，但絕對不會跟這個才十歲出頭的孩子談及對現狀的不滿或質疑。那是一個沉默是金的時代，即便在家中，父母也不會開誠布公地與孩子討論政治議題。

「文革」爆發時，劉曉波年僅十一歲。一九四九年前，劉曉波的爺爺奶奶在鄉下是一戶殷實人家，劃分「成分」時，被劃為「地主」。爺爺去世後，這個帽子便由奶奶一個人戴著，這也是一個禍及三代的、恥辱的「紅字」。這一年，一直跟他們生活在一起的奶奶被趕回老家接受農民的批判。

曉波是奶奶一手帶大的，跟奶奶很親。小小的孩子無法改變與奶奶分離的命運。奶奶離開的時候，他追著奶奶跑了很遠很遠，哭得很傷心。而奶奶也一步三回頭地望著小孫子。當汽車開動的時候，曉波仍然在後面跑呀跑呀，直到汽車消失在視野之中。那是少年曉波第一次感受到與親人分別的痛苦。

作為「文革」的「遲到者」，少年劉曉波很羨慕有資格到全國各地串聯，甚至受到毛主席接見的哥哥們。那時他十一歲，正在念小學四年級，還沒有資格與大人們、哥哥們一樣帶上紅袖標，投身於轟轟烈烈的革命，只是大辯論、大字報、批鬥會、武鬥、大串聯、打砸搶的觀眾。兩個哥哥去北京串聯時，他死乞白賴的請求被他們輕蔑地拒絕了。當時的曉波，只能悲歎自己晚出生了幾年，沒有趕上成熟的年齡，徒然錯過了激動人心的大好時光。

「文革」給少年曉波帶來前所未有的自由。長期以來，嚴厲的父親壓迫得他喘不過氣來。「文革」伊始，父母在單位「忙於革命或疲於被革命」，無暇管教孩子。學校停課之後，兩個哥哥當上紅衛兵，到全國各地串聯，奶奶又去了鄉下，曉波和曉暄、曉東年齡還小，處於「無人管」的狀態，每天四處玩耍。

這個嚮往自由的少年，終於體驗到什麼是解放：「我在一段時間內得以擺脫學校和家庭的雙重束縛，充分伸展孩子的天性，沉浸於自己所創造的遊戲之中。」後來，劉曉波在一次訪問中說：「我非常感謝『文化大革命』。那時，我是一個孩子，我可以想幹什麼便幹什麼。父母都去幹革命了，學校都停課了，我可以暫時擺脫教育程序，去幹我想幹的事，去玩，去打架，我過得很愉快。」這是少年人衝擊現存秩序的天性，並不代表劉曉波像某些左派那樣懷念「文革」和毛時代。

對於「文革」這一人類歷史上的奇觀，後來人們爭論最多的是成年人和紅衛兵的種種作為，很少涉足「文革」中孩子們的生活。「文革」結束三十年之後，劉曉波寫了一篇文章，從一個小學生抽煙的經歷來審視這場史無前例的運動——「文革」發端的那一年，正是他長達三十年抽煙史的開始。「作為孩子，我所要反抗的就是老師（公共權威）和父母（私域權威）。而抽煙恰恰是此種反抗的發端。」換言之，抽煙是少年劉曉波「冒險和叛逆」的表現。成年以後，他抽煙越來越厲害，最喜歡的是北京生產的一個大眾品牌香煙——「中南海」。

「文革」伊始，毛澤東號召學生「停課鬧革命」，不僅大學和中學，就連小學也得回應。東北師大附小宣布停課三個月，老師們革命，學生們放假。劉曉波第一次抽煙，就是在停課那天的下午。

第一支煙是綽號叫「大胖」的同學給的。「大胖」的爸爸是少將，屬於高級幹部之列。宣布停課那天下午，神色慌張而沮喪的班主任剛剛走出教室，「大胖」便跳上書桌，從兜裡掏出印有牡丹花圖案的紅色煙盒在半空中揮舞：「誰敢抽煙？這是我偷我爸爸的。牡丹，五角多一包，高級煙。誰敢抽？老子白送。」

留下來的幾個人都是平時的淘氣包，劉曉波是其中之一，他第一個伸手要了一支。「大胖」給他點上，他還有些膽怯，謹慎地抽了一小口，除了覺得有點嗆人外，並無其他樂趣。但他覺得，抽煙似乎可以顯示某種男子漢氣質。

從此以後，劉曉波經常和幾個小夥伴湊在一起抽煙，也學會為抽煙而撒謊、騙父母的錢、偷父親的煙。

無拘無束的自由時光隨著「復課鬧革命」的號召而結束了。重新返校，孩子們頓覺一片壁壘森嚴的肅殺之氣。「工人毛澤東思想宣傳隊」進駐學校，實行軍事化管理。「少先隊」被「紅小兵」取代，紅領巾換成臂章。為純潔校風，中小學實行搜身制度。早晨上學時，掌權的「群專」（群眾專政）組織成員站在校門口檢查每個學生，一旦搜出小刀、彈弓、黃色書、香煙之類的物品便統統沒收。被搜出「贓物」者，認錯態度好的，要寫檢查，在全班同學面前宣讀；態度不好的，要開批鬥會。劉曉波就因抽煙、打架、曠課，做過無數次檢查和被開過無數次批鬥會，甚至被單獨關押在學校存放雜物的小黑屋子裡。

父親也抽煙，但父親認為抽煙是成年人的當然權力，小孩子抽煙則是品行不端。父母發現兒子偷著抽煙之後，處理方法簡單而粗暴：非打即罵。那個時代的中國家庭，即便是知識分子家庭，父母對孩子最常用的教育方式就是打罵。跟西方的孩子相比，中國的孩子最惡劣的遭遇，並非貧乏的物質條件，而是充斥著暴力和壓制的精神環境。

第一次被母親發現抽煙，是母親嗅出兒子身上的煙味，接著從文具盒裡翻出半截煙。母親的憤怒令他終身難忘：先是聲嚴色厲地盤問，見他不說，便抄起掃帚劈頭就打，打了幾下，他仍然沉默，母親竟扔下掃帚，抄起鋼筋做的爐勺子。情急之中，他奮力向母親一頭撞去。母親被撞倒後，他奪門而出。

自知這下鑄成大錯，回家肯定要挨一頓暴打，這個倔強的孩子便決定不回家。瑟瑟寒風中，他四處遊蕩，直到天黑，凍得受不了，才躲進儲存過冬大白菜、馬鈴薯、蘿蔔的菜窖。事後，母親說，在菜窖中找到他時，他像隻小狗，蜷曲著身子，蓋著草袋子，頭枕一棵大白菜，睡得很死。

從此以後，曉波每天放學回家，母親都要仔細搜查衣兜和書包，還讓他張開口嗅嘴裡的氣味。而他自有方法，回家前拼命漱口或吃幾瓣大蒜，進家門前先把煙藏在某處。

再後來，劉曉波當知青到農村插隊，回家時可以公開抽煙了，學校和家庭的雙重束縛徹底擺脫了。當父親第一次親手遞一支煙給他時，他心底裡突兀地升起一種徹底的解放感，那也是他平生第一次深切地感受到父愛。

那一代人青春的標識，正如王朔小說的題目：《動物兇猛》。比劉曉波小三歲的王朔，早在八〇年代中期就是劉曉波的好朋友，重要原因是他們有一段可以分享的青春歲月。

小說《動物兇猛》的主角是一群軍隊大院裡的少年，在「文革」末期的失序與狂躁之中，他們蹺課、抽煙、打架、泡妞（在書中被稱為「拍姑娘」）。王朔說過：「我年輕的那個年代，常常是你老老實實的在家裡坐著，你一個哥兒們突然哭著闖進來說被誰給揍了，那你就得二話不說立馬撅著屁股滿世界找磚頭，不管有仇沒仇都要去拼命。」小說《動物兇猛》被姜文改編成電影，取名《陽光燦爛的日子》。姜文也是個「大院子弟」，與王朔的年齡和成長環境相似，八〇年代與劉曉波也有頗多往來。有人問姜文為何將電影取名為《陽光燦爛的日子》，姜文回答說，他很懷念那些在陽光下自由單純的日子。

實際上，那絕對不是「陽光燦爛的日子」。那些日子既不自由也不單純。「文革」期間，劉曉波斷斷續續地在東北師大附中念初中，在吉林省實驗中學念高中。在反思「文革」何以發生時，他指出，當時的全民狂熱感染每一個人，連呼吸中都充滿如火如荼的造反氣氛，人與人之間的殘忍遍及全社會的每個家庭，學習毫不留情的鬥爭哲學也是從娃娃就抓起、就做起。學校頻繁組織批判會，加上日常生活的耳濡目染，使十幾歲的孩子變成以殘酷為樂、為榮的劊子手。

殘忍的事情往往發生在夏天，人們有著旺盛的精力，皮膚和欲望都赤裸裸地在日光之下曝晒。劉曉波記得最清楚的一件事，便發生在一九六六年酷熱的夏天。只是，那時，誰也不知道二十三年之後的一九八九年夏天，還會發生更為慘烈的屠殺。兩個夏天之間，存在著某種草蛇灰線般的聯繫。

有一個跟劉曉波的奶奶同齡的、名叫尹海的老頭，是看著劉曉波長大的街坊。老頭當過幾天國民黨的兵，雖然半途逃跑了，一九四九年之後仍然被定為「歷史反革命」，淪為賤民，以走街串巷理髮為業。此種被打入另冊的無辜者，在共產黨統治的中國有數千萬之多。老頭經常與劉曉波的奶奶一起聊天，也經常為劉曉波理髮。

「文革」伊始，像老尹海這樣的人首當其衝成為被打擊對象。劉曉波的奶奶可以回到鄉下老家，老尹海沒有農村老家可回，命運就更慘——兒子與之劃清界限，老人被迫從家中搬出來，住在院子裡的鍋爐房中一間幾平方公尺的長方形小屋，又陰又潮，除了床，屋裡沒有多餘的傢俱。

老尹海也不能再給別人剃頭，只能以揀破爛為生。除了數不清的批判會之外，每天大家早請示、晚彙報、表忠心、跳忠字舞時，老頭就在毛澤東畫像前低頭請罪。

這麼一個人人皆可踐踏的老頭，就成了被「革命」煽動起來的孩子們肆意欺負的對象。這天，劉曉波和幾個夥伴邊走邊找樂子，忽然看見在垃圾堆中翻來翻去的老尹海。

劉曉波一下兩眼放光，來了興致，「這下有玩意兒了」。他擺手招呼夥伴們，躡手躡腳地走過去。站在老尹海背後，突然高聲大喊：「老尹海，把頭抬起來。把額頭伸過來，讓我彈幾個腦瓜嘣！」

老尹海毫無準備，被劉曉波的當頭斷喝嚇了一大跳。當他想清楚這幾個孩子的野蠻要求時，突然驚嚇的恐懼變成了一臉無奈的乞求相。他低聲下氣地說：「三兒（劉曉波在家排行老三），我比你奶奶的歲數還大，又是老鄰居，以前總給你們哥幾個剃頭，就饒過我這一回。」

劉曉波說：「不行！你個老反革命，還敢討價還價？你越來越大膽了！一定要彈！非彈不可！」

老人又乞求了幾句，看看把他團團圍住的幾個滿臉凶相的孩子，覺得實在躲不過這一劫，就退一步商量道：「那你實在要彈，三兒，我轉過去，你彈我的後腦勺，行不？」

劉曉波說：「你這個老傢伙夠滑頭的，怪不得定你歷史反革命。我今天非彈你的額頭。」

其他幾個小孩也跟著哄，把老尹海裝破爛的竹筐打翻在地，七嘴八舌地說，「不讓彈，你以後就別想再揀破爛了。」「老傢伙，還想不想過好日子？」

老尹海無奈，只好硬撐著伸過頭。陽光很酷，老人的額頭布滿滲出的細小汗珠，劉曉波只顧自己開心，全不知道這樣的惡作劇，對於老人是一種多麼大的人格侮辱。老人的歲數可以做這幫孩子的爺爺，為人和善又幽默，以前常在剃頭時給孩子們講笑話。可那時的劉曉波絲毫沒有想過老尹海以前對他們的好，更不會對老人現在的處境有絲毫同情，也並不覺得這樣欺負老人有什麼心理負擔，只覺得好玩、過癮、開心。

劉曉波看著老人閃亮布滿汗珠的額頭，活動一下自己的手指，運了運氣，便狠狠地彈著他的額頭。「砰、砰砰、蓬蓬砰、砰……」，時而清脆、時而沉悶、時而節奏快、時而有間隔，時而因為老人的腦門浸滿汗珠，手指彈上去會打滑。一打滑，手指就吃不上力，就一定要再彈，而且要加倍多彈，作為對老人的懲罰。

劉曉波的手指彈痛了，指甲上滑滑的沾滿汗漬，就把手指在老人的臉上蹭一蹭，然後接著彈，直到彈得手指有點兒發麻發木，方才甘休。其他幾個孩子也跟著彈了，有時是幾個孩子的手指同時落在老人腦門的各個部位。

當孩子們終於停了下來，老人立刻低下頭，不敢看他們，轉過身去，背對著他們收撿著散了一地的破爛。他們笑嘻嘻地朝著老人的背吐了幾口唾沫，高聲說了句：「這次便宜你這個老反革命了。」便大勝而歸般地揚長而去。

凌辱弱者是人最惡劣的天性。而獨裁者統治的祕訣，就是將這種邪惡的天性誘導出來。多年以後，等到劉曉波從插隊的農村回到城裡時，老尹海已經死了。這樣一個卑微的生命的消亡，就像一片樹葉落下，沒有人注意。劉曉波的道歉和懺悔，老尹海已經聽不見了！

劉曉波沉重地寫道：「現在想想，他一定偷偷地流淚了，而且是老淚縱橫。不光是眼淚，更是往心裡流的恥辱。一個年近七十、為孩子們理髮的老人，一個和孩子們的長輩要好的老鄰居，卻被他看著長大的十一、二歲的毛孩子如此侮辱！人的心如果會出血，老尹海的心肯定滲出了血，而且一定是在我的手指甲彈在他額頭上的時刻。」

在毛澤東時代長大的孩子，很少沒有幹過類似的壞事。弱者選擇更弱者欺負，形成了罪惡被複製和放大的惡性循環。劉曉波承認：「類似的殘忍行為以及對殘忍的自得其樂，我小時候沒少幹。這種行為與專門打砸搶、揪鬥別人的紅衛兵沒有什麼實質的區別。我們這些人，在一種野蠻的制度和教育之下長大，它崇尚暴力、培養仇恨、鼓勵殘忍、縱容無情，教給孩子們一種從娘胎裡帶出來的不拿人當人的殘暴兇狠。在視生命如草芥的年代，我們都在不同的程度上充當過劊子手和幫兇，誰也脫不掉責任，洗不清自己！」

三、兩度下鄉，思想啟蒙

劉曉波屬於傷痕累累的、生命力無比頑強的知青群體。這個群體的命運相當特殊，他們被拋出既定的人生軌道，正常的教育被中斷，從城市來到鄉村，有五到十年時間沉淪於中國社會最底層。

一九六六年，文革爆發。在「文革」衝擊下，高考停止。到一九六八年為止，許多中學畢業生既無法進入大學，又無工作可安排。毛澤東利用紅衛兵運動打倒黨內以劉少奇為首的專業官僚集團之後，又擔心紅衛兵失去控制，他需要尋找一個辦法來安置年輕人，於是指示全國有組織地將中學畢業生分配到農村去。這些從城市下放到農村當農民的年輕人，雖被稱為「知識青年」，實際上大多數人只獲得過不完整的初中或高中教育。

一九六九年，劉曉波的父母因為「地主」家庭出身和高校教師身分，成為被批鬥的對象，奉命下放內蒙古科爾沁右翼前旗大石寨公社，並帶著十四歲的劉曉波同行，一直到一九七三年下半年才回到長春。

這段時間，他算是父親的「附庸」，這只是他知青生涯的「預科班」。從大城市長春來到偏僻的小村莊大石寨，生活品質可謂判若雲泥，沒有自來水、電力、煤氣和暖氣，吃的糧食和蔬菜東西大都靠自己耕種。七天趕集一次，才可以買到一些日用的必需品。這個十四歲的孩子，得幫助父親幹繁重的農活，稚嫩的雙肩承擔起生活的重擔。

大石寨的自然風貌與生產生活方式，與劉曉波嬰幼兒時期生活過的蒙古國非常相似——內蒙古與外蒙古，只是一種出於地緣政治的人為劃分。這片「天蒼蒼，野茫茫」的草原、荒漠與森林，自古以來就是蒙古人縱橫馳騁的地方。不過，兩地的生活條件卻差別甚大：在蒙古國，父親劉伶的身分是援外專家，一家人居住在大學教員的宿舍裡，津貼比較優厚，生活條件不錯；而六〇年代末七〇年代初下鄉插隊，帶有懲罰未改造好的知識分子的性質，只能居住在當地農民的土坯房子裡，每天起早貪黑，苦幹硬幹，至多就是維持基本的生存而已。

這段經歷，劉曉波很少對別人提及。也許畢竟跟父親在一起，得到生活上的照顧和精神上的支持，那時的他不像大部分獨自上路的知青那樣充滿了恐慌與惶惑。如果他一個人上山下鄉，一定會像那些第一次來到窮鄉僻壤的知青，陷入無邊的絕望和痛苦之中。科爾沁右翼前旗的農民和牧民，尤其是少數民族同胞困苦的生活，一定引發了少年劉曉波的同情與深思。

據同樣在內蒙插隊的學者陳嘉映的回憶，大致可以重現劉曉波這段生活的情貌：「我們來到內蒙古，種地、牧馬，跟農牧民摔跤、喝酒。我們偷雞摸狗，打架鬥毆。我們讀托爾斯泰，讀黑格爾，在田頭土坑的陰影裡，在灶台邊的油燈下。學俄語，學英語，學高等數學。唱俄國歌。聽貝多芬，七十八轉的手搖唱機，膠木唱片，用竹製毛衣針削尖的唱針。」當那段青春定格成歷史，經過記憶的篩選和歲月的阻隔，也許會生出幾分浪漫情懷，尤其是後來者聽了這樣的描述，會有幾分莫名的嚮往。但陳嘉映說：「後生聽了這些，脫口而出：浪漫。比較起習題備考然後朝九晚五，那是浪漫吧。初次收割穀子，一天下來，腰累斷了，手掌上的皮磨掉了，回到青年點，女生一個個痛得眼淚汪汪。第二年，臨近秋收，一場大冰雹毀了田裡的一切，接下來的一秋一冬一春，三頓玉米碴子，拌上從北京帶來的辣椒粉下嚥。」

一九七三年，劉曉波隨父母回到長春家中。這個十八歲的年輕人，看上去比他的實際年齡更加成熟一些。內蒙的風雪將他的皮膚吹打得黝黑而粗糙，他穿著洗得發白的粗布衣服，更像是一個土得掉渣的農家孩子，而不是彬彬有禮的城裡孩子。

然而，苦難還沒有結束。劉曉波在長春上了半年多中學，一九七四年又不得不下鄉到吉林省農安縣三崗公社。一九七三年，「上山下鄉」運動進入第二個高峰期，中央通過三十號文件，制訂了有關一九七三年至一九八〇年的下鄉規劃。劉曉波第二次被中斷學業下鄉。

不過，此時離毛去世和「上山下鄉」運動結束已為時不遠。知青的命運與毛的肉體生命的存亡緊緊相連——「實際上，毛的下鄉運動的構思宗旨，乃至教育培養青年的政策，都是他的領地，不容許任何人在他有生之年安然無恙地躡足其間。」換言之，除非毛澤東死掉了，知青政策才能有鬆動和變化，上千萬的知青才能獲得自由。

這一次劉曉波插隊的農安縣，條件遠遠優於此前他生活了四年的科爾沁右翼前旗。劉曉波所在的三崗公社（現稱三崗鄉），建立於一九六一年，主要地貌為九座小山頭，當地稱「九連環」，有「三千坰崗，三千坰窪，三千晌鹼疤瘌」之說。這裡還有一個共青團水庫。水庫的鯉魚肉嫩味美，營養不足的劉曉波和知青同伴們，常常趁著月黑風高，到水庫裡偷偷捕魚。然後，串上竹籤、抹上鹽，就地燒烤，大口吃完，整個過程神不知鬼不覺。

一九七六年，知青返城潮初現端倪。有關係、有門路的知青，都紛紛打通關節回城了。村子裡只剩下少數幾個被這個世界遺棄的、孤臣孽子般的知青。那時，劉曉波的父親劉伶尚未獲得平反，無力幫助解決兒子的問題。劉曉波多次往返於長春的家與三崗公社的知青點，想打通回城的道路，卻始終不得要領。

劉曉波性格直率，得罪了村支書，且矛盾頗深。村支書雖然只是共產黨政權最基層的、不入流的「芝麻官」，是這個體制的「末梢神經」，但村支書也是村子裡的知青們的上帝，手上捏著公章，決定著知青是否可以離開農村、回到城市。劉曉波性格剛烈，不肯為五斗米折腰。那麼，如何才能讓村支書給他一張蓋了公章的招工表呢？

母親也為兒子的前途焦慮萬分。她拿出家中最值錢的一件財物——一只上海牌手錶，讓兒子送給村支書。送，還是不送？送了之後，刁鑽狡譎的村支書是否會網開一面？劉曉波一咬牙，左手提著一把菜刀，右手拿著這塊手錶，去了村支書家，對村支書說：「你想要菜刀，還是手錶？今天就作決定！」

村支書留下後者，摸出一張招工表。這不是一幕誇張的戲劇，這就是那代人真實的生活。比劉曉波年長幾歲的著名人權活動家胡平，當年也是無法回城，遂孤注一擲地切斷手指自殘，以此贏得返城的機會。相比之下，劉曉波要幸運得多。

一九七六年「四人幫」垮台，「文革」結束，中國百廢待興。十一月，劉曉波被抽調回長春。回城之後，家中沒有背景和門路的劉曉波，只好在長春市建築公司當抹灰工。他性格開朗，幹活賣力，人又聰明，學技術也很快，故而深受師傅和工友們的喜愛。那時，他是個單身的小夥子，工資雖然不高，但可以自己支配，手頭上比那些要養家糊口的工友們寬鬆。他經常買來香煙，遞給大家一起抽。

由農民成為工人，在社會等級的階梯往上走了一大步。但是，難道一輩子只能當抹灰工嗎？傍晚時分，劉曉波坐在屋簷下，看著天慢慢地黑下去，心裡寂寞而淒涼，感到自己的生活被剝奪了。他害怕這樣生活下去，這樣衰老下去，這是比死亡更可怕的事。

尼采（Friedrich W. Nietzsche）說：「人生充滿苦難，更苦的是這些苦難沒有意義，苦行者以自己的意志求苦難，從而賦予生活以意義。」劉曉波既當過農民，又當過工人，青年時代沉入社會最底層，讓他連接上中國民間社會生生不息的「地氣」，也讓他的生活方式和思維習慣與那些養尊處優、自我感覺良好的知識菁英迥然不同。這種差異，將在未來的歲月裡一點一點地凸顯出來。

✣

劉曉波的讀書生涯正始於兩次下鄉的「文革」時期。他後來曾表達過對文革的感激，因為文革給了他隨心所欲的自由，使他得以「暫時擺脫教育程序」。雖然父親是大學文科教師，但思想正統，家中並沒有能啟迪心智的「禁書」。與那個時代的青少年一樣，他能讀到的只有馬列主義著作。「我曾經像所有中國的年輕人一樣，狂熱地、虔誠地信仰過馬克思主義。這種信仰一方面是由於愚昧無知，另一方面是由於文化專制主義所造成的知識真空。回想我的青少年時代，幾乎是在一片文化荒漠中度過的。統治者為我們這些『共產主義接班人』規定好的書，主要是馬克思、恩格斯、列寧、史達林、毛澤東的著作，以及與之有關的介紹性著作。」

十五歲時，劉曉波第一次讀《共產黨宣言》，無比激動，貫穿全文的自信深深打動他。中學時代，他通讀《馬恩選集》和《列寧選集》，進入大學後，又通讀四十多卷的《馬恩全集》，甚至可以將其中的段落大段大段地背下來。馬克思給他提供了不少西方哲學史的線索，是當時唯一「走向世界」的橋樑。

劉曉波的寫作生涯也是從插隊落戶當知識青年的時候發端的。他回憶說：「我的文字生涯始於七〇年代的知青歲月，那種特定時代的革命化大抒情，完全由空洞的口號和盲目的激情堆積而成，也就是毛語錄式的意識形態謊言，而在當時還自以為是絕對的真誠。」對於這段「喝狼奶」長大的青春歲月，他後來有痛切的反省：「我的整個青春期生長於文化沙漠之中，我所賴以寫作的文化滋養，除了仇恨、暴力、狂妄，就是說謊、無賴、犬儒，這些黨文化的毒素餵養了整整幾代人，我便是其中之一，即便在思想解放的八〇年代，也並沒有完全擺脫黨文化的印跡，毛式思維和文革式語言已經變成生命的一部分，意欲進行脫胎換骨的自我清洗，談何容易！清除靈魂中的毒素，甚至需要終生的掙扎。」

苦難是覺醒的催化劑。兩次加起來將近六年之久的下鄉生涯，不僅沒有如統治者所願將劉曉波馴化為不會思考的奴隸，反而鍛造出他如希臘神話中普羅米修斯（Prometheus）般盜火的勇氣和決心。他的覺醒始於對中國農村嚴峻現實的觀察與反思，以及對農民悲慘生活的同情與憐憫。

如果沒有在農村生活過，就不算貼近中國的大地。上山下鄉讓當過紅衛兵的知青們看到了真實的中國，這一點是始作俑者毛澤東做夢也沒有想到的——「在農村、邊疆和工礦，知識青年看到了觸目驚心的嚴酷現實：農村經濟的惡化、工礦管理的混亂、農民和工人的貧困、基層幹部與群眾關係的緊張、政策的失當，他們不僅是體驗，而且承擔著這些社會惡果。他們的思想在現實與信念的猛烈撞擊中苦苦掙扎。」

相對於控制極為嚴密的城市，中國的農村空間廣袤，政權的控制力度比較薄弱，因此知青們有了一定的自由度，慢慢展開了具有批判性的閱讀、討論和思考。當過知青的作家阿城認為：「七〇年代，大家會認為是『文化革命』的時代，控制很嚴，可為什麼恰恰這時思想活躍呢？因為大人們都忙於權力的爭奪，沒有人注意城市角落和到鄉下的年輕人在想什麼。」那時，知青經常走上幾十里地，翻過幾座大山，跟其他知青點有精神共鳴的朋友談一個問題，完了還約下一次。

志同道合的年輕人分散在黑龍江、內蒙古、雲南、海南島、白洋淀，在政治高壓之下，在繁重的勞動之餘，讀書、思考、討論，形成了一個個「圈子」。敏銳多思的劉曉波便是這類圈子中的一員。他們通過各種途徑瞭解世界的真實情況，例如「偷聽敵台」。偶然相遇，才發現大家偷偷讀的書竟是同樣的。

✣

在七〇年代，對劉曉波一生影響巨大的有三件事。

首先，是一九七一年的林彪事件。對於這一代人甚至前後幾代人來說，這是對毛澤東絕對崇拜破滅的轉捩點。儘管毛澤東殺死了林彪的肉體，林彪卻打碎了作為精神偶像的毛澤東身上的光環。多年來中共當局苦心經營對毛澤東的偶像崇拜，在那一刻灰飛煙滅。「九一三」事件，將絕大部分中國人幾十年建立起來的政治信仰徹底瓦解，那以後，人們在接受各種信息和分析資訊時不再有一個固定的解釋系統。那一年，十六歲的劉曉波，由此看透了中共體制的虛偽與殘暴，邁出了思想叛逆不歸路的第一步。

其次，是一九七六年毛澤東的死亡。林彪事件之後，毛在民眾中的威望一落千丈，

「文革」也成強弩之末。一九七六年一月八日，周恩來去世，民眾借機發洩對「文革」暴政的憤怒和不滿，是為「四五」運動。毛將其定位為反革命事件，並再次罷免鄧小平，但他發現自己民心全失，「紅太陽」的光芒日薄西山。九月九日，毛在四面楚歌中死去。死訊傳出，眾多國人如喪考妣；也有相當一部分人，尤其是有獨立思考能力的知青群體，如釋重負。雖不敢拍手叫好，卻悄悄慶祝。那一年，劉曉波二十一歲，正在長春建築公司當抹灰工。作為「文革」中遭受迫害的知識分子家庭的孩子，他有獲得解放的感覺。他意識到，改變命運的曙光隨著暴君死亡而降臨了。他在許多年輕人的眼睛裡看到了同樣閃爍的光芒。

第三，是一九七七年恢復高考。一九七七年八月，鄧小平復出，主持召開科學和教育工作座談會，作出當年即恢復高考的決定。據估計，兩年接近一千兩百萬的考生和接近七十萬的錄取者中，有一大半都是飽經風霜的知青，年齡段從十六、七歲直到四十多歲。多年的知青全疊加在這兩、三年間報考，考取者可謂千軍萬馬過獨木橋。機遇從來不會垂青沒有準備的人，劉曉波前前後後只念過一年多中學，但他在農村當知青時和在工廠當抹灰工期間，一刻也沒有放棄學習。父親告誡他，終歸有一天，知識是有用的。他如願以償地考取了吉林大學中文系。

四、遲來的大學生涯

一九七八年三月十三日，吉林大學七七級新生入學報到第一天。劉曉波與其他中文系新生一樣，到第七學生宿舍報到。次日早晨，他和同學們一起吃了入校後的第一頓早餐：餅乾、玉米麵粥、腐乳。那時的學生食堂是千篇一律的「大鍋飯」。劉曉波與一千二百零五名的七七級新生一起，在校禮堂（鳴放宮）參加開學典禮。被延宕了好幾年的大學生活，終於拉開序幕。

在當時大學校園裡，有許多像劉曉波的父親劉伶那樣被迫離開學術研究多年的教師。他們全心全力投入到教學上，恨不得把所有知識都傳授給學生。

七七級大學生在知識結構上存在一定缺陷，生活經歷卻無比豐富。他們如饑似渴地學習，希望將失去的時間追回來，如作家查建英所說：「這批返城知青，真的人人一肚子故事，都有經歷，追著老師討論，什麼都不怕。那真是挺特別的一個時期。」中國當代教育史上的一個教學相長、相得益彰的黃金時代降臨了。

吉林大學是歷史悠久、實力雄厚的名校。成立於一九五二年的中文系，名師雲集，菁英薈萃。五〇年代有楊振聲、馮文炳（廢名）、汪馥泉等老一輩作家、學者在此任教；

「文革」後，張松如（公木）、劉柏青、劉中樹等作家、學者，繼續將「鼓勵思想個性，保護學術叛逆」的辦學理念薪火相傳。

入學之後，劉曉波學習極為刻苦，在各個方面爭強好勝。他對哲學和美學有濃厚興趣，熟讀了許多德國哲學原典。同班同學溫玉傑回憶說：「劉同學以前我接觸很少，在校時的印象一是他有點口吃；二是傳聞他記憶力在七〇年代末的中國大學裡可謂極好，能大段背誦黑格爾美學論著的原文；三是他努力走在我們班的前列——有人詩寫得好，他積極寫詩；有人發表了小說，他積極寫小說；有人研究美學，他下功夫苦讀黑格爾……。」

劉曉波住在七舍，晚上十點，熄燈鈴聲響了，各個寢室的燈光，伴隨著開關的關閉聲，及學子們的怨聲、罵聲，很不情願地關掉了。七舍的一樓、二樓住男生，三樓整層住女生。為體現男女分別，二樓樓梯口的燈光徹夜不滅。於是，在二樓西側的樓梯口，常常聚集著幾個「幽靈」——寢室的黑暗把一些夜讀的學子趕到這裡的燈光下。「幽靈」們不僅借用這微弱的燈光，還享受從三樓飄飄而下的脂粉香。這群「幽靈」中就有瘦瘦的劉曉波。他們是趨光一族，積雪囊螢是他們的本事，昏暗的燈光照亮他們的未來。

劉曉波住在二〇二房間。當時的學生宿舍是大房間，一個房間住十二個人。這間普通的學生宿舍，按上下鋪劃分。住在劉曉波下鋪的同學高文龍，後來是頗有成就的書法家。與所有大學生宿舍一樣，在黑暗中臥床夜譚是二〇二房間同學們最熱愛的娛樂。室友們很快就打成一片。

三月二十三日，中文系七七級正式上課，第一學期共開課十七門。其中，政治課四門、專業課十門、共同課三門。值得注意的是，他們學習的外語不是英語，而是日語。這跟長春曾經是偽滿首都，與日本有較深淵源，且改革開放之後中日關係一度良好有關。

那四年裡，大學的政治氣氛十分濃郁，學生必須參加政治學習。學習的內容與政治形勢息息相關。文學界的解凍與政治大環境的變動亦直接相關。這一點從中文系學生們關注的問題和討論的焦點上可以看出。比如，「文學概論」課上，老師提問說：文藝有沒有階級性，為什麼《白毛女》在資本主義國家也會產生反響？*引起了同學們的討論。在「寫作」課上，大家一起討論小說《傷痕》。該小說的作者是復旦大學中文系七八級新生盧新華。一九七八年八月十一日，《文匯報》以整版篇幅刊登小說《傷痕》，在全國引起強烈回響，由此成為「傷痕文學」的先聲。

學生們的娛樂活動，跟當時中國社會「脫毛」的步伐環環相扣。毛時代被壓抑的人性逐漸復甦，人們敢於對真善美作出獨立判斷。一九七八年十一月七日，劉曉波和同學們在教室觀看電視播放的話劇《於無聲處》。該劇批判極左思潮，在上海公演後引起轟動，《文匯報》連續三天全文發表劇本。電視播放結束時，教室裡爆發出一陣掌聲。

一九七八年十一月十一日下午，劉曉波和全班同學在學校禮堂聽校團委書記陳秉公傳達共青團第十次全國代表大會精神。會上透露，團十大代表在聯歡時與北京大中學生跳集體舞，吉林大學也將開展大學生跳集體舞活動。不久，舞會風靡一時，交誼舞比集體舞更受歡迎。在埋頭苦讀之餘，劉曉波偶爾去參加舞會，雖然他的舞技並不新潮，但這個時髦他不會錯過。

那時的中國，正處在改革之初的極度精神饑渴中，年輕一代汲取新鮮觀念的熱情，甚至到了饑不擇食的程度。從七〇年代末到八〇年代初，對中國人的觀念轉變產生最深刻影響的文化事件，絕不是官方發動的「真理標準」大討論，而是一波接一波的民間思潮，特別是鄧麗君的歌和《今天》詩刊，對這代大學生有著深遠影響。正是來自民間的「靡靡之音」和「反叛之聲」，讓毛澤東時代的階級性堅冰融化為人性的春風，讓革命化審美裂變為現代性審美。

劉曉波回憶說，七〇年代末，鄧麗君的歌征服了中國的年輕一代，喚醒了國人生命中最柔軟的部分。她用氣嗓唱出的情歌，唱垮了人們用鋼鐵旋律鑄造的革命意志，唱軟了人們用殘酷鬥爭錘煉出的冷酷心腸，也喚醒了人們身上被擠壓到生命黑暗處的情欲，人性中久被壓抑的柔軟和溫情得到了釋放。在私下裡，大家都圍著一台俗稱「磚頭」的收錄音機

* 編注：《白毛女》為一九四〇年代末期，由延安魯迅音樂學院的一批藝術家們所創作的文藝作品。其內容為一位全身長滿白毛的仙姑，懲惡揚善、主宰人間禍福的故事。該作品將強烈的浪漫主義與共產黨的階級鬥爭理論相結合，在當時大受歡迎。原先僅是歌劇，後來陸續改編為電影、芭蕾舞劇、京劇等型式演出。

反覆聽，在寢室裡、走廊上、飯堂中一遍遍地唱。那時，誰擁有那塊日本產的「磚頭」，誰就會得到眾星捧月般的簇擁。

與此同時，劉曉波和同學們也經歷了外來影片、文學、音樂和繪畫的審美洗禮。當時，最為流行的是日本影片。《追捕》、《生死戀》、《望鄉》、《金環蝕》、《人證》、《遠山的呼喚》、《幸福的黃手帕》等影片，《姿三四郎》、《鐵臂阿童木》（台譯：原子小金剛）、《血疑》、《排球女將》、《阿信》、《聰明的一休》（台譯：一休和尚）等電視劇，都是國人百看不厭的影視作品。《追捕》的主題曲《杜丘之歌》和《人證》的主題歌《草帽》，也隨之家喻戶曉。著名導演黑澤明、溝口健二和小津安二郎的影片，對八〇年代中國先鋒導演很有影響。開始研究美學的劉曉波，也從日本文藝中汲取不少靈感。

雖然遠離首都北京，但北京出現西單民主牆的消息還是點點滴滴地傳來。劉曉波回憶說，「民主牆運動」的思想啟蒙標誌著一代人的精神覺醒，它所產生的精神成果是刻進這代大學生血肉中的印記。比如，胡平的〈論言論自由〉、魏京生的〈第五個現代化〉和徐文立的〈庚申變法建議書〉，日後都成為這一代人的精神底色。

✣

那是一個文學的黃金時代。成績最好的文科生，通常報考中文系。他們相信文學可以改變世界、啟迪人心。上中文系、當作家，是青年人的夢想。校園文學的繁榮時代來臨了。大學裡，各種文學社團如雨後春筍般出現。劉曉波的同學、詩人徐敬亞回憶說，一九七六至一九七九那幾年，是中國時局最迷離的年代，也是人們心理密度最大的幾年。剛剛解禁的《現代文學史》，幾乎在各大學中文系同期開課。「五四」後的文學社團高潮——這一被長期遮蔽的歷史，被正面、公開宣講後，像示範的星火般，迅速在七七、七八級蔓延，民間性的文學結社，突然大為興起！

吉林大學的「赤子心」詩社，與北京大學的「五四文學社」、復旦大學的「復旦詩社」、安徽師範大學的「江南詩社」並稱為當時全國高校四大詩社。「赤子心」詩社存在的準確時間是整整三年：頭一個學期還是空白，最後一個學期大家都「無心戀棧」。詩社油印社刊《赤子心》，每學期出刊一次，有些學期還出過兩期，一共出了九期，與當時北京的民間文學刊物《今天》幾乎同步。

詩社成員最多時達二十四名，穩定的成員為七人：徐敬亞、王小妮、呂貴品、鄒進、劉曉波、白光、蘭亞明。最後一個進詩社的是劉曉波。那一年寒假，全班都放假回家了，宿舍裡空空蕩蕩。徐敬亞和劉曉波兩人各自獨霸一間十二個床位的寢室，每天各看各書，到了吃飯時，聚在一起聊天。整整一個寒假，都這樣度過。對沉浸於詩文之中的窮學生，簡直像是神仙日子。一九八〇年開學後，劉曉波正式成為「赤子心」詩社的第七名成員。

那時，七個人一起編輯詩刊。每一期的詩稿，都經過反覆傳閱，多次校對。印刷也是自己動手，一般在下午或晚自習的時候工作。那台老式的油印機，被幾個人圍成一圈，貼蠟紙的，調油墨的，推油滾兒的，添紙計數的……對於這群學生來說，辦刊物彷彿一種遊戲，煞有介事很美妙，就像當年地下黨辦《挺進報》。劉曉波是惡作劇的高手，這群校園詩人常常鬧成一團，搞得滿手滿臉都是油墨。最好玩的是裝訂過程——印好的詩集散頁，按頁碼一疊疊擺放在桌子周邊，詩社全體七名成員一個一個排隊圍成一圈，邊走邊拿，走完了一圈一本詩集就在手上了。

劉曉波長於理論研究，不過也喜歡寫詩，他的性格中有詩人的浪漫與敏感的一面。他沒有像「赤子心」中的同仁王小妮、曲有源那樣以詩人名世，但一直沒有放棄對詩歌的熱情。

「赤子心」詩社的同仁們，大學畢業後各奔東西，走上迥然不同的人生道路。對於大部分人來說，「六四」都是一道改變人生道路的門檻。比如，呂貴品留校任教，八〇年代中期到《深圳青年報》工作，將這份默默無聞的小報打造成追求新聞自由的先鋒。「六四」之後，呂貴品被迫離開新聞界，下海經商，成為廣告公司的老闆。同樣有過在內蒙插隊經歷的鄒進，後來在《中國》雜誌當編輯，劉曉波最初在《中國》上發表的文章，就是他編輯的。不久，《中國》雜誌被停刊，鄒進形同失業。「六四」之後，鄒進下海經商，創建北京人天書店有限公司，成為一家大型的民營圖書發行公司。

畢業三十年之後，當年七七級中文系的同學們相聚在網路上。除了一位去世的同學外，唯一不能現身的就是劉曉波。當同學們商議編輯一本《七七級中文系同學博客文集》

的時候，「遍插茱萸少一人」。有同學沒有忘記身在牢獄之中的劉曉波，在網上發帖建議說：「可否約劉霞寫幾個字，放進書裡？」

三十年歲月的磨洗，同學與同學之間的差異已到了「不圖老子與韓非同傳」的地步。立即有人反駁說：「劉霞是重點監視對象，還是不要了。」又有同學說：「有何不可以？本來都是只敘友情、不談其他的相聚。亡者都入內，活人倒是排除在外？」還有人認為：「是同學博客，劉霞沒資格。」另有人說：「特殊時期，劉霞作代表是可以的。亡者不也是別人在寫？」最讓人瞠目結舌的是這樣一個帖子：「反對，若如此，我會宣布退出文集。不是害怕什麼，是不要招惹是非。」

不過，更多的是人性的溫暖。二〇〇九年十二月，劉曉波被判重刑之後，好幾個同學都表達了對老同學的敬重。王小妮說：「我們是大學同學呀。在那不平靜的四年後這二十多年裡，我所看到的，總是個體的弱小和茫然……我是悲觀的。」徐敬亞說：「作為同班同學，我與曉波感同身受！我不甘心我們這一代人此生永遠蒙在『因言獲罪』的陰影之中。」魏海田說：「作為曉波的大學同學，我一直為他而感到自豪，也為自己沒能站出來和他一起對抗暴政而感到羞愧，我從現在開始，要和他站在一起。」

劉曉波獲諾貝爾獎的消息公布後不久，徐敬亞在博客裡貼上一幅「赤子心」詩社成員的老照片，標題寫上：「同學獲獎」。合照中人人都寫上全名，唯獨劉曉波，以英文縮寫「L-X-B」代替。欲說還休，意味深長。

第二章
京城嶄露頭角

如果你走過一片平原，儘管你非常想走，卻總在後退，那該是一件令人絕望的事情；可是，如果你向一個非常陡的山坡上走，陡得就像倒視你自己一樣，那麼造成後退的就是地面狀況了，你不必絕望。

——卡夫卡（Franz Kafka）

一、愛上大眼睛的女孩

中學時代，儘管學業幾度被終止，劉曉波卻熱愛讀書，手不釋卷。

不過，在老師眼中，劉曉波並不是一個「乖孩子」。他天分高，悟性強，老師還沒有講到的地方，他早就懂了。他常常在課堂上調皮搗蛋，老師講錯的地方，他大聲糾正，結果被老師罰站在教室最後一排。他也不把考試當成一件大事，考前不像其他同學那樣作精心的準備，所以成績平平。

然而，當這個頑皮的少年陷入一場牽腸掛肚的初戀的時候，一切都改變了——有一天放學，剛剛走出校門，他看到前面有兩個女生邊走邊談，不知談到什麼，突然爆發出一陣笑聲。其中一個笑得最開朗，挑起了他強烈的好奇心。

這個面容姣好、笑聲朗朗的女生，名叫陶力，是另一個班上學習最好的學生。劉曉波卻是個有名的調皮蛋，他想：「如果要追這個女孩，我首先得成為一個優秀學生。」他發揚起勤奮好學的精神，功課突飛猛進。然後，他找了一個機會向這位女生借書看——這是最老套的、卻屢試不爽的追女孩的方式。

這個方法居然奏效。被同學們稱為「大眼睛」的陶力，也是東北師大的教師子弟，父母是著名學者陶德臻教授和浦漫汀教授。陶力是一個身體文弱、頗具藝術氣質的女孩，那天被劉曉波捕捉到的笑容，其實在她身上並不多見。通常情況下，她獨來獨往，很少參與別人的活動，也很少關注周圍發生的事情，她的繪畫和美術字簡直就是神來之筆，但她很少讓別人看到自己的才華。她有些像《紅樓夢》中的林黛玉。這種神祕而孤獨的氣質，深深地吸引了劉曉波。

雖然同是教授家庭，但陶家的氛圍與劉家迥然不同。劉家有五個生龍活虎的男孩，父親常常動用武力來管制，家庭氛圍粗獷而凌厲；陶家則是兩個如花似玉的女孩和一個秀氣的男孩，家中有一種中國家庭少有的寧靜、溫柔與甜蜜的氣氛。對這一家人頗有貴族氣質的生活，陶力少年時代的一位閨中密友描述說：「陶媽媽非常熱情，這位著名的兒童文學研究家在給我們做飯時非常勤快，慈祥得就如同我的母親一樣。就是在那個時候，我知道了『大眼睛』身體不好，有心臟病。她是一個內涵深厚的女子，身體很瘦弱，但是眼睛裡的神采非常迷人，她很安靜。『大眼睛』的爸爸做學問，總是讀寫，很少有時間和我們交談，但是他從來不阻攔我們在他工作時讀他的書，所以我們就經常坐在他狹窄的書房裡，靜靜享受無盡的書香。『大眼睛』的弟弟非常漂亮，因為從小跟著父母飽受政治磨難，所以身體也不是很好，但是非常優秀。」

劉曉波對陶力發起鍥而不捨的攻勢。漸漸的，這兩個少男少女之間心有靈犀一點通。陶力在這個少年身上發現了一種難馴的野性，內心默默發願：要去收服這匹野馬。

那段時間，劉曉波很喜歡去陶家玩，跟自己家相比，陶家溫馨而優雅。陶力的父母也很喜歡這個愛讀書、愛說話的小夥子，他們相視而笑：這個孩子日後必成大器。

「文革」終於落幕，中央宣布恢復高考。劉曉波和陶力都決定參加高考，在那個時代，只有考上大學才能改變命運。那幾年，陶力所受的教育比劉曉波要完整，功課複習起來亦輕車熟路。而劉曉波兩度當知青，中學加起來斷斷續續只上了兩年多時間，很多功課都要從頭開始。有時候，劉曉波下班便趕到陶力家，兩人一起複習功課，陶力反倒給他頗多幫助和指點。

年輕人常常像鳥兒一樣，期望自己飛得離家越遠越好。但是，劉曉波不願填報父親任教的東北師大中文系，而選報了吉林大學中文系，最終如願以償。陶力則進入東北師大中文系就讀。兩所大學距離不遠，兩人常常約會，一起去看電影、跳舞，那是他們一生中最美好的一段無憂無慮的時光。

一九七九年，陶力的父母調入北京師範大學中文系，陶力繼續在東北師大念書。此時，劉曉波與陶力進入熱戀。

一九八二年，二十七歲的劉曉波在吉大畢業，很快與陶力共結連理。兩人郎才女貌，由初戀而能成為夫妻，是人生中最大的幸福。不過，那時的劉曉波並未仔細思考過「如何做一個合格的丈夫」這個問題，他的志向很高，他的心很野，敏感細膩的陶力根本無法將他「拴」在二人世界之中。

陶力畢業後，分配到北京師範大學工作。兩人結婚不久，就要被迫分居兩地。怎麼辦呢？劉曉波決定報考北京師範大學中文系研究所。一是因為岳父母和妻子在那裡工作，一家人可以團聚在一起；二是因為北師大中文系學術卓越，自己在學業上能更上一層樓。*

到北京，是「文藝青年」夢寐以求的人生目標。大一統的、中央集權的體制，造成了一種特殊的「政治地理學」：帝國的首都集中全國最好的政治、經濟、文化、教育資源。法國首都巴黎就是如此，在巴爾扎克（Honoré de Balzac）、羅曼・羅蘭（Romain Rolland）等法國作家筆下，每個懷著文藝夢想和成名欲望的外省青年，都要到巴黎拼搏奮鬥，以取得全國性的知名度和影響力。與之相似，在中國，每個懷著文藝夢想和成名欲望的外省青年人，都把北京當作「聖地」——即便當「北漂」，** 忍受北京惡劣的氣候和高昂的物價，亦在所不惜。

對於北京得天獨厚的文化優勢，劉曉波很早就深有體會。他上了大學才有機會讀到民間刊物《今天》和一些新銳的政論文章，那種激動讓他「至今仍然記憶猶新」。而參與編輯民間刊物《今天》的那批人，年齡並不比劉曉波大多少，他們在「文革」中期就開始獨

* 北京師範大學中文系創建於一九〇二年，「五四」時代即成為新文化運動的重要策源地。魯迅、錢玄同、劉半農、黎錦熙、沈從文、沈兼士、顧隨、余嘉錫等大師都曾經在此任教。八〇年代亦是北師大中文系的黃金時代。

** 編注：「北漂」為現代漢語的新詞彙，意指漂流在北京的外地知識青年，也稱「北漂一族」。

立思考和寫作了，比劉曉波整整早了五到十年的時間。這種差異跟個人的天賦無關，而是「環境決定論」的產物：「《今天》之所以成為《今天》，不是由於這批人多敏感多深刻多有才華，與外省的青年人相比，他們『近水樓台』地接觸到一大批外省人難以接觸到的內部發行的『黃皮書』、『灰皮書』。」

所謂「皮書」，是一種特殊出版物，從六〇年代初到「文革」結束，大約出版兩千多本，「黃皮書」以文學類為主，「灰皮書」以社科類為主。「皮書」形成的「地下讀書活動」，是八〇年代思想解放運動在民間的序幕，是催生日後許多理想主義文化菁英的搖籃。歷史學者印紅標指出，這些「皮書」（特別是「灰皮書」）的流傳相當有限，「除了北京和上海某些青年人的小圈子外，其他人是非常難得有機會接觸的，很多思想型的青年未曾讀過，甚至未曾聽說過」。

所以，劉曉波暗暗發誓：一定要到北京！一定要考上北師大的研究所！既是為了與妻子團聚，也是為了有朝一日名動天下。報考北師大中文系的難度，僅次於北大中文系。但劉曉波有十足的信心。後來，他果然以優異的成績被北師大中文系錄取。

一九八二年夏天，劉曉波攜帶著簡單的行李，坐上了從長春到北京的火車。人還沒有到北京，心早已到了北京。陶力早已在火車站等候丈夫，特意換了一套碎花連衣裙。劉曉波一出站口，便看到了「最是那一低頭的溫柔，恰似水蓮花不勝涼的嬌羞」的妻子。小別勝新婚，這對年輕夫妻在眾目睽睽之下便緊緊擁抱在一起。陶力早已對師大的一切非常熟悉，她帶著劉曉波辦理好入學手續。然後，等待他的是岳父家中豐盛的接風家宴。比起他那些隻身赴京的同學來，他的幸福簡直比蜜糖還甜。

八〇年代的北京師範大學，群星燦爛，人才濟濟。諸多歷經滄桑之後還健在的老教授重新站在講台上。能親身得到黃藥眠、鍾敬文、陸宗達、啟功、郭預衡、楊敏如、聶石樵、鄧魁英等從民國走過來的老一輩學者的教誨，是八〇年代就讀於北師大中文系的學生們難得的一段經歷。而比劉曉波年長一代的童慶炳、王富仁等中年學者，也已嶄露頭角。在這個更高的學術平台上，劉曉波的才華得到了更好的展現。

那幾年，劉曉波一邊讀書，一邊享受甜美的愛情。一九八三年，劉曉波和陶力的兒子劉陶誕生了。那時的劉曉波一門心思都放在學術和出名上，早出晚歸，算不上一個顧家的丈夫和父親。或者說，他還沒有做好充分的準備接受孩子的降臨。妻子坐月子期間，多是岳父母前來幫忙。

碩士畢業後，劉曉波如願以償地留校任教並繼續攻讀博士學位。當時，北師大的青年教師宿舍集中在幾棟筒子樓裡，*已經成家的人，每家一個局促的單間，單身漢則兩個人分享一個房間。沒有單獨的廚房和廁所，生活相當不便。不過，劉曉波和陶力很滿足，這

---

* 編注：筒子樓是中國在一九五〇至九〇年代一種常見的住房形式。一般多為三到六層的建築，無電梯。每層樓多半有公用的廁所、廚房和浴室。

畢竟是第一個屬於自己的家。

陶家姊妹美麗而有才華。八〇年代中期，陶力的妹妹陶寧在當時著名民營企業四通集團工作，是總裁萬潤南的英文祕書。萬潤南稱讚說：「當時，正是陶氏姐妹青春靚麗的年華。陶寧原來是北大的英語老師，長得白淨清秀；陶力則黝黑俏麗。一朵白牡丹，一朵黑牡丹，一對賞心悅目的姊妹花。」

劉曉波和陶力過著清貧而幸福的生活，八〇年代，年輕知識分子的待遇很低，以致於社會上流傳著「造核彈的不如賣茶葉蛋的」這種說法。人文研究方面的知識分子更是如此。陶力性情安靜，鍾情於書齋裡的學術研究，希望丈夫也能安靜下來在專業上作出成就來。然而，八〇年代的文化思潮此起彼伏，各領風騷三五月，人人都在爭奪影響青年學生的話語權。劉曉波哪能安靜下來呢？

陶力寫過一些文學評論文章，但沒有撰文表達過個人的政治觀點。她以一種莊子式的逍遙，表達對這個世界的隔離與拒絕。她曾在一封信中寫道：「曉波，表面上看，你是這個社會出名的逆子；但在實際上，你與這個社會有一種深層的認同，這個社會能夠以一種反對你的態度容納你、寬恕你、原諒你，甚至慫恿你，你是這個社會的一種反面的點綴和裝飾。而我呢？一個默默無聞的人，我不屑於向這個社會要求什麼，甚至連罵的方式也不想，我與這個社會的一切才是格格不入，連你都無法理解我的冷漠，你都不能容納我。」

在這個意義上，她的反叛甚至超過劉曉波。劉曉波說，這段話他當時毫無感覺，後來回想起來才覺得一針見血。

二、大右派恩師的得意門生

整個八〇年代，不僅是中國改革開放的黃金時代，而且也是劉曉波人生中風生水起、順暢快樂的時期。一九八四年，碩士生畢業後，他得以留校擔任教師。留在北師大任教，是當時的碩士畢業生們夢寐以求在專業上發展的好機會。劉曉波能夠奪得這個機會，說明他是那一屆碩士畢業生中的佼佼者。

欲窮千里目，更上一層樓。任職於高校，僅有碩士學位是不夠的。八〇年代中期，文科的博士教育逐漸開始恢復，劉曉波又有了繼續深造的想法。陶力非常支持丈夫的想法，對他說：「只要你讀博士，家中的雜事都由我來做。」一九八六年，劉曉波開始在職攻讀文藝學博士課程。

對於許多傳奇人物來說，他們生活中的諸多細節常常被賦予一層魔幻色彩，傳播越廣就越變形。關於劉曉波報考碩士和博士的過程，當時有一篇報導繪聲繪影地說：「他隨意打開北京師範大學的碩士專業簡章，選來選去，還是覺得文藝理論專業中的『黃藥眠教授』這個名字格外顯眼。於是就考了這個專業，結果，一考一個准。就這樣輕鬆輕鬆進入文藝理論研究的領域。考博士研究生也並非他自己的初衷，也是在別人的慫恿之下，匆匆忙忙在學生宿舍的髒桌子上填的報考表。」這顯然是以訛傳訛。劉曉波選擇黃藥眠為導師，並非率性而為，而是反覆權衡的結果。

當時，黃藥眠是北師大中文系資格最老、學問最好的教授，也是曾被毛澤東點名批判的大「右派」。劉曉波選擇黃藥眠為導師，重要原因之一是看重老先生敢言的「右派」身分。然而，那時的黃藥眠身體多病，已不復「反右」之前的銳氣，在公開場合謹言慎行，只有在私下場合，才跟劉曉波這個鋒芒畢露的學生談上幾句政治方面的話題。

週末晚上，有時劉曉波會應邀到老師家中聊天，聊的大都是跟專業無關的內容。劉曉波特別喜歡聽老師講民國時代的舊事。老師談及國民黨政權如何腐敗和專制，卻也透露出當時左翼文人可以自己辦報紙雜誌，遊刃有餘地跟在新聞管制上「吞舟是漏」的國民黨文宣部門「捉迷藏」，這些故事反倒讓劉曉波對那逝去的時代頗為神往。黃當時是全國政協常委，級別等同於部長，每當從政協會議上回來，他都會跟劉曉波談起官場上諸多可笑可歎的事情，對官僚極為鄙夷。劉曉波把這一切當作「世說新語」來聽，聽得津津有味，不時插幾句評語，無不切中要害，讓老先生哈哈大笑。

後來，劉曉波有很多同學都進入了官場。文筆好的，一般先給領導當祕書，然後青雲直上，獨當一面。但是，從那時候起，劉曉波便毅然決定，一定不能進入官場，那不是人過的日子。

劉曉波是黃藥眠親自帶的第一個博士生，黃藥眠對這個才華橫溢、鋒芒畢露的學生鍾愛有加，但亦不乏擔憂「木秀於林，風必摧之」。黃經歷了中共建政之後的歷次政治運動，算是「老運動員」，對中共的獨裁本質有深刻的認識。儘管當時的文藝政策比較寬鬆，但保守力量隨時可能反撲，黃對敢說真話的弟子遭受「暗算」的結局不無憂慮，也時時對其多加提醒。不過，當時風頭正勁的劉曉波未必聽得進去，反倒認為老師失去了年輕時候的鋒芒。

對此，作為老師的黃藥眠也只好歎息一聲，由讓他去吧！自己的道路還得自己走。當時擔任劉曉波副導師的童慶炳回憶說：「黃藥眠教授肯定過劉曉波敢於跟人爭論、敢於發表獨到見解的學術勇氣和入木三分的深刻透徹之論，也批評過他的偏激與片面。但終於沒有把他『調理』過來。也許，根本就用不著『調理』。古今中外成大氣候的學問家，有哪一位不是在深刻之中帶幾分偏激與片面呢！」

另一方面，黃藥眠的地位雖尊，但其青年時代在戰亂中度過，教育履歷並不完整，其學問多半靠自學得來。中年時代，他的文學創作和學術研究又被「反右」與「文革」等慘烈的政治運動腰斬，一生少有潛心學術之環境，知識結構相對老化，很難說能在專業上給劉曉波多大的指點和幫助。

一九八七年，黃藥眠在逝世前夕出版回憶錄《動盪：我所經歷的半個世紀》。以「動盪」為書名，意味深長。黃藥眠若能看到此後二十多年劉曉波更加波瀾起伏的人生，以及榮獲諾貝爾和平獎，不知當作何感想。他也許會引用韓愈〈師說〉中的名言表彰得意弟子：「弟子不必不如師，師不必賢於弟子，聞道有先後，術業有專攻，如是而已。」

黃藥眠逝世之後，接著具體指導劉曉波學業的是副導師童慶炳。童的思想更加開明，雖然很少涉足敏感的政治議題，卻對劉曉波鍾愛有加。八〇年代後期，當劉曉波受到左派和嫉妒者攻擊之時，童慶炳為他辯護說：「有些人讀了他的文章，以為劉曉波好偏激，走極端，是故作驚人之筆，以譁眾取寵，或者裝腔作勢，故意賣弄自己的才情。這是對劉曉波的極大誤解。我作為他的同事（他曾與我共上一門課）和老師（黃藥眠教授委託我做他的副導師），多年和他相處，對他深有瞭解。我敢說，劉曉波完完全全是一個真實的人。」

一九九一年，劉曉波出獄中歸來，但早已被北師大開除，不可能重新回到學者和教師的軌道上。從此，他走上一條異議知識分子的光榮荊棘路。九〇年代之後，師生之間來往不多。二〇〇八年，童慶炳聽到劉曉波再次被捕的消息，特意託朋友轉告其家人：「畢竟有過一段師生情誼，希望他珍重。」語雖輕，情卻重。

三、橫空出世的黑馬

從八〇年代中期開始，劉曉波便已經在學術界嶄露頭角。在讀碩士期間，他已經陸續有文章見諸報刊。一九八四年四月，他在《國際關係學院學報》上發表處女作〈論藝術直覺〉。不久，又在《社會科學戰線》上發表〈論莊子〉。

劉曉波走上文壇，受到全國文化界的關注，與八〇年代兩份短命的文學雜誌有關。一是《百家》，二是《中國》。尤其是後者，堪稱劉曉波的「伯樂」。

《中國》是老作家丁玲晚年的「最後一搏」。丁玲是受「五四」影響的作家，三〇年代即以表現激進女權主義的《莎菲女士的日記》蜚聲文壇。後來到延安，一度因揭露延安陰暗面遭到批判，但因與毛澤東有老鄉關係而受到毛的保護。一九五二年，以長篇小說《太陽照在桑乾河上》獲得史達林文藝獎金，這是當時中國作家的最高榮譽。一九五五年，丁玲被錯劃為「丁陳反黨集團」，被下放北大荒勞動十二年，「文革」中又被監禁五年。一九八四年，丁玲獲得徹底平反，那時她已八十歲。她放棄寫長篇小說和回憶錄，將全部時間和精力用於創辦大型文學刊物《中國》。

《中國》的編務主要由老詩人、文學史家牛漢負責。牛漢受「胡風反革命」案件的牽連，失去自由長達二十五年。平反後，除了承擔《中國》的編務之外，還擔任《新文學史料》的主編。牛漢是提攜和關心劉曉波的文壇前輩，是劉曉波博士論文答辯委員會成員。多年以後，牛漢對《中國》雜誌有這樣的評價：「《中國》雜誌在八〇年代眾多的雜誌中，也算一份有個性的雜誌。它貫徹了魯迅精神、五四精神，沒有為政治服務，而是為中國真正的作家和讀者服務的一份刊物。它不做政治的『工具』和『傳聲筒』，而是極力彰顯時代民主、自由的精神。」

《中國》的兩位年輕編輯鄒進、吳濱都和劉曉波有深厚的淵源。鄒進正是劉曉波吉林大學中文系的同學，曾與劉曉波一起辦《赤子心》詩刊。吳濱的妻子是詩人劉霞，誰也沒有想到，幾年以後是「六四」的血雨腥風、天崩地裂；九〇年代初，吳濱與劉霞離婚；再以後，劉霞與劉曉波相知相愛。

《中國》創刊之後，便一直在風口浪尖上。包括經費和編制問題，遲遲得不到解決。丁玲求見政治局委員、分管文藝的中央書記處書記習仲勛。習仲勛約丁玲夫婦到家中談天，很肯定地說，「大姐主編的刊物，有什麼問題都好解決，一定還要辦下去。」習仲勛思想開明，在中共元老中十分罕見，一手挽救了這份雜誌。

一九八五年年底，丁玲生病住院，在北京協和醫院召開編輯會議，會議開了將近一天，決定辦刊方針放開一些。一九八六年，《中國》刊發了一些青年作家個性鮮明的作品。如殘雪、韓東、廖亦武、徐星等人的作品都在《中國》上露面，這幾期的刊物讓讀者眼睛為之一亮。但丁玲已意識到，「她去世後，《中國》肯定要被停刊，或者被改變領導」。

一九八六年《中國》轉而重點推出新銳青年作家的作品，劉曉波開始為《中國》寫稿。那時，他對丁玲未必有太多好感，因為丁玲在某些方面被當作文壇左派的代表，但他顯然認同丁玲當年提倡的「一本書主義」，就是一位作家至少要寫出一本傳世之作來。這個觀點，與強調個人主義的劉曉波不謀而合。

劉曉波在《中國》上發表了三篇文章：一九八六年第四期，發表理論文章〈無法回避的反思：由幾部知識分子題材的小說所想起的〉；一九八六年第五期，發表組詩〈這……〉；一九八六年第十期，發表理論文章〈與李澤厚對話：感性．個人．我的選擇〉。他在《中國》上發表的文章，數量雖不多，分量卻很重。他對《人到中年》等知識分子題材小說中「忍辱負重」的知識分子形象的反思與批判，以及對李澤厚哲學思想的質疑與否定，都在文化界引起熱烈探討。

一九八六年年底，《中國》被迫停刊。在〈終刊辭〉中，編者寫道：「我們預感到，丁玲同志嘔心瀝血獻之以生命的、國家有關部門批准、曾得到文藝界和讀者支持的《中國》，已經走上了它最後的路程。我們不甘心。……在這裡，我們借用一位被冤屈而死的詩人的詩句說：我要這樣宣告，我們無罪，然後我們凋謝。」這期雜誌是鄒進等人冒著風險，遠赴西安偷偷印出來的。

得知《中國》在作協黨組的壓力下不得不停刊的消息，劉曉波非常憤怒，他不同意《中國》的編輯們「坐以待斃」的態度，而是試圖發起全國作家簽名抗議。他給很多有交往的作家和評論家打電話和寫信，希望在反對《中國》停刊一事上得到他們的支持，但敢於簽名者寥寥無幾。雖然這個倡議最終流產，但從那時起，劉曉波就有了倡導、起草、組織公開信和宣言的思路。

《中國》雜誌停刊之後幾個月，劉曉波出版了《批判的選擇》一書，因為《中國》雜誌發表過該書的第一部分，他特意在序言中致謝說：「感謝最早使這本書的第一部分〈感性．個人．我的選擇〉與讀者見面的《中國》雜誌——儘管它現在已經凋謝，但是它在中國當代文壇畢竟放過異彩，激勵過許多人的心靈。這就夠了。」雖然劉曉波日後未能在文藝批評和美學上著力，但《中國》是他人生歷程中所登上的一級重要台階。

✣

八〇年代中期，經過「文革」浩劫的中國呈現萬物復甦的跡象，各種文學和文化思潮此起彼伏。哲學熱、美學熱、主體性討論、批判國民性、以《今天》為代表的朦朧詩、白洋淀派、《黃土地》和《紅高粱》等第五代電影、西部風、尋根文學、實驗小說、星星畫展催生的現代藝術、崔健的搖滾《一無所有》……用作家阿城的話來說，「八〇年代幾乎是全民進行知識重構的時候，突然允許和海外的親戚聯繫了，有翻譯了，進來了這個理論，那個理論，這個那個知識。這也造成很多人變化非常快。」

當時的北京文化界，已形成各種各樣的「圈子」，不進入這些「圈子」，就無法體驗到北京文化界的豐富、複雜和刺激。那是一個傷痕累累之後康復和舒展的時代，那是一個嶄新的世界向封閉的中國敞開大門的時代，那是一個人們勇於用創新去挑戰守舊的時代，紛亂而又生機勃勃。

那時候，有很多沙龍、飯局和聚會，沒有多少人家中有電話，消息一般都是口耳相傳。即便騎一個小時自行車，人們也不辭辛苦。即便是沒有主題的漫談，也是一場精神盛宴。劉曉波的家是朋友們常常聚集的地方，他也常去其他朋友家聚會，用文學評論家李陀的話來形容：「那時候，你的家對所有朋友都是開放的，所有朋友的家，對你也都是開放的。」

在那個時期，劉曉波的身上就呈現出「異議分子中的異議分子」的特質。他更願意與學生和普通民眾在一起，與普通人在一起便顯得如魚得水；而在知識分子當中，反倒顯得渾身不自在。他不會與人寒暄，不會虛偽地恭維那些位高權重者。因此，在作家和學者的圈子裡，他並不特別受歡迎。劉曉波的朋友、澳洲漢學家白傑明（Geremie Barmé）指出：「劉曉波一直是一位特立獨行者，儘管在大學校園中有足夠多的追隨者，他從未被中國知識界主流所接受，甚至歡迎。」

那時，劉曉波毫不客氣地臧否人物，也包括作為「友軍」的改革派知識分子的代表人物在內。他尖銳批評金觀濤、李澤厚、方勵之、溫元凱等思想界的「四大領袖」，認為「他們每個人對青年的引導基本上是負面的」；他對當時引起軒然大波的電視片《河殤》也表達了不同意見，認為其語言是毛澤東式的語言，救世主式的語言，骨子裡蘊含了中國人的虛榮心；他對在文化界掌握著資源和人脈的王蒙、劉再復等人也發起挑戰，認為他們依附官方，名不副實。

皇帝和皇帝周圍的侍從，當然不會喜歡說出皇帝什麼都沒有穿的孩子。劉曉波也讓很多故作中庸狀的知識分子敬而遠之。當時即對中國知識界的狀況瞭若指掌的白傑明指出：「他看似唐突失禮的個人舉止，再配以嚴重的口吃、粗魯——他口中隨時會繃出粗俗的北方髒話——以及他近乎無情的真誠，更不用說他的異端邪說，很快將他從北京評論家以及為他們所鍾意的作家小圈子中孤立出來。」劉曉波自認為是絕對的個人主義者，自己的成功靠的是個人的努力，而不是前輩的提拔，以及營造一個關係網絡，所以他在評論前輩的時候根本不留餘地——既不給別人留餘地，也不給自己留餘地。

在廖亦武的回憶中，劉曉波給他的第一印象就是「好鬥」。有一次，在吳濱和劉霞家中（劉霞那時是熱情的沙龍女主人），劉曉波與小說家徐星通宵達旦地爭論。徐星的小說《無主題變奏》剛剛發表，其新穎的寫法引起了討論的熱潮。徐希望劉曉波寫篇評論。劉曉波卻毫不客氣地對其說：「我為什麼要給你寫評論？我寫評論不能因為哥兒們義氣。」徐解釋說，這部作品極為重要。劉曉波反駁說：「不就是《麥田捕手》（*The Catcher in the Rye*）的中國版嗎？抄襲人家早就寫過的東西，有什麼了不起的？我怎麼會給這樣的二手的東西寫評論？」徐本來在劉面前盡力說好話，這下子面子上掛不住了，不禁反脣相譏。於是，兩人提高聲調吵起來。吵到後來，要打架，劉曉波說：「動嘴有什麼用，我們來幹一場！」兩人脫了衣服，到外邊走廊裡預備開練，最後被眾人拉開。

當時，廖亦武就發現劉曉波很直率，但覺得劉曉波太霸道，得理不饒人。廖是四川口音，普通話說得不好，有幾句劉曉波聽不懂，便不客氣地批評他不會說普通話。劉曉波的長春話最接近普通話，他哪裡知道別人說普通話的難處呢？那時的劉曉波是絕對的個人主義者，不會顧及別人的感受。

八〇年代是中國知識界的「表現期」。最明顯的性格是真誠，辯論的腔調雖然還是文革腔，理論資源有限，學術功力和見解不深刻，眼界沒有完全打開，思考未免膚淺，卻有強烈的現實關注。張愛玲說，出名要趁早。劉曉波認為，自己已經被「文革」浪費了多年的光陰，入大學遲了好幾年，如今還是個「老博士」，為什麼不讓自己儘快成名呢？野心勃勃的他有著強烈的表現欲望，也知道如何製造話題，吸引人們眼光。隨著一篇篇重量級文章的發表，一九八六年的文學理論界，可謂風生水起的「劉曉波年」。

當然，劉曉波的成名不僅僅因為他嫺熟地掌握了「炒作」技巧，如果他的思想沒有原創力和穿透性，就不可能對別人產生那麼大的吸引力。劉曉波思想的影響力源於其思想的徹底性。有人以為，劉曉波不過是靠攻擊名人出名，但長期關注中國當代思想史的學者徐友漁認為：「劉曉波並不僅僅是靠『語不驚人死不休』爆得大名，他的特點不僅是語出驚人，更重要的是思想徹底。」為什麼劉曉波對青年人的衝擊力超過了學術地位比他高、資格比他老的「四大導師」呢？因為，那幾個思想領袖或精神導師，雖然在啟迪年輕學子、突破主流意識形態的禁錮方面功不可沒，但認真說來，他們本身還拖著一條長長的舊意識形態的尾巴，他們被人們廣泛接受，既反映了當時破舊立新的前進需要，也反映了當時的局限，是新舊交替的過渡環節。而劉曉波的冒頭是因為他比其他人徹底，而他受到歡迎則說明了人們思想提升還有很大的空間。

✣

一九八六年九月初，中國社會科學院文學研究所召開「新時期十年文學討論會」。與會者多為文學評論界的權威，最年輕的是剛剛開始念博士、「小荷才露尖尖角」的劉曉波。既然是對過去十年的「總結」，大部分的發言者都是正面評價過去十年的「成果」，觀點四平八穩，波瀾不驚。這是這一類半官方學術會議的常態。

那時的會議，發言的先後順序都是論資排輩的。就在掌握文壇的話語權和資源的前輩們不痛不癢地說著客套話、讓與會諸人昏昏欲睡的時候，坐在角落裡的那個頭髮亂蓬蓬，襯衣的袖子也挽起來的年輕人，嘴脣激動地顫動著，似乎在喃喃自語。還沒有輪到他發言，他卻在幾名權威互相虛情假意地推讓的間隙裡，一把搶過麥克風。許多人都還不認識這個不守規矩的年輕人，大家都驚詫地看著他，幾位白髮的前輩皺起了眉頭。在這個場合，「禮貌」向來是必須的，這個人為何如此沒有禮貌？是誰把他請來的？

就在旁邊的人心裡都在犯嘀咕的時候，劉曉波開始了滔滔不絕的發言。他的發言題為「新時期文學面臨危機」，表面上看是一篇沒有講稿的即興發言，其實他精心準備了許久，他對發言的內容早已倒背如流。他早就想好要在這個場合一鳴驚人了。這個初出茅廬的小夥子，說話有點結巴，卻充滿中國人身上少見的激情和自信。他沒有一句模稜兩可、四平八穩的話，每一句話都像他人心中想過卻不敢說出來的投槍和匕首。

劉曉波以魯迅為代表的「五四」文學和西方現代派文學為參照，以其驚世駭俗的語言，大膽否定了「文革」結束以後「新時期文學」的成就，並認為中國當代文學是「一無所有」。第一次聽到如此直截了當的觀點，有人點頭稱是，有人皺起了眉頭。這本來是一個「慶功會」，卻被這個年輕人搗鼓成了「反思會」。那些掌握文宣大權的頭頭腦腦們，自然對這個打破「潛規則」的年輕人氣惱不已，可是眾目睽睽之下，又不便公開剝奪他發言的權利，只能耐心聽他說完。

在發言中，劉曉波的主要觀點有——「中國知識分子身上的民族惰性比一般大眾更深更厚」；「中國作家仍然缺乏個性意識。這種無個性的深層就是生命力的枯萎、生命力的理性化、教條化，中國文化的發展一直是以理性束縛感性生命，以道德規範框架個性意識的自由發展」；「不打破傳統，不像五四時期那樣徹底否定傳統的古典文化，不擺脫理性化教條化的束縛，便擺脫不了危機」。這些觀點本身並沒有多深刻和獨到，也可能許多人都已經想過，但沒有人敢於說出來。

在那次會議上，所有的聚焦點都集中在劉曉波身上。那麼多聲望卓著的文壇前輩頓時黯然無光，原來會議設定的主題也驟然「脫軌」。劉曉波發言完畢，會場下面掌聲如雷。這也正是劉曉波期望得到的效果。他的嘴角悄然露出會心的微笑。

劉曉波的發言語驚四座，在場者自然不必說，連不在場的人聽到轉述，也深受震動。

有與會者模仿劉曉波帶東北口音、略有結巴的發言：「中國當代文……學就，就是古，古典文學的拙，拙劣模……仿。」那次會議的發言之後，劉曉波被稱為「文壇黑馬」。在那個很有些狂飆突進意味和鼓勵「深刻的片面」的年代，劉曉波批判的激情和他的直言不諱給人們留下不可磨滅的印象，當時有評論肯定其「觀點的執著和焦慮的真誠」。

如果這個發言只是被少數與會者聽到，就不可能引發連鎖反應。湊巧的是，劉曉波的大學同班同學、《深圳青年報》記者徐敬亞正好在場。八〇年代中期的《深圳青年報》，在梁湘、袁庚等改革家的支持下，是全國最敢言的地方媒體之一。徐敬亞並不是出於幫襯同學的想法，而是敏銳地發現這篇發言蘊含著豐富的價值，遂將發言稿整理出來，發表在十月三日《深圳青年報》的顯著位置。

〈危機！新時期文學面臨危機〉一發表，立即引起始料不及的轟動效應：那份印有此標題的報紙，在報攤上炙手可熱，從每份四分錢漲到一角最後又漲到二角。購買的人大都是青年知識分子和大學生。買主們從那顯得有點「聳人聽聞」的題目中似乎覺察到某種異乎尋常的東西。首都幾萬名「天之驕子」的心瞬間被這把火點燃。緊接著，各報刊紛紛轉載，在全國以及海外華人地區引起強烈反響。

劉曉波的成名既來自於其天賦、才華及勤奮，也依託於當時人心求變的時代大氛圍與官方相對寬鬆的文化管制。「六四」之後，中國再也沒有出現像劉曉波這樣的「黑馬」，不是此後所有人都缺乏劉曉波的才華與學養，而是嚴酷的外部環境再也不允許這樣的「黑馬」橫空出世。

劉曉波直言不諱地質問文壇上的名流們說：「你們為何容忍皇帝的新衣？」他對中國當代文學的顛覆性批判，打破了文壇自娛自樂的現狀。任何一個在文壇「利益均沾」的作家和批評家，都不敢親手掀掉這桌「流水席」。兩年後，他在香港接受採訪時，再次論述說：「對大陸文學我想說的只是：沒有好的東西。不是不讓寫，而是寫不出來。……我評價一個作品有兩個參照系，一是國內的，一是世界的，往往國內一流的作品拿出去也不能跟別人比。」他因此得罪了不少文壇前輩和名流，飽受攻擊和詬病，卻從未後悔。他個人名聲的獲得和學術的發展，並不依靠一個私相授受的關係網絡。

這篇文章批評的對象是「新時期文學」，但又不僅僅是狹義的純文學領域。從一成名起，劉曉波就不是一名「就文學論文學」的純粹文學評論家。他攻讀方向的美學，是一門極富中國特色和八〇年代特色的學科，本身就橫跨文史哲多個門類而具有綜合性。即便在美學研究者當中，劉曉波的視野也相當廣闊，既有藝術家的敏銳，更有思想家的深邃。他在這篇飽受爭議的文章中指出：「我覺得新時期文學絲毫沒有什麼值得驕傲的東西，相反地卻暗伏著重重危機。」

劉曉波受到大家的關注和歡迎，不僅僅因為他是一名文學評論家。他對當代文學的批評是「醉翁之意不在酒」，他真正要批評的是造成文化枯竭的專制制度。這一點才是他風靡大學校園和知識界的根本原因。在長期的高壓之後，人們需要一個歐威爾（George

Orwell）所說的「出氣口」，劉曉波恰好扮演了這樣一個角色。所以，從一開始起，他就不是那種「為學術而學術」的老學究。他後來沒有往學問家的方向發展，而成為人權和自由的戰士，從那時起就已經初顯端倪。

劉曉波的出現，給中國知識界帶來一股新鮮的空氣，甚至有人提出了「劉曉波現象」的說法。一九八八年，創刊不久的文學評論雙月刊《百家》的第二期，發表了劉曉波的一篇題為〈論孤獨〉的文章和其他幾位青年學者討論「劉曉波現象」的論文。這兩篇文章都被放在具有挑釁性的標題「第一百零一家」專欄下，意為其觀點甚至超出共產黨的文化政策所允許的「百家爭鳴」。

四、比時裝秀還要熱鬧的博士論文答辯會

一九八八年春天，劉曉波提早一年完成博士課程，其博士論文《審美與人的自由》也完稿。這是一篇空前絕後的博士論文，十多萬字的論文，一條注釋也沒有——在此後所謂「思想淡出，學術凸顯」的九〇年代，教授審查學生的論文，一般首先從後面的注釋看起，像這種沒有注釋的學位論文肯定無法獲得通過。但是，劉曉波偏偏認為，注釋越多，不是表明作者越有學問，或越下功夫，反倒表明作者缺乏獨立思考的能力和見解。他選擇

的是直抒胸臆的寫法，他自己說：「此種寫作方式可能更符合我的人格與文風。……我常常感到，在中國，注釋經典式的做學問方法太古老、太漫長了，以至於使國人患有一種『引證偏執狂』。」

結果，這篇論文獲得教授們高度評價，單行本問世之後也被讀者爭相傳閱。

劉曉波的這篇論文有兩個核心觀點。其一是「衝突為美」。與中國儒家傳統中強調「和諧為美」截然對立，劉曉波指出衝突才能構成美。「人就是矛盾、就是痛苦、就是衝突……每個人時刻處在靈與肉、情欲與道德、感性與理性的拼搏之中。」他發現，中國傳統文化中的「和諧」價值，其實是對個體的獨特性和創造力的扼殺。二十多年後，他註定了與胡錦濤宣導的虛偽的「和諧社會」之理念發生劇烈衝突，並再次成為「和諧」下之犧牲品。

這篇論文的第二個核心觀點是「因審美得自由」。在八〇年代中國的人文學術界，出現了一股「自由覺醒」的思潮。之前被官方意識形態醜化、貶斥的「自由」一詞，終於成為一個被人們承認、肯定和追求的正面價值。以劉曉波熱情奔放的個性，對自由的渴望自然相當熱切，對不自由現狀的反抗也極為強烈。所以，自由也成為他在論文中反覆強調的概念。劉曉波指出，審美是人的自由象徵，通過審美，個體生命可以超越客觀法則，可以超越理性教條，可以超越功利欲求，可以超越社會壓力，可以超越自身的有限性。但這種超越又是暫時的、幻化的。所以，這就構成了生命的悲愴性。

一九八八年夏天，劉曉波在北師大中文系讀完博士課程，進入論文答辯階段。當時，「反對資產階級自由化」運動餘波蕩漾，保守派的教委主任何東昌認為劉曉波是被點名的「自由化分子」，不同意他論文答辯。北師大中文系頂住壓力，多次交涉，最終讓教委同意劉曉波答辯。當時，中國的大學多少還保持了一定的學術獨立與學術自由。

劉曉波的博士論文答辯會是北師大中文系首次博士答辯。這場答辯會居然比時裝秀還要熱鬧，在中國有博士論文答辯會以來，可謂前無古人、後無來者，正如劉曉波的老師童慶炳所說：「在中國的教育史上可能是沒有過的。」

一九八八年六月二十五日，一個悶熱的早晨，數百名學生蜂擁而至，擠進北師大主樓一間並不寬敞的會議室。門外，還有更多人正在沿著昏暗的走廊向這裡匯集。

主樓門前的廣告紙上寫著：「文藝理論博士研究生劉曉波論文答辯：《審美與人的自由》」。文藝理論不是一個太熱門的學科，論文題目與現實的關係並不密切，為什麼會有這麼多學生跑來旁聽呢？原來，他們不是衝著論文題目來的，而是衝著「劉曉波」這個名字來的。

會議室外面，答辯委員會的幾位成員吃驚地注視著四周的人群，他們都是學界柱石，主持過多次博士論文答辯，卻從未經歷過這種人山人海的場面——這位在前兩年還不為人所知的青年學者，竟然牽動這麼多人的神經。

這間會議室瞬間便被擠得水洩不通，連評委們的席位都被學生霸占了。校長不得不臨時作出決定：打破常規，改換會場，啟用主樓八樓那間可以容納四百人的大會議廳。人流沿著狹窄的樓梯湧向八樓，很快充滿這間寬敞的會議廳。如此這番折騰，論文答辯延遲了一個多小時。

劉曉波的博士論文答辯委員會陣容龐大。王元化為答辯委員會主任，其他評委還有北大的謝冕教授、川師大的高爾泰教授、復旦的蔣孔陽教授、人大的蔣培坤教授及詩人兼文學史家牛漢等頂尖學者。值得一提的是，劉曉波因此與蔣培坤教授結緣。劉曉波回憶說：「我當時是在北師大讀文藝學專業的研究生，不僅對西方美學、中國古典美學用力甚勤，而且對當時中國的各派美學論著也皆有涉獵，自然要讀到蔣老師的著述。正因為蔣老師在當時美學界的聲望，我的導師才決定聘請蔣老師出任我的博士論文《審美與人的自由》答辯委員會的九位委員之一。」

蔣培坤回憶說，一九八八年春天，劉曉波在博士論文寫作期間，多次上門請教。由於兩人談話投機，學術觀點也相近，彼此交往日漸增多。那段交往溫馨而甜蜜：「也許是巧合吧！那時曉波來人大時，多次遇到我們後來罹難的兒子蔣捷連。那是在連兒放學回家的時候，他總是與客人有禮貌地打一聲招呼，然後退身去做功課。我們想曉波一定是記得的？」

不過，當時誰也想不到，次年便爆發了天安門民主運動，丁子霖和蔣培坤年僅十七歲的愛子蔣捷連在「六四」大屠殺中罹難。

第一次出獄之後，劉曉波前去兩位老師家中拜訪，早已物是人非、宛若隔世。此後二十年裡，劉曉波成為兩位老師最親密、最信賴的學生、朋友乃至親人。反倒是丁、蔣兩位親自帶出來的好些學生，與老師保持距離，甚至斷絕來往。

出任答辯委員會主席的王元化教授，是學術界泰斗級的人物。王元化慨然答應出任劉曉波博士論文答辯委員會主席，是對這個前程無量、爭議不斷的青年學者的厚愛與支持。劉曉波在一篇文章中說：「當初，本來抱著試試的態度去請，沒想到先生爽快地答應了。」一九〇年代，學界有「北李（慎之）南王（元化）」之說。劉曉波認為，王元化過於謹慎，不若李慎之晚年「剔骨還父」的決絕，但他對王的學術和人品始終保持敬意。每次到上海，都會去拜望。

即便如此，國家教委認為，最初聘請的幾位答辯委員會成員，大都是「自由化分子」，要求必須增加四個「堅持馬列主義」的教授。於是，答辯委員會增加了北師大教授張紫晨、社科院研究員吳元邁、華東師大教授張德林和人大教授鄭國詮。後來，因蔣孔陽骨折，只能送來論文審閱意見而無法參加答辯，最後論文答辯時，參加答辯的委員為九人。即便在答辯委員會「摻了沙子」，教委還不放心，答辯當天專門派來兩人「旁聽」，著實讓劉曉波的導師童慶炳捏了一把汗。

據蔣培坤回憶，各位委員集中提了一些意見，再由劉曉波擇要做統一的回答。劉曉波的答辯很長，連平時的口吃也沒有了，可以說一氣呵成。前來旁聽的學生們都平心靜氣地傾聽著，整個教室一片寂靜，直到結束答辯，全場才響起熱烈的掌聲。不過，劉曉波論述的一些美學問題，普通的大學生未必聽得懂。

答辯委員會肯定了其論文和答辯。前六位委員提交同意授予博士學位的審議書，後加入的幾位教授和教委派來的兩個人，都沒有提出反對意見。王元化教授宣布，答辯委員會九人一致建議授予劉曉波博士學位。

此後，六月三十日系學位委員會開會，審查並通過了劉曉波的文學博士資格。七月四日，校學位委員會召開會議，以無記名投票方式，決定授予劉曉波文學博士稱號。至此，劉曉波在經過了種種曲折之後，終於如願以償。

✣

作為北師大中文系「文革」後的第一個博士，也是一名才華洋溢的青年教師，劉曉波名氣如日中天，卻不講究穿著。有記者形容說：「按照學院派的標準來看，劉曉波絕不像一個學者型的知識分子，如果不說話，他倒像是一名健壯的火車司機或搬運道岔的鐵路工人。」劉曉波看了報導後笑著說，我本來就是一個抹灰工。

外表不像大學老師，頭腦中的學問卻足以鎮住所有的學生。劉曉波是北師大中文系最受學生歡迎的老師，不僅僅因為學識淵博、觀點新銳，更是因為與學生玩成一片。他童心未泯，從不在學生面前擺出師道尊嚴的模樣。

劉曉波雖然已經成家，但跟其他老師不一樣，常常到學生宿舍玩。大家一起無拘無束地吃花生米、喝啤酒、打撲克牌，輸了學生照樣在他額頭上貼上寫著「小豬」字樣的紙條，或者被罰鑽桌子。到了學生宿舍，就沒有了老師和學生的界限。學生們敢說他寫的詩臭，敢捉弄揶揄他，敢問他口吃會不會影響思路……。這種《論語》裡師生之間「從遊之樂」的場景，在九〇年代的大學絕跡了。

劉曉波的學生、媒體人王小山回憶說，一九八六年他從東北考到北師大中文系，入學不到兩週，就認識了劉曉波。劉曉波成天跟學生一起玩兒，又是他的吉林老鄉，所以來往頗多。「當時，劉曉波並不擔任我所在班級的課程教學，但很多同學都有共識，劉曉波是唯一學問既好，又能跟同學玩到一起的人，他經常到學生宿舍跟大家閒聊，甚至到操場沙坑一起和大家摔跤角力。而其他大家也喜歡的老師，比如王富仁、任洪淵、藍棣之等，也常請大家吃酒言歡，但操場是不會去的。」

那時，劉曉波剛剛三十出頭，體格健壯，摔跤本領高強，大部分學生都不是對手。贏了，他就洋洋得意地說：「我們可是公平競爭啊！老師可沒有占你的便宜啊！」多年以後，與老師一起摔跤的場景還常常浮現在王小山眼前：「曉波身體本來極好，摔跤也是一把好手。後來，他的生活要麼在監獄裡，要麼在通往監獄的道路上，身體情況大不如前。好在他的樂觀精神一直沒變，氣色大部分時候還看得過去。」

劉曉波喜歡體育，不僅跟學生們一起看足球賽，而且還參加學生的足球隊，雖然他踢足球的技術不算太好，卻是學生足球隊中唯一的老師。跟學生在球場上奔跑的時候，旁觀者根本看不出他是老師來。中國知識分子自古以來「四體不勤，五穀不分」，拙於運動，劉曉波卻是一個運動健將。不過，由於天生口吃，他非常缺乏音樂細胞，一唱歌就走音。

對於喜歡的學生，劉曉波視若兄弟，但他也會讓某些受傳統文化毒害和官方教育洗腦的某些「過於成熟」的學生下不了台。在待人接物上，他不會像一般的中國人那樣考慮照顧對方面子，對自己厭惡的人與事，往往會毫不留情地給予當頭棒喝。

有一次，一個文縐縐的學生，得意地拿出啟功親筆寫的一幅字，炫耀地對劉曉波說：「你看，這是啟爺爺給我寫的字。」

劉曉波一聽這話就火冒三丈，指著這個學生的腦門喊：「你他媽的就知道做孫子——擦名人的屁股！」

這個學生非常尷尬。不就是說了一句「啟爺爺」嗎？可劉曉波從骨子裡就討厭這個。為了擺脫尷尬，這個學生連忙岔開話題說：「我昨天看了你寫的《與李澤厚對話》，寫得真不錯，寫絕了！」

劉曉波問他：「你看完了嗎？」

學生回答說：「看完了一半。」

劉曉波立即反駁說：「你沒有看完怎麼就知道寫得好！」

學生說：「看完一半也可以和你討論一下嘛。」

劉曉波說：「站在同一水平線上才有資格討論。你才看完一半，那你有什麼資格和我談？」

學生說：「那我拜你為師。」

劉曉波斥責說：「你不配，我不要你這種徒弟，我要是收你做徒弟，就非得讓我從你身上獲得好處，哪怕是希望。現在我從你身上看到的全是我討厭的，要你做徒弟有何用處！」

作為北師大的年輕教師，劉曉波深知中國教育的弊端。他尖銳地指出：「中國通過教育把人變成奴隸的技巧和一整套程序，達到世界上最成熟和登峰造極的地步。」他還說：「大學畢業生有百分之九十五的廢物，碩士畢業生有百分之九十七，博士畢業生有百分之九十八、百分之九十九的廢物。」

劉曉波天生就是一名好教師。北師大中文系的學生都很喜歡聽他的課。關於他講課的情形，有人回憶說：「他講課效果很好，雖然講的是文藝理論課程，但每次上課之前先寫一首古典詩詞在黑板上，然後跟學生一起品味。」

劉曉波講話有一個奇異的特點：平時如果只有兩、三個人在一起說話，他會顯露出口吃的缺陷，尤其是一激動起來，就期期艾艾地說不流暢了。但是，如果是在幾十人的課堂上講課，言談就會十分流利。而且，人越多，講話就越流暢，若是第一次聽他的課，根本感覺不到他說話口吃。劉曉波最熱愛老師的職業，可惜「六四」之後二十多年，他一直被剝奪當大學老師、在講台上授課的權利。

八〇年代中後期，劉曉波的影響力不僅僅局限於其任教的北師大校園內，北京和全國許多高校都爭先恐後請他去演講。八〇年代的大學校園有相當的自由度，學生社團非常活躍，且自主性很大，可以出面邀請觀點迥異的，尤其是那些「不與中央保持一致」的專家學者來校演講。越是有異端色彩的人物，越是受大學生的歡迎。而經過「八九」以後，九〇年代的大學萬馬齊瘖，請人到學校作專題演講，無論是主講者還是講題，都必須由團委、學工部、黨委層層審批。這樣，請來的人物基本都是官方放心的御用學者，所講的也都是些無關痛癢的題目。

身為八〇年代中國大學裡的青年教師，劉曉波可謂「生正逢時」。那個時候的許多知識分子都敢說話，劉曉波又是其中最「口無遮攔」、「語不驚人死不休」的以為。學生當然迷他了。八〇年代後期就讀於北京語言學院的張前進，一九八九年積極參與學生運動，「六四」後被關押在秦城監獄。他回憶說，一九八八年，劉曉波的演講在北京各高校風靡一時。他和同學多次騎半個多小時自行車，跑到北師大去聽劉曉波的講座。可見劉曉波對大學生吸引力之大。那時，大學裡每天都有若干場不同的講座，學生們便在這些講座之間比較和選擇。於是，這些講座彼此之間形成了類似於市場競爭一樣的態勢。很多學者一聽說某天晚上有劉曉波的講座，便會主動提出將自己講座的時間更改，以避免「撞車」，因為「曉波一出，誰與爭鋒」？

很多當年的大學生都還記得，劉曉波號召年輕人「赤裸裸地擁抱生命」，揭露知識分子的虛偽和怯懦，讓人耳目一新。跟其他學者恥於談錢不同，劉曉波從來不諱言報酬，受邀去演講之前必定先講好價錢。他說：「我為什麼要演講，一是自我感覺好，二是為了掙錢。不給夠一小時多少錢，我就不去。」他作講座，一小時講課費是四十塊，比當時所有老教授都高幾倍。

據說，有一次，劉曉波到了演講現場，接待他的學生幹部突然說，原先講好的報酬無法兌現，學校削減了活動經費。他勃然大怒，不顧現場已經坐滿翹首以盼的學生，轉身就要離開。幾名學生幹部見勢不妙，只好先掏出各自身上的錢，湊在一起支付給他。他毫不客氣地收起錢，教訓他們說：「你們知道什麼是契約精神嗎？不遵守契約就要付出代價！」

劉曉波不認同「君子固窮」的傳統觀念，與那些嘴裡恥於談錢卻心裡愛錢的知識分子相比，他對金錢有一種健康的心態。有一次，他在演講中說，如果看到地下有一張五塊錢的鈔票，工人是一下子就撿起來；知識分子是先把它踩在腳下，然後四周打探一下，看沒有人，這才偷偷地撿起來，裝進口袋裡。

一九八六年十二月十二日，劉曉波在清華大學發表了一場鼓吹個人主義的演講，讓一向刻板溫順的清華學生如醉如癡。他說：「當代大學生一個重要的任務，就是脫胎換骨，改變從中小學就給你灌輸的僵化的思想。我現在出名了，這沒有任何外在的力量，全靠我自己。我覺得一個人不用那麼多的責任感、使命感，只要忠實你自己，完成你自己，對自己的信仰就像教徒對上帝似的狂熱，沒有過多的道義可講。」台下掌聲如雷。

那時，老式的錄音帶在全國高校很流行，人們用這種錄音帶學英語、聽音樂。有人用錄音機將劉曉波的演講錄到錄音帶中，帶回去給其他同學聽。大家也沒有保護知識產權的觀念。很多外地大學生不能親身到北京來聽劉曉波的演講，便藉由聽這種翻錄的錄音帶「解饞」。雖然錄音帶中沒有現場的互動感，但劉曉波那汪洋奔放的言辭，仍然讓人茅塞頓開。劉曉波演講的錄音帶，成了在北京念書的大學生送給外地朋友最好的禮物。在「前網路時代」，這是知識和思想傳播的重要方式之一。

不僅大學，像新興的民營企業四通公司，也邀請劉曉波前去講課。不過，當時四通總裁萬潤南對劉曉波的演講評價並不高，也許因為劉曉波文學家的浪漫思維與萬潤南企業家的務實性格相差太大吧。萬潤南回憶說：「四通有幾位曉波的朋友，他們建議請他到四通來講課，我同意了。曉波講課的時候，我去旁聽了。……說實話，當時我很失望。曉波口才並不好，而且口吃。一說到激動處，口吃得就更厲害。我知道，一般口吃的人都極聰明。他們大腦的速度極快，但嘴的速度跟不上，於是便期期艾艾起來。」

文化界的活躍氣氛，一直持續到一九八九年春天。隨著那個春天的到來，愈來愈多人感覺到，山雨欲來風滿樓，有可能要出大事了……

第三章
天安門學運的「黑手」

關於北京的這則消息，真是越讀越令人心情沉鬱。如果我二十歲，又是個學生，在北京，就是我，也會在那現場。我想像著那種狀況，想像著朝這邊飛來的自動步槍的子彈，想像著那子彈吞噬我的肉體，想像著骨頭粉碎的感觸，想像著撕裂的空氣「颼」的聲音，接著想像悄然浸入的一片漆黑。

——村上春樹

一、赴歐美講學

一九八八年八月二十四日，劉曉波應邀赴挪威奧斯陸大學講授中國當代文學。那時「反自由化」運動經趙紫陽的抵制逐漸淡化，北師大的「小氣候」相對寬鬆，他得以順利出國講學。「我的出國沒感到多大阻力，手續辦得非常順利。邀請遞上去，先由系裡批准，再由學校批，我只去過國家教委兩次，一次送材料，一次拿護照與簽證。這在中國人中是非常順利的，人家出國不知道要跑多少趟，簡直要扒一層皮。我一次也沒去過挪威大使館。」

這是奧斯陸大學一個基金會所提供為期三個月的項目。基金會有一筆研究中國的經費，準備請五個人：第一個是劉曉波，第二個是北島，然後是陳凱歌、萬之、米丘。劉曉波在那裡講了五次中國當代文學方面的課，留下一個講課提綱。

奧斯陸大學是挪威最大及最古老的大學。那時，誰也沒有料到這個來奧斯陸大學短期訪學、意氣風發的年輕學者，日後會成為中國勇敢和睿智的政論家、人權活動家和公共知識分子領袖。

與人聲鼎沸的北京相比，奧斯陸是個寧靜的小城。劉曉波的工作量不大，有幾個月時間安心寫作和思考。他一定去過舉行諾貝爾和平獎頒獎典禮的市政大廳，為那裡古雅精美的建築和裝飾而驚歎。他本人大概沒有想到，二十二年之後，將有一場為他舉行的諾貝爾和平獎頒獎典禮，他卻只能缺席。

很快地，劉曉波便跟邀請他來的漢學家、東亞系主任杜博妮（Bonnie S. McDougall）發生了衝突。

杜博妮希望劉曉波聽從她的指令，但劉曉波對人事關係不感興趣，也不願受人控制。劉曉波結識了朋友米丘，而米丘與杜博妮不和，招致杜博妮勃然大怒。

杜博妮對劉曉波說：「你是第一個被我請出來而不聽我話的中國人，你怎麼敢用這種口氣與我講話，你還想不想待下去？」

劉曉波回答說：「您別太霸道，不是所有人都會為了出國而俯首貼耳的。我絕不在這兒長待，期滿就走。但您要記住，只要您想研究中國，您就無法忽視我。」

劉曉波的朋友、澳洲漢學家白傑明如此看待這場衝突以及類似衝突的根源：「劉曉波那令人難堪的風格，讓已習慣於中國知識界的表面禮節和團隊精神的漢學家們感到震撼。」白傑明認為，劉曉波以對他人和自我的嚴厲直率（與固執己見）為樂，他不受約束的個性對於人們理解他在抗議運動中的角色以及大屠殺之後的命運至關重要。

後來，劉曉波撰文談到「土千里馬」（中國文化名人）和「洋伯樂」（西方的中國問題專家）之間的不正常關係：一方面，「洋伯樂」對「土千里馬」有一種占有欲；另一方面，很多「土千里馬」則依附於「洋伯樂」，靠著迎合「洋伯樂」獲得出國機會及博取國際聲譽。「六四」後，中共當局為抹黑劉曉波，竭力把他描述成挾洋自重的漢奸。而從他對杜博妮等手上掌握著資源的漢學家之態度來看，他顯然沒有因為自身利益而討好西方人。

奧斯陸大學文化研究與東方語言系的教授艾皓德（Halvor Eifring），當年正在東亞系念博士，曾為劉曉波做過翻譯。他說，劉曉波來挪威時，只不過是被西方教授認為有學術發展前途的諸多中國青年學者之一。劉曉波那時很有「叛逆特點」，總喜歡批評人，對挪威學者也沒放過。「當時的劉曉波個性張揚，喜歡講比較極端的話，跟天安門之後的劉曉波還是有點差別。」

劉曉波從美國飛回中國參加天安門民主運動後，艾皓德對劉曉波的尊敬「增加了很多倍」。他認為，劉曉波從此開始「嚴肅」地追求政治改革，並為此付出沉重代價。「劉曉波不是中國唯一的人權推動者，但他是一個突出的象徵。」劉曉波獲得諾貝爾和平獎之後，艾皓德被選中將諾貝爾委員會的頒獎詞翻譯成中文。他說，他佩服劉曉波的勇氣和犧牲，他認為劉曉波獲獎是實至名歸。不過，他也承認，當年可沒想到身邊的這位中國學者日後會是諾貝爾和平獎得主。

劉曉波在奧斯陸大學的經歷並不愉快。他在離開挪威後便放話說：北歐漢學界無人。他在離開奧斯陸赴夏威夷途中在香港短暫停留，接受媒體採訪說：「他們的漢學家中百分之九十八是廢物，學者素質很差，很多人在向中國政府諂媚、拍馬屁，向一些中國世俗和社會輿論捧起來的偶像諂媚，他們與中國的關係有很大的功利成分，他們不是學者。……至少我知道奧斯陸大學東亞系教授的水準是誤人子弟的，包括語言能力。我對他們說，你們研究中國當代文學，有如中國人研究越南文學、朝鮮文學的水準。」他對一些漢學家的評價雖略顯苛刻，卻一針見血地看到研究中國問題的西方學者與中國官方之間的利益關係。

結束了奧斯陸大學的工作之後，劉曉波接受美國夏威夷大學戲劇系教授魏莉莎（Elizabeth Wichmann-Walczak）之邀請，轉赴夏威夷大學亞洲太平洋學院中國研究中心講授中國哲學、中國當代政治與知識分子並進行該專題的研究。在此期間，他完成了《中國政治與中國當代知識分子》的書稿，部分內容一九八九年初在香港《爭鳴》雜誌連載。此書直到「六四」之後才在台灣由唐山出版社出版。

在夏威夷令人心曠神怡的環境中，劉曉波的創作欲望如井噴般爆發，多篇後來被中共視為「反共反人民的所謂『重磅炸彈』」問世。「我自己甚至都感到驚訝，」他寫道，「我正在以幾乎可怕的速度寫作；我有時候會害怕這都是粗製濫造之作。」

無論在奧斯陸還是在夏威夷，生活都宛如世外桃源。校園裡從事人文社科研究的華人相對較少，對中國問題感興趣的外國學者也不多。劉曉波在國內如騎士般四處征戰，突然來到波瀾不驚的恬靜環境中，真有點不適應。

結束了夏威夷大學的項目，下一步去哪裡？劉曉波還想雲遊四海一番，暫時不打算回北京。他不同意某些作家「離開了國家和人民，就寫不出巨著來」的觀點，他認為：「他們是給自己留退路，是弱者的表現，生活就在你腳下，每分鐘都有生活，你只要能面對內心世界，能保持感覺，就能寫出東西，不論你生活在哪裡。」

劉曉波原本計劃去加州的一所大學，但後來收到了紐約哥倫比亞大學教授黎安友（Andrew James Nathan）為期一年的訪問學者邀請。

一九八九年二月，在料峭初寒中，劉曉波來到哥大。作為美國的文化中心，熱鬧的紐約不同於靜謐的奧斯陸和火奴魯魯。劉曉波感歎說，一輩子從來沒有看到過如此豐富和絢爛的色彩，他觸摸到了這座國際大都市生生不息的脈動，那就是「自由」。

劉曉波有大量可供自己支配的時間。物以類聚，人以群分，他很快與胡平、陳軍、江河、貝嶺等許多新老朋友玩在一起，另外還有一些媒體人，如時任台灣《時報周刊》主編杜念中等人。當時，杜念中是劉曉波來往最多的台灣朋友。二〇〇八年十二月劉曉波被捕之後，已是台灣《蘋果日報》社長的杜念中撰文評論說：「劉曉波原本可像許多人一樣選擇與威權妥協，換取地位利祿。但是他卻選擇一再入獄，人生原地踏步，用糟蹋自己才華的方式讓世人理解中國人民並非次等人種。劉曉波的境遇令人同情，但他永不退讓的勇氣令人激賞敬服。」

劉曉波與胡平一見如故。胡平早年參與西單民主牆運動和北大人大代表選舉，在民刊

《沃土》發表〈論言論自由〉一文，產生了很大影響。一九八七年赴美後，是海外民運的活躍分子。劉曉波大學時代曾讀過〈論言論自由〉，對胡平十分敬佩。有一段時間，劉曉波甚至住在胡平家中，他回國時，也是從胡平家啟程的。

與大部分國內來的學者不同，劉曉波並不忌諱與海外民運組織和民運人士來往。那時國內政治氣氛比較寬鬆，他並不覺得和這些朋友接觸會有多嚴重的後果。再者，他本人也考慮過尋求政治庇護留下來。他曾和貝嶺、江河商量辦政治庇護，還找過在曼哈頓的華人律師李亞倫談此事。不過，後來他改變了想法。

當時擔任中國民聯主席兼《中國之春》主編的胡平回憶說，天馬行空的劉曉波對組織運作興趣不大，但對雜誌很有興趣，一度決意加盟《中國之春》，甚至有一套雄心勃勃的計畫：「於是曉波就走馬上任，天天到編輯部來，四處打電話組稿約稿。然而他在《中國之春》的職位卻始終沒有確定。……曉波想做主編，建議把《中國之春》雜誌和中國民聯組織分開，或者是讓民聯給他正式發一個聘書並公證。」

一切都還在商討之中，劉曉波只在《中國之春》上了兩個星期的班，國內局勢就風雲突變。劉曉波的人生軌跡也如同雲霄飛車一般進入全新階段。

二、返回危城，飛蛾撲火

一九八九年四月十五日，被鄧小平非法罷免的中共前總書記胡耀邦因病去世，引發長期蘊積在學生和民眾中的不滿情緒。儘管對當時知識分子的「明君」心態和「忠臣」人格不以為然，剛剛從國內出來幾個月的劉曉波，迅速作出敏銳的判斷：胡耀邦之死必將引起民眾新一輪的民主訴求。

四月十八日，遠在紐約的劉曉波與胡平、于大海、陳軍、江河、貝嶺、房志遠、李少民、吳牟人、曹長青等，發表〈改革建言〉，向中共提出「重新審查一九八三年清除精神污染運動和一九八七年反資產階級自由化運動的有關問題」、「修改憲法，取消四項基本原則」等五項要求。

四月二十二日，胡耀邦追悼會在人民大會堂舉行。十萬大學生占據天安門廣場，學生代表跪呈請願書被拒，遂宣布無限期罷課。「八九」學運進入第一個高潮。同一天，劉曉波與前述諸人發表〈致中國大學生的公開信〉，建議大學生們「鞏固已經建立起來的組織聯繫」，「出版自己的通訊或其他出版物」，「加強與社會各界的聯繫」，「保持與政府和學校方面的對話」，「努力落實校園自由」等。公開信的結尾寫道：「我們都有一個強烈的感覺，中國正處在偉大的變化之中，我們正在塑造歷史，同時，我們也在塑造自己。」當天，他們好不容易跟倡導人權被鄧小平點名批判的前中國科技大學副校長方勵之通了電話，但對方反應冷淡。

〈改革建言〉和〈致中國大學生的公開信〉這兩份文件，通過北京的朋友轉交給大學生，並在北大三角地等處張貼，產生了轟動效應。由此，劉曉波被中共當局視為操縱學生運動的「黑手」。「六四」後，北京市市長陳希同作〈關於制止動亂和平息反革命暴亂的情況報告〉，該報告指出：「這場動亂一開始就有海外、國外各種政治勢力插手。國民黨豢養的反動組織『中國民主聯盟』成員胡平、陳軍、劉曉波等人，聯名從美國紐約發出了〈致中國大學生的公開信〉……。」《北京日報》隨即發表〈抓住劉曉波的黑手〉一文，描述劉曉波回國時的情形：「也許劉曉波感到，遠隔重洋操縱國內的學潮不夠得心應手，於是便接受『中國民聯』的派遣，於四月二十七日匆忙由紐約趕回北京。本來劉曉波向北京師大中文系寫信，講他應哥倫比亞大學邀請去講學，到一九九〇年才回國。可是五月初信到北師大時，他人早已到天安門廣場了。」

對於當局扣他「黑手」的帽子，劉曉波並不引以為恥，反而引以為榮。六月一日晚，在北師大校門口的絕食演講中，他驕傲地表明「黑手」身分：「現在政府一再強調極少數人，所謂的一小撮，他的所指，看來就是類似我這樣不是學生身分的人。但我想說，我是一個有政治責任感的公民，我所做的一切都是合理合法的。我不怕當黑手，我反而以當黑手為自豪，為驕傲，為光榮！」

儘管胡耀邦的逝世沒有對劉曉波內心產生太大震撼，他對某些知識分子「對胡耀邦的美化和臣子喪主式的揪心」也不認同，但此後國內情勢的發展，讓他牽腸掛肚、夜不成寐。當時他的想法是：「無論是哪個層次上的反叛，都將或直接或間接地構成對專制制度和官方意識形態的批判。這樣我怎能面對國內前所未有的學運而逍遙海外呢？既然不能不關切，既然按捺不住，就應該實實在在做點具體事。就是回國看看，也比在大洋彼岸坐而論道要過癮得多。」隨著學生運動風起雲湧，他不願「隔岸觀火」，決定提前結束訪學計畫，返回北京。

朋友們都不主張劉曉波回去。劉賓雁說：「他這次回去，明明是飛蛾撲火！」杜念中也勸他留在美國多學、多看點東西，「不過充滿英雄主義情懷的曉波，根本無法抗拒來自北京的呼喚」。陳軍說：「這次劉曉波回北京參加學運承受道德和其他的壓力。當時很多人都很激動，但臨陣都不敢回去。曉波說，我不回去，將來有什麼資格談民運？」貝嶺回憶說，作出決定之後，劉曉波一掃前些日子的迷惘，有一種罕有的平靜，有些結巴地說：「咱……咱們這時不……不能只待在紐約，我們此生不都……都是在為這一時刻做準備嗎？」對於劉曉波的這一選擇，白傑明分析說：「劉曉波對自己有一種英雄觀。他言行合一的個人哲學、他作為中國爭議人物的短暫但成功的生涯以及在歷史關鍵時刻身處美國的無力感，使回國參與政治成為無法抗拒的誘惑。」

歷史在選擇人的同時，人也在選擇歷史。劉曉波不顧國內家人的勸說和國外朋友的忠告，毅然決定回國。他原計劃五月一日回國，因為四月底要去舊金山參加一個有關中國文化的討論會，會議的組織者為他訂好了往返紐約與舊金山的機票。但是，訂票處的人說，半個月內到中國的飛機票都沒有了，只有第二天的一張票。他不想給自己留退路，就訂了這張機票。機票拿到手後，他匆忙通知舊金山會議的組織者自己不能去了，甚至沒有向邀請他到哥大的黎安友教授打招呼，就心急如焚地踏上歸途。

這個決定，這張機票，改變了劉曉波的一生。多年以後，開車送劉曉波去機場的杜念中回憶說：「我從朋友家開車送他到紐約甘迺迪機場，在回鄉路上，他忽而興奮地高談闊論，忽而沉默深思。問他回北京要做什麼，他只說要和學生在一起，但更具體的卻說不上來。在機場和他揮別時，我隱隱覺得曉波已走上了一條不歸路。曉波想當文學家，想當青年導師，但他沒想到自己會變政治犯，更沒想到自己會得諾貝爾獎。」

就在回國這天，《人民日報》發表了由鄧小平欽定的〈「四二六」社論〉。該社論措辭嚴厲，將學生運動定位為「反黨反社會主義」的「動亂」，鄧小平鎮壓學生運動的決心如箭在弦上。因為有一天時差，等劉曉波到東京成田機場轉機時，才得知這個消息，並獲知北京發生了百萬學生和市民上街反對社論的大遊行。

沒有人天生就是毫無畏懼的英雄。在東京成田機場候機廳，劉曉波發現，很多外國人和中國人都從國內飛出來，有一種紛紛逃離危城的氣氛。他越發忐忑不安，一度產生「打退堂鼓」的念頭：「聽到北京緊張的局勢，曾打算掉頭買回程機票，恰恰此時聽到飛往北京的航班登機呼叫，這才咬牙繼續完成返回北京的旅程。」

在回國前，劉曉波曾與胡平等朋友就北京學潮有過多次討論。臨行前，陳軍特地給北京四通公司打電話，告知劉曉波所乘坐的航班，要求四通公司派車去接劉。並說，倘若劉在機場被捕，一定要把消息及時告知中國民聯。可見，大家對形勢的估計並不樂觀。不過，當時中共當局正窮於應付聲勢浩大的遊行示威，沒有額外的精力部署針對劉曉波的行動。劉曉波順利入關。

從四月二十六日在紐約登機回國到六月六日深夜被捕，短短四十二天時間，甚至長過此前三十四年的人生。此後每每想起，他都覺得那麼漫長而幽深，「它是我靈魂中的一道無法癒合的傷口，歲月不但無法抹去它，反而更加鮮淋。我的生命彷彿永遠停滯在這段時間中，它是墳墓，埋葬了三十四歲的我，誕生了不知自己為何物的我。」

✣

飛機降落在北京首都機場的時候已是晚上十一點。下飛機的時候，劉曉波還有些許緊張，住在椅子上，直到大家都下機了，才最後一個走出來。

在出口處，劉曉波看到了妻子陶力和老朋友周舵。陶力顯得有些憔悴，消瘦的臉上充滿了焦慮。此前，陶力在電話中多次勸阻丈夫歸國，卻未能奏效。

在車上，陶力和在四通公司工作的妹妹陶寧向劉曉波講述了學潮的情況。計程車經過北師大校門口，根本進不去。雖然過了凌晨，但此時正好趕上「四二七」大遊行剛結束，北師大門口人山人海。

三、從旁觀、勸退，到堅守廣場

八〇年代，劉曉波崇尚個人主義和超人哲學，蔑視群眾，視社會為烏合之眾。在一九八六年底和一九八七年初的學潮中，他置身事外，在家中讀書、寫作、做家務。當時，有人來遊說他參與學運，說只要登高一呼，他就可以成為眾望所歸的領袖。但他沒有動心。他從心底裡蔑視那種一哄而起又一哄而散大規模群眾運動，無非人多勢眾，湊湊熱鬧，發洩不滿，完結了事。

這一次，劉曉波原本也只想先觀望一陣子。陶力告訴他，有人透露，由於那封給大學生的公開信，他已經引起官方的注意，被定調為海外反動勢力的國內代理人。一旦參與學運，對自己很危險，對學生也會帶來負面影響。於是，劉曉波答應妻子，暫時不捲入其中。之後兩個多星期，他基本上採取旁觀者的姿態。

四月二十九日上午，劉曉波在師大校園內觀看大字報，發現大都是情緒發洩，少有具體想法。在學生宿舍區水房的牆上，他看到一個所謂的「最新消息」，說劉曉波等人在美國召開會議抗議官方關閉《世界經濟導報》，並帶回數千美元支持學生運動。他對這樣的謠言很氣憤，親自動手將大字報撕下。

這時，一群學生圍著劉曉波，責問他是不是公安局特務，否則為何撕掉大字報？甚至有幾個男同學上來將他扭住。劉曉波大聲說：「我是劉曉波！」結果，人群中發出此起彼伏的喊聲——「說謊！」「騙子！」「冒充！」「劉老師是長髮！你要冒充，先化好妝再來！」剛理過髮的劉曉波哭笑不得。後來，幾個中文系的學生過來，證實了劉曉波的身分，他才得以離開。

這一天，當局派出袁木、何東昌、袁立本與學生代表對話。幾個官員高高在上的家長姿態讓劉曉波非常厭惡，學生們的淺薄與衝動也讓他相當不滿。他有了一個想法：搞一個關於這次對話的系列民意測驗，以瞭解學生們對何東昌、袁木、學生代表的表現以及對話這種形式的看法。他請來北師大心理系專門做民意測驗的研究生幫助設計問卷、取樣範圍和計算方法。然而，問卷只發出去幾百份，回收率也不理想，後來就放棄了。

五月三日晚上，劉曉波受邀參加在北大的一棟宿舍樓中舉行的〈新五四宣言〉討論會。在會上，他第一次見到吾爾開希、王丹、王超華等學生領袖。回家後，凌晨一點半，他接到學生程真打來的電話，說吾爾開希想跟他見一面。他們約在師大的「三一八」紀念碑下見面。劉曉波並不主張以大規模群眾運動的方式實現民主，他向吾爾開希建議，不要再搞大遊行，乾脆回到校園裡，借機搞校園民主。然而，這種「溫吞水」式的策略，難以得到激情澎湃的學生們的認同。

這次見面之後，吾爾開希逐漸成為與劉曉波走得最近的學生領袖。很多北師大學生說：「吾爾開希是我們的行動領袖，劉曉波是我們的思想領袖。」吾爾開希也承認：「對我影響最大的是劉曉波。」劉曉波〈「六二」絕食宣言〉中提到：「我和開希是朋友，但在政治生活中，我倆的權力是平等的，我們首先是公民，雖然在校園裡我是老師。」

第二天，五月四日，是「五四運動」七十週年紀念日，趙紫陽發表〈五四講話〉，對學生的愛國熱情予以肯定。北京的大學生再次發起大遊行。劉曉波和陶力騎自行車跟著學生的遊行隊伍看熱鬧。一路上，警察攔截學生三次，但最後都放行了。在六部口的十字路口，劉曉波和陶力被擠散。下午三、四點，遊行隊伍到達天安門廣場，吾爾開希、王丹、周勇軍等人宣讀〈新五四宣言〉，但此宣言被劉曉波批評為「除了口號和激情，沒有任何具體內容」。

很多著名知識分子以「導師」自居，在家中坐等學生上門徵求意見；劉曉波卻主動找學生領袖交換意見，他對運動本身的關切超過對自己名望的維護。五月六日，他去北大找到學生領袖之一的封從德，封從德回憶說：「一個青年教師模樣的人在門口等我。他說他叫劉曉波，是北師大講師。……劉曉波剛從美國回來，聽說我是北高聯主席，希望同我交流一下看法。見他口氣很謙卑，我很不好意思，告訴他我剛剛辭職。這時，劉曉波一愣，然後輕輕地不知道說些什麼，轉身就走了。」這一次溝通未獲成功。從這個細節可以看出，知識分子與學生領袖之間如何建立信任關係，是「八九」民運懸而未決的一大癥結。

五月七日，劉曉波起草了一封呼籲書，題為〈我們的要求：校園內的自由論壇〉。首先，他指出前一階段的學生運動的不足之處，如「口號過多而行動過少」、「目標民主而程序、手段非民主」、「不會利用法律的手段來推進民主」、「目標過高，搖擺性過大」等。其次，他呼籲展開一系列校園民主活動，如「在校園內開闢『自由論壇』」、「校方支援學生自治會的工作」、「校方與教師和學生展開對話會」、「學生和教師評估校領導的工作」、「教師成立『中國民主化研討小組』」等。他將這份呼籲書貼在北師大院內的報刊欄中，希望徵集教師簽名。但第二天便被撕掉了。

趙紫陽前幾天發表〈五四講話〉之後，學生紛紛復課。然而，趙紫陽倡議的「疏導、對話，在民主與法制的軌道上解決問題，從熱點問題做起搞政治體制改革」的方針，遭到李鵬等人的阻撓、抵制、破壞，政府拿不出實際行動來取信於民。雙方的衝突仍然一觸即發。

一九八九年五月十三日下午四點多，北京十三所高校的三百多名絕食學生，在兩千多名學生的護送下來到天安門廣場。五點四十分，宣布絕食開始，絕食請願團隨即成立。由此，學生運動進入第二個高潮。學生計畫趁蘇聯總統戈巴契夫（Mikhail Gorbachev）來華訪問期間，占據天安門廣場，向中共當局施壓。

五月十三日中午，周舵來到劉曉波家，說統戰部晚上要開一個座談會，邀請劉曉波和吾爾開希參加。這次會議有統戰部官員、學生代表、共青團代表和知識分子代表等六十多人參加。中央書記處書記、統戰部長閻明復在會上提出，希望在五月十五日戈巴契夫訪問北京時，學生撤離廣場。與會的學生領袖王超華回憶說，當時她和劉曉波的發言「最硬」，直接提出平反「動亂」的要求。

周舵回憶說，閻明復看到劉曉波來開會「臉色為之一黑」。劉曉波對閻明復的印象卻非常好：「我覺得他是共產黨內難得的、既開明又有一種寬容、謙卑情懷的幹部。」他認為，不管跟學生對話採取什麼形式，不管派什麼級別的人出來，都是共產黨執政以來第一次坐下來，在民眾自發的政治要求的壓力下展開對話，這是一個好的開端。

劉曉波在發言中指出，政府要肯定這是一次愛國民主運動，改正〈「四二六」社論〉的錯誤定調。絕食學生應該在十五日前撤出廣場，不應影響中蘇兩國首腦的會晤。他強調，學生必須學會妥協和讓步，以獲得黨和政府內的開明派的同情和支持。對於劉曉波最後的幾句話，閻明復笑著說：「曉波你不要太透明，點到為止。」

學生代表要求現場直播這場座談，卻未獲同意。閻明復也不敢就否定〈「四二六」社論〉給出明確答覆。最終，座談未能達成結果。

會議拖延到次日凌晨兩、三點才結束。統戰部派車送周舵和劉曉波回家。車開出去沒多遠，劉曉波說：「不行，我還得回廣場。」後來，劉曉波埋怨周舵，要是那天晚上大家不耗在統戰部，去廣場勸說學生撤離，是有可能成功的。

天還沒有亮，劉曉波在廣場上目睹學生轟走教委主任李鐵映、北京市委書記李錫銘和市長陳希同，學生和當局的對立越發尖銳。劉曉波踏上一個平板車，對學生發表演講，勸說學生撤離廣場：「不要讓仇恨的陰影籠罩廣場和心靈，回到校園去，扎扎實實地推進校園民主。」學生根本聽不進去，有人高喊：「黑馬變成綿羊了！」「膽小鬼，滾下去！」如此尷尬的場面，在其演講中還是第一次出現。

凌晨五點，劉曉波又累又餓，乘坐二十二路公共汽車回家。在車上，他灰心喪氣，決定不再參與學生運動，立刻著手辦理再次前往美國的出境卡。到家之後，他接到美國朋友的電話，朋友看到美國新聞媒體對這次失敗演講的報導，好心地對他說：「曉波，你是冒著風險回國的，說話要慎重，總不能沒讓政府抓卻讓學生轟回美國吧。」這句話激起了他的鬥志：「我知道自己扮演的角色的難度，但我有自信演好。中國只有一個劉曉波，他不可重複。」

在家中休息了幾個小時，劉曉波應閔琦之邀，到北京社會經濟科學研究所參加溝通學運信息的會議。參加會議的有王軍濤、陳子明、閔琦、鄭也夫、吳稼祥、王潤生、陳小平、鄭蒂等人。王潤生宣讀了一份知識界的〈聲明〉。劉曉波提出不同意見，認為完全是共產黨意識形態化的語言，沿用「解放以來」、「勞動人民」、「人民萬歲」等陳詞濫調。王軍濤提議讓劉曉波修改，但劉曉波拒絕，決定不參加知識分子的組織和宣言。他在發言中說：「現在學生們已經非常看不起我們這些知識分子了，如果再坐以論道、指手劃腳，我們就將失去學生們的信任。要想參與，就和學生們在一起。」

開完會後，劉曉波回家睡覺。到了下午四點多，有學生敲開門，氣喘吁吁地說：「劉老師，吾爾開希讓我來叫你馬上去廣場，幫助他將絕食的學生撤出去。」劉曉波立即與那個學生一起直奔廣場。幾經勸說，就連北師大的學生都不肯撤離。

到了傍晚，劉曉波放棄了勸學生停止絕食的念頭，理性和情感的較量，情感勝利了。他開始為學生們張羅生活用品，並為圍觀群眾發表演講。他的演講讓學生們掉淚，他們用大白布做成標語，上面寫著：「劉曉波老師，我們感謝你。」

至此，廣場上悲壯的就義氣氛和獻身精神籠罩著劉曉波，他失去了理性判斷能力，決心和絕食學生同生共死。正如深諳群眾心理學的法國學者古斯塔夫・勒龐（Gustave Le Bon）所說：「對一種強烈信仰的執迷，就像磁鐵能將金屬屑聚攏來構成規則的曲線一樣神奇。」群眾運動的魔力，劉曉波亦未能免疫。

傍晚時分，嚴家其、包遵信、劉再復、李洪林、李陀、蘇曉康、戴晴、李澤厚、溫元凱、麥天樞、于浩成、蘇煒等十二名作家及學者到廣場勸說學生撤離，並發表〈我們對今天局勢的緊急呼籲〉。由於學生並無嚴密的組織與統一的領導，勸說者也缺乏足夠的權威，絕食學生沒有接受勸告。

絕食進行到第二天，劉曉波對絕食學生說：「絕食可以，流食還是應該吃，大家放心，按照國際慣例，一般政府會在絕食七十二個小時之後出來對話。」大家聽了，開始盼望七十二個小時的到來。七十二個小時到了，政府方面毫無動靜。他很鬱悶，又說：「連南非這樣的國家也不至於這樣啊。」那時，南非實行種族隔離制度，曼德拉（Nelson R. Mandela）被關在監獄裡。不過，南非政府在國際國內壓力下，已經與南非非洲人國民大會談判。面對中國政府的冷血僵硬，劉曉波情不自禁地罵娘了：「他……他……他媽的，這……政府也……太……太不像話了。」大家都學他的語氣取樂。

在與「八九」學運有聯繫的知識分子中，劉曉波的聲望和資歷不如作為旁觀者、有「中國的沙卡洛夫（Andrei Sakharov）」之譽的方勵之，在知識界的人脈和組織能力不如包遵信等人，社會經驗和政治敏感度不如蘇曉康等人，更沒有陳子明、王軍濤與黨內開明派的聯絡管道。他只是年僅三十四歲、沒有任何背景的大學教師，他在學運中發揮的作用不斷提升，是因為他身體力行，與學生打成一片並在廣場上堅守到最後一刻。

此時，在當局方面，以李鵬為首的強硬派抬頭，以趙紫陽為代表的開明派失勢，鄧小平等元老決定使用武力鎮壓。在學生和民眾方面，天安門廣場成立指揮部，但領導層走馬燈式地更換，誰的聲音大、鼓動性強，就按誰的意見辦。和平結束學運的希望愈發渺茫。

五月十六日晚，劉曉波第一次去「學運之聲」廣播站演講。當人意識到自己的聲音可能被無限放大時，其自我膨脹就不可抑制地出現了。當時，劉曉波的心態就是如此——「也許全中國、全世界的人都會知道在今天、在此刻，有一個叫做劉曉波的人在天安門廣場上演講。我的心咚咚地跳、嘴巴有些不聽使喚，臉肯定漲紅了。如果能看見，我的眼睛一定瞪得大大的，放著興奮的光。……我說出自己姓名時的那種特殊的快感，令我終身難忘。」

五月十七日，學生絕食進入第四天，有學生昏倒，情況愈發危急。市民和學生發起百萬人大遊行。知識界發表了將矛頭指向鄧小平的〈「五一七」宣言〉。劉曉波就不同意這份文件，認為將矛頭直接指向鄧小平，在策略上是重大失誤。

五月十七日下午，鄧小平在家中召開政治局常委會，決定實行武力鎮壓。拒絕執行戒嚴令的趙紫陽下台已成定局。晚間，趙紫陽到廣場看望學生，這是他最後一次在公共場合露面。

十九日，李鵬主持召開首都黨政軍幹部大會，宣布從二十日起在北京實施戒嚴。在戒嚴令的刺激下，學生運動進入第三個高潮。此後數天，劉曉波是少數一直堅守在廣場上的知識分子之一。

五月二十三日早上，幾個學生來找劉曉波幫忙修改一份倡議書。他重起爐灶寫了一份。這份題目為〈我們的建議〉、署名為「北京師範大學學生自治會」的文件，由高新用打字機打成蠟紙，作為「北師大絕食團通訊」油印散發，傳遍廣場和北京各高校。這份文件被官方定位為「指導學潮發展的綱領性文件」。

在這份建議中，有一條是追究關閉《世界經濟導報》的上海市委書記江澤民的法律責任。江澤民正是以關閉《導報》的「決斷」獲得老人幫的信任，升任中共總書記。劉曉波的這一建議，讓九〇年代大權在握的江澤民恨之入骨，這也是劉曉波多年以來受到當局嚴厲監控的原因之一。

五月二十七日，吾爾開希找到劉曉波，一起去參加「首都各界愛國維憲聯席會議」，該會議主要討論〈關於時局的十點聲明〉。封從德在回憶錄中說，劉曉波提出設立「人民發言人」的建議。劉曉波說，中國需要「華勒沙」（Lech Wałęsa），*依靠其「英雄凝聚作用」形成「民間制衡力量」，並推舉吾爾開希出任「人民發言人」。柴玲在回憶錄中寫道：「在午飯的時候，會議的焦點轉移了。北京師範大學的教授劉曉波提議讓吾爾開希做運動的發言人。我和封從德都被這個建議震驚了，尤其考慮到吾爾開希展現出來的個人領導方式。」

在此次會議上，大家就是否撤離廣場舉手表決。撤離廣場的建議獲得一致通過。但是，作為廣場總指揮的柴玲，回廣場之後，受李祿的影響改變主意，「我認為我沒有經過天安門廣場上的學生投票就同意從廣場撤退是犯了一個錯誤。我領著學生發過誓，我們將堅守民主的立場。作為總指揮，我對那些把信任託付給我的人有責任。如果不給學生投票的機會就順從了這個草率撤退的決定，就會踐踏這個運動努力希望實現的同樣民主原則。」當時，人人都在談論民主和追求民主，但每個人對民主的本質理解卻存在巨大差異。

廣場上的絕大多數學生投票留在天安門廣場上。柴玲宣布，繼續堅守，廣場指揮部亦退出「聯席會」。最後一次和平撤離廣場的機會喪失了。

四、發動「四君子」絕食

五月二十九日上午，劉曉波與吾爾開希一起到人大附中院內的「中國文化書院」開「聯席會」。會議討論整頓廣場的秩序和宣傳，然而會議本身亂成一鍋粥。大家七嘴八舌，一個人的發言還沒說完就被另一個人打斷。

劉曉波在發言中說，王丹、吾爾開希等學生領袖應該馬上準備一個對自身進行反思的材料，著重找出學生方面的失誤，並在廣場向學生們公布。他還提出是否可以考慮在廣場進行一次民主選舉，以確立大家公認的廣場指揮部。但這些意見未能得到採納。

會議快結束時，劉曉波對王軍濤說：「這會議開得無聊，什麼也決定不了，不如去絕食。」

王軍濤說：「絕食又能怎樣？」

＊編注：華勒沙，波蘭政治家，他在一九八〇年代成為波蘭罷工運動的領導者，促成團結工聯的誕生；他在一九八三年獲得諾貝爾和平獎，並曾於一九九〇年至一九九五年擔任波蘭總統。

一句無意中脫口而出的話，讓劉曉波抓到一根救命稻草。廣場上學生士氣低落，但勸又勸不走。北京學生已很少，大部分都是外地學生。既然撤不下來，就要有新的興奮點，就應該有人站出來，站出來的唯一方式就是絕食。

回到家中，劉曉波主意已定，坐下來寫〈絕食宣言〉。妻子催他去睡覺，他躺在床上，無法安睡。後來，他回憶說：「那天晚上，當我經過複雜的內心掙扎而決定義無反顧地絕食之後，頓感一種生命的昇華。僅從此次運動的角度想，我的這一決定使我有了充足的理由去蔑視其他的知識分子，甚至蔑視五月十三日那次大規模的群體絕食，因為我是在戒嚴令發布之後的白色恐怖下採取行動的，而且不是以安全感極強的群體行為而是以風險極大的個體行為。從超現實的角度看，我的選擇頗有耶穌殉難的色彩，不僅是為民族，更像是為人類，我彷彿看到十字架上的鮮血永遠呼喚著人類的良知。從自我實現的層次上看，我以絕食完成了自己的理論：沉入人類悲劇的最低層，獲得一次性的自我肯定，贖回我曾犯下的全部罪惡。死會使我的生命澄清、聖明，它是一道閃電，刺破由虛無構成的漫漫黑暗。」從這段獨白中發現，劉曉波的思想淵源駁雜而複雜——基督教的原罪意識、尼采的超人哲學、存在主義的「向死而生」，以及他的自戀和自我超越的糾結。

在撰寫絕食宣言的過程中，劉曉波感到一個人分量不夠，需要找其他人參與。那時，許多著名知識分子逐漸淡出學運，為自己安排後路，可選擇的支持者已不多。他第一個便給周舵打電話。周舵一開始不同意，表示次日再面談。

五月三十日，劉曉波和周舵同去文化書院開「聯席會」。在會場外，兩人討論絕食之事。劉曉波說：「你如果不去，我一個人也要去。」周舵說：「既然如此，我就捨命陪君子吧。」然後，兩人到會場宣布絕食決定。在場的人只有陳小平和吾爾開希表示無條件支持。

下午三點，劉曉波來到周舵家，兩人分工起草〈絕食宣言〉。他們還找到《師大週報》的前主編高新加入。

但還得有更著名的人物參與才能振奮人心。劉曉波想到了歌手侯德健。侯德健是七〇年代台灣校園歌曲的代表人物。因不滿台灣的壓抑氣氛，一九八三年出走中國。劉曉波與侯德健於一九八六年相識，其中還有一段英雄不打不相識的逸聞。侯德健在《禍頭子正傳》中寫道：「認識曉波是因為他公開批評我，說我是背著最傳統的知識分子包袱，怎麼能搞得好最需要輕鬆的流行歌曲，經朋友介紹後，他很驚訝我對他批評的讚賞及感謝，也為他不知道像《酒幹倘賣無》等詞曲也是我作的而表示了他片面批評的歉意。從此以後我們成了很好的朋友。」

那天，侯德建正在香港參加「民主歌聲獻中華」演唱會，正好半夜給劉曉波打來電話。劉曉波問侯德健參不參加絕食。侯德建說：「我這麼瘦，要絕食身體受不了。我們回去再說吧。」侯德健回來的時候，劉曉波和吾爾開希、周舵、高新一起去機場迎接。劉曉波給侯德健看〈「六二」絕食宣言〉初稿，侯德健很受感動，同意參加絕食。

劉曉波邀請王軍濤和陳小平做「四君子」絕食的新聞發言人。王軍濤回憶說，一開始他不願意，他並不贊同絕食的想法。「但後來我看到劉曉波的文章中有『我們沒有敵人，不要讓仇恨毒化我們的智慧』兩句話，就這兩句話，特別讓我感動，覺得這就是我們的心裡話。」於是，便接下了新聞發言人的工作。

六月一日上午，劉曉波和妻子陶力一起去師大幼稚園，和兒子一起過「六一」兒童節。但他的心思根本不在過節上，時刻想著次日的絕食。陶力從不放過每一個勸丈夫改變主意的機會，但處於高度亢奮狀態的劉曉波，像個越轉越快、接近瘋狂的陀螺，停不下來了。

下午四點，「四君子」來到王府飯店，接受美國國家廣播公司採訪。晚間，劉曉波回到北師大校門時，對人群發表絕食演講。他說：「我們的絕食是七十二小時，三天，我之所以在這個時作出這個行動，是我提出的四個口號：我們絕食、我們抗議、我們呼籲、我們懺悔。我們抗議以李鵬為代表的政府用非理性的、專制的軍事管制去鎮壓學生的愛國民主運動！作為中國的知識分子，我深深地懺悔，我希望通過我們的這次行動結束中國知識分子幾千年來動口不動手的軟骨症！」聽眾對演講報以熱烈的掌聲。但是，究竟有多少人能體會其激情四溢演講背後的深刻思考？有多少人將目光從「朝」轉向「野」，關切民間社會的變化，像劉曉波多年以後因言獲罪的六篇文章之一的題目所說的那樣——〈通過改變社會來改變政權〉呢？

六月二日下午，「四君子」來到廣場，宣布絕食開始。他們在〈「六二」絕食宣言〉中提出四個口號：「第一，我們沒有敵人！不要讓仇恨和暴力毒化了我們的智慧和中國的民主化進程！第二，我們都需要反省！中國的落伍人人有責！第三，我們首先是公民！第四，我們不是尋找死亡！我們尋找真的生命！」果不出劉曉波所料，「四君子」發起絕食成了學運末期最大的亮點，掀起了第四個高潮。

在〈「六二」絕食宣言〉中，帶有最濃厚的「劉曉波色彩」的地方，是對當時被社會各界捧上天的學生作出「不合時宜」的批評：「學生方面的失誤主要表現在內部組織的混亂、缺乏效率和民主程序。諸如，目標是民主的，而手段、過程是非民主的；理論是民主的，而處理具體問題是非民主的；缺乏合作精神，權力相互抵銷，造成決策的凌亂狀態；財務上的混亂，物質上的浪費；情感有餘而理性不足；特權意識有餘而平等意識不足等等。我們呼籲：學生方面要以整頓天安門廣場的學生隊伍為中心進行自我反省。」這些批評意見，使得很多自我感覺良好的學生領袖對劉曉波產生強烈不滿。

「六二」絕食開始後，冷清的廣場又人頭攢動，王軍濤等人隨之策劃接力絕食。按照接力計畫，第一批接替「四君子」絕食的，有包遵信等三人。然而，六月三日夜，槍聲響起，所有的計畫都煙消雲散，一個時代劃上了句號。

絕食宣言公布之後，劉曉波等四人在糾察隊員的連拉帶拽下，擠過圍觀的人群，進了李祿帶人搭好的絕食棚。絕食棚周圍早已被人牆似的糾察隊員封住。絕食棚經過精心布置：地上鋪著新棉被，有四張行軍床，床上有厚厚的鋪蓋，有嶄新的枕頭和毛毯，其條件比學生們絕食時不知要強多少倍。

劉曉波突然感到自己變成了孩子或寵物，所有人都在誇他、保護他、關心他，他的一舉一動似乎都有人過問。特別是那些醫務人員，完全拿出照顧病人的態度對待他們。劉曉波和侯德健要抽煙，費了很大的口舌才獲得醫務人員批准。

不斷有糾察隊員遞進一張紙、一頂帽子、一件襯衫……要求四人簽名留念。劉曉波後來反省簽名時的心態：「我給別人簽名，一開始是興奮的自我欣賞，每簽一次都有種名垂千古的感覺，只是我感覺自己的名字寫得不好，恨不得能馬上學到草聖懷素的瀟灑。繼而是對簽名的痲木，只要有人要求，想都不想地簽完了事。最後是厭惡，沒完沒了的簽名攪得一刻也不得安寧。」

六月三日，中央台廣播了四人絕食的消息，廣場上人越聚越多，人們有了新的理由前來這裡——「先看女神後看猴（侯）」。上午九點，由陳小平主持在紀念碑上召開新聞發布會。人如潮水的宏大場面，讓劉曉波迷失了自我：「從我們所在的紀念碑的最高層向下俯視，可以看到一張張激動的面孔和黑壓壓的人群。人們喊著、叫著、歡呼著，揮舞著旗幟、標語和手臂，離我近一點兒的人伸出拿著本子的手，讓我們簽名，數不清的閃光燈在閃亮，數架攝影機的鏡頭從各種角度對準我們，有些人手拿著答錄機，希望錄下我們的講話。」

新聞發布會剛開始，就被圍觀的人擠散。只好改在下午一點召開。糾察隊員們在自由女神附近圍起一塊空間，四人又分別在糾察隊員的保護下來到開會地點。圍觀的人哄著侯德健講話。侯德健不愧是歌星，在這種場合也用歌星的風格來滿足公眾的好奇心。

正在此時，不遠處，有幾個學生把吾爾開希舉起來，在公眾中邊走邊發表演講。幾分鐘之後，會場的秩序徹底混亂，「四君子」又在糾察隊員的保護下狼狽地回到絕食棚。陳小平問，新聞發布會還在哪裡開，劉曉波說：「從我們來紀念碑，已經開過三次了，每次都半途被迫中止，最好別開了。我看在廣場上，只能待在絕食棚中，其他的事什麼也幹不成。」

五、屠殺之夜

六月三日的白天很平靜。傍晚時分，空氣驟然緊張起來。解放軍強行進城，在各處路口與群眾發生衝突的消息不斷傳來。廣場廣播站開始教授學生們防備催淚瓦斯的方法。

「四君子」快速起草了一份〈呼籲書〉。他們認為，當對方是全副武裝的軍隊，而廣場上是手無寸鐵的民眾，最有力的武器不是暴力反抗，而是堅持非暴力的和平方式。他們呼籲廣場指揮部儘快派人與戒嚴部隊談判，只要有一線希望，就爭取協商解決問題。

劉曉波帶著〈呼籲書〉來到學運之聲廣播站，費了好些口舌，柴玲等人才勉強同意通過廣播站發出此呼籲。然而，劉曉波剛念了幾句，便有一個學生打斷他，並辱罵他是「懦夫」。廣播站周圍的人也都紛紛責罵他，他只好中斷廣播。

夜幕降臨時，戒嚴部隊從西、南、東等各路向天安門廣場迫進，沿途受到百萬群眾自發的層層阻攔。九時許，在復興門外的西長安街上，屠夫們打響了罪惡的第一槍。一場大屠殺開始了。全副武裝的士兵在坦克和裝甲車的前導下，用密集的掃射開道，分道向天安門挺進。群眾死傷不計其數，尤以西長安街木樨地至西單一線，情況最為慘酷。北京的天空被槍炮的火光映得血紅。

凌晨一點，戒嚴部隊強行推進至天安門廣場北側，事先隱藏在人民大會堂等處的官兵也加入包圍圈。此時，天安門廣場上仍有學生、市民數萬人。一點半，官方廣播向廣場播放北京市政府、戒嚴部隊指揮部緊急通告。大部分圍聚的市民被迫撤離，靜坐的學生向紀念碑周圍收縮。劉曉波回憶說：「一開始廣場上人還很多，後來擴音器裡開始播戒嚴部隊和國務院的戒嚴令。廣場的燈突然全部熄滅了。這時候我站在紀念碑上，原來我估計在廣場有幾十萬人，燈一滅之後，很快地廣場基本就空了，只剩下紀念碑周圍的那些學生和市民了。接著就不斷傳來槍聲，不斷有人被打傷、被打死的消息傳來。」那麼，等待著這剩下的幾千人的，將是什麼樣的命運呢？

流血事件的報告不絕於耳，槍聲從遠處傳來，如同爆竹聲般讓人覺得不真實。紀念碑附近的學生和市民出現巨大的分歧。在擁擠的人群中，不時爆發陣陣騷動，新的廣播站兩度險些被衝垮。

突然間，一名糾察隊員跑來報告，在紀念碑南側發現槍支，是幾位工人架設的。劉曉波、侯德健等聞訊而至。只見一挺機槍設在紀念碑底座最高層的西南角，槍上覆蓋著棉被，槍口朝西。幾位工人在旁嚴密監視著，不時用鋼管敲打槍身，警告誰都不許靠近。

侯德健上前抱著一位年約二十歲的青年，自我介紹說：「我是侯德健。」那位被抱住的小青年喊了一聲「侯哥」，便失聲痛哭起來。侯德健邊安慰邊把他拉走。劉曉波等留下來繼續說服其他幾名工人。

劉曉波本來就結巴，此時連打躬作揖都用上了。他說，廣場上的大學生都是寶貴財富，應該替大學生的生命安全負責。這些人一聽就火了，又大吼起來：「只有你們這些大學生是人？我們就不是人？我們為了誰？不是為了保護你們這些人，我們為什麼要往槍口上撞？你們倒是沒事，可我們的人死了那麼多，就白死了不成？」

經過再三勸說，工人交出了這挺從裝甲車上卸下來的機槍。另一位工人又主動交來一支原先藏在附近帳篷裡的步槍。後來，很多人懷疑，民眾手中的少數槍支，是部隊故意流散出來的，以此製造鎮壓的藉口。

劉曉波等人回到紀念碑北側。然後，由劉曉波將槍支在紀念碑的護欄上砸毀。這是一件不容易的體力活：當他將槍支掄到護欄上時，巨大的衝擊力讓他虎口發麻，砸了好幾次才將槍支砸毀。

這時，絕大多數外國媒體都撤離到北京飯店。留在廣場中心部的西班牙電視台的攝影記者記錄了劉曉波朝紀念碑白玉欄杆砸步槍的鏡頭。目睹「四君子」手持擴音器竭力勸說學生和市民和平撤退全過程的日本NHK電視台記者加藤青延指出：「如果不是劉曉波和侯德健等人的努力，無疑，天安門廣場會發生流血慘案。」

緊接著，「四君子」發表廣播講話，呼籲大家堅持非暴力，放下手中的棍棒、汽水瓶子和石塊等。劉曉波說：「同學們，現在整個北京已經開始流血，血已經流得夠多，足以喚醒人民。……請你們放下手中不能算是武器的武器，否則等於是謀害大家的性命，也給政府製造口實，損害整個學生運動的形象。同時，一定要將手中的槍支收繳上來，避免走火。」在最容易喪失理性的時刻，他保持了最理性的判斷。

✣

六月四日凌晨三點，在絕食棚內，「四君子」就當前的局勢繼續著緊張的討論。在座的還有幾位高校青年教師。大家逐漸達成共識：這是一場有計畫、有預謀的屠殺行動，不能再對當局抱美好的幻想，應當想盡一切辦法避免更多流血，爭取和平撤離廣場。但是，他們一時還找不到切實可行的撤退方案。這時，北京紅十字會的兩名醫生建議，由侯德健等人出面，在他們的陪同下乘救護車出廣場與戒嚴部隊談判，以爭取學生和平撤離廣場的許諾與時間。

那麼，誰去跟部隊談判呢？劉曉波搶著要去，他是絕食的發起人，他不願回避這個最危險的任務。但周舵認為，侯德健名氣最大，如果向士兵喊「我是侯德健」，士兵不會輕易開槍。「劉曉波挺仗義的，非要說他跟侯德健一塊去。侯德健就勸他『你這個人脾氣太壞，弄不好跟人家吵起來，咱們全玩完。周舵看上去溫文爾雅，不像個暴徒。還是我們倆去』。」

「四君子」就去找柴玲，希望廣場指揮部派一個人跟他們一起去和戒嚴部隊談判，但指揮部不同意。封從德對「四君子」說：「你們願意做什麼，是你們的自由；你們若希望以第三方的姿態去與戒嚴部隊交涉，我個人表示欽佩；但是，你們絕不能說是代表學生指揮部去與軍方談判。與軍方交涉的結果也必須經過同學們的表決才能生效。」

凌晨三時三十分，在兩位紅十字會醫生的陪同下，侯德健和周舵從紀念碑底座西側出口下去，乘坐一輛救護車，尋找戒嚴部隊談判和平撤離廣場的事宜。最終，部隊的一名大校級指揮官同意在廣場東南角留出一條通道，讓學生和市民和平撤走，並保證不向人群開槍。戒嚴部隊唯一的要求是：早晨七點之前務必撤出廣場，這是他們接到的命令中清場的最後期限。

凌晨四點半，廣場上的燈重新亮起來，侯德健等人返回廣播站，苦苦勸說大家撤離，他說：「我們都不怕死，但我們要死得有意義！我們追求的絕對不是死亡，而是真的生命！」然而，從四面八方傳來咒罵聲——「軟骨頭」、「投降派」、「怕死鬼」……

劉曉波抓過擴音器，急了說話就更加結巴：「同學們，我是……劉曉波！請大家相信我們！現在我們堅持的一貫原則是和平的、非暴力的。……你們堅定留在廣場，證明了你們的勇敢，我希望你們冷靜下來。你們已經作出了巨大的犧牲，你們再作犧牲，我們於心不忍，你們能夠保存下來，這是對中國民主的最大貢獻。」

廣場指揮部決定用現場所有人喊聲的大小來作口頭表決，願意留守廣場的喊「留守」，同意撤離的喊「撤離」。雖然兩次喊聲幾乎不相上下，但主持會議的封從德宣布說：「『撤離』的聲音較大，因此所有人從現在起，馬上撤離廣場！」

最後的時刻到來了。這時是四點五十分，離七點的期限只剩兩個小時。「四君子」分頭去做少數仍然不願撤離的學生的工作。劉曉波和高新去南面，侯德建和周舵去北面。

撤離的決定剛一宣布，軍方便加緊行動。一排點射，廣播站的喇叭被打啞。三輛坦克從人民大會堂由西向東一直往紀念碑南側駛來。一隊士兵向空中鳴槍，很快便衝到紀念碑附近。

這時，劉曉波在廣播站旁邊，想看看柴玲等人是否撤了。他彎下腰，把頭探進帳篷，已經空了。他剛剛直起腰，冰涼的、硬硬的槍口頂住後腰。他被槍口猛地推了一下，踉踉蹌蹌地下了紀念碑。由於恐懼，他下到最後一級台階時，險些摔倒，多虧學生王越紅將他抱住。

劉曉波突然想到，他那裝有護照、其他證件和通訊錄的手提包還在紀念碑上的帳篷裡。他飛快地回頭去取，剛上一半，一個士兵居高臨下地將槍口對準他說：「下去！」他說：「我的護照忘在裡面了，請允許我上去取！」士兵厲聲說：「都什麼時候了，還要什麼護照。下去，再往前走我就不客氣了！」面對槍口，他感到涼氣襲心，本能地向下退。旁邊的學生想去交涉，那士兵大吼一聲：「不要命了！」他們只好退去。

劉曉波希望逆人流往南走，找尋其他三人。在紛亂的人群中，他見到侯德建，由兩個學生攙著，由於兩天沒有進食，加上緊張，好像休克了。劉曉波將一個腳被扎了的學生替下來，攙扶著侯德建往前走。

這時，大部分學生和市民都已順利撤離。戒嚴部隊將紀念碑和歷史博物館的中軸線封鎖，不讓剩下的人再從原來讓出來的東南角出去。劉曉波和最後的兩、三百名學生一起到了歷史博物館前面協和醫院的紅十字會救護站，被三層士兵團團圍住。這些士兵表情呆滯，宛如野獸。面對這群士兵，是劉曉波一生中感到最恐懼的時刻。

天亮了，劉曉波看到整個清場的過程：士兵們用刺刀挑起廢棄物燒掉，一輛坦克從北向南開來，碾過已被推到的自由女神像。

紅十字會的醫生出面跟戒嚴部隊談判，軍方同意讓最後一批人從廣場東南角的缺口離開。四人一排的隊伍往外走時，突然前面響起激烈的槍聲，隊伍立即停止前進，所有人都蹲在地上。原來是北京市公安局門口的士兵向附近居民樓開槍。等槍聲停息之後，隊伍重新往前走。

此時，劉曉波上身只穿一件半截袖的白襯衣，衣服已被汗水浸透，骯髒而腥臭。他感到從頭到腳的冷，禁不住全身顫抖起來。

時間在那一晚定格。劉曉波的一生也因此而被改寫。「六四」，對每個參與過這場運動的個體，都不是一個時間或名詞。它是中國臉上一道無法癒合的傷疤。

六、落網

六月四日早上七點，中央軍委給戒嚴部隊天安門廣場清場命令的最後時刻，包括劉曉波在內的最後一批傷心欲絕、疲憊不堪的學生和市民離開了廣場。他們沿著前門東大街，走王府井大街一直到協和醫院。虛脫的侯德建躺在擔架上，由八個協和醫院的醫務人員，四個人一組輪流抬著。走過長安街時，劉曉波看到許多著火的、報廢的公共汽車和軍車等。

到了協和醫院，那裡人山人海，像春節時的火車站，很多人都來找孩子和家人。當天下午在協和醫院採訪的香港記者蔡淑芳寫道：「到協和醫院，問門前的醫護人員到底有多少傷亡。他們說，死的有好幾十人，傷的有好幾百人，醫院全擠滿人，走廊都躺有很多傷者，醫護人員不夠用，他們也應付不來。」

醫生把劉曉波、侯德健和王越紅三個人領進一間小屋，屋裡有兩層床和一張桌子，看來是供醫生值夜班用的。醫生們拿來麵包、香腸、汽水、西瓜。吃了些東西後，侯德健的氣色恢復了正常。醫生們勸他們好好休息一下。劉曉波和侯德健一頭栽到床上，竟死死地睡了過去。

一陣敲門聲把他們驚醒，原來是王越紅回來了。這時已是下午一點多。在醫院也不安全，人們傳說戒嚴部隊將到醫院來搜查和抓人。

劉曉波說：「這裡不能長待。我想回家。」

侯德健說：「現在絕不能回家。一來街上太危險，二來你的家肯定被監視了，我們最好還是躲一躲。」

劉曉波問：「去哪兒？」

侯德健說：「外交公寓。」

劉曉波說：「現在家裡的人不知道我們的死活，一定要讓家人知道我們是安全的。」

侯德健說：「可以打電話通知家裡人。」

王越紅插話：「你們倆出去太危險，還是由我去打電話。」

劉曉波和侯德健把家裡的電話和一個外國朋友的電話告訴了王越紅。一會兒，王越紅回來了，她說：「已經告訴陶力和程琳你倆很安全，請她們放心。那個外國朋友說，三點半他開車來協和醫院接我們。」

他們三人在那間不足十平方公尺的小屋裡焦急地等著，胡亂猜著周舵和高新的下落。兩個醫生一直陪著他們。

下午三點二十五分，兩個醫生帶他們走出醫院大門。為了不讓侯德健被人認出來，醫生稍稍給他化了妝，穿上白大褂，戴上白帽子。醫院的門口仍然聚集著許多人，從他們臉上的表情可以看出尋找親人的焦慮。

他們三個人在協和醫院門口站了大概十分鐘，一輛掛著黑色牌照的紅色轎車神奇地出現了。他們立即上車。開車的人對侯德健講著不太流利的漢語。這時，一群人圍了上來，人群中突然有人喊：「侯德健！」汽車飛快地啟動，甩開所有人。

車上了朝陽門立交橋，侯德健才笑著對開車的朋友說：「你是北京最勇敢的司機。」對方沒有回答，表情嚴肅地盯著前方。東二環路上排滿軍車，劉曉波望著車窗外向後飛掠的軍車，真為司機捏把汗。他一直在想：如果被截住怎麼辦？如果戒嚴部隊開槍怎麼辦？十分鐘後，車駛進建國門外交公寓的院子，一顆提著的心才放下來。

在等電梯時，那個外國朋友囑咐他們不要說話。電梯的門開了，開電梯的中年婦女上下打量著三人。劉曉波又緊張起來。以前就聽說過：在外交公寓為外國人服務的工作人員大都負有監視住戶的使命。這一特殊時期，這種監視肯定加強了。六月六日深夜，劉曉波離開外交公寓後，在街上被綁架般地抓住，就證明從他進入外交公寓的那一刻就被盯住了。

一進朋友家，劉曉波和德健緊緊地抱住為他們開車的朋友，連聲道謝，他的確是北京最勇敢的司機。這位朋友這才自我介紹說，他是《時代週刊》（*Time*）的駐京記者吉米。

這間寓所是澳洲駐華使館文化參贊周思（Nicholas Jose）的家。前些天，劉曉波還在這裡見過老朋友白傑明，還曾在此洗澡和換洗衣服。屋裡的一切依然如故，同樣是寬敞明亮的客廳，同樣是色澤舒適的地毯和沙發，同樣的酒、茶，同樣的音樂……這裡的一切好像與外邊的血雨腥風無關。但是，在劉曉波眼中，一切都有種異樣的感覺，站也好，坐也罷，總感到心中空空。

唯一可以鎮靜下來的方法就是洗澡。淋浴的蓮蓬頭，向赤裸的身體上噴灑著密集的水珠，劉曉波毫無感覺地揉搓著皮膚，彷彿不是在洗去幾天來積滿身上的污垢，而是在清除滲入心底的恐懼。手下的肌體似乎是個遠離精神而去的無生命體，它感覺不到水滴，感覺不到溫度，感覺不到有一雙手輕輕地揉搓。儘管浴室裡很熱，但他仍然不住地顫抖。他懷疑自己是否真的離開了那層層把守的士兵，離開了那些毫無表情的目光，離開了閃亮的槍口。後來，他在一首詩中描述當時的感覺：「死者們上路時／我不曾相送／外交公寓裡寬大的浴缸／浸泡著受驚嚇的肉體／水的溫柔能剝去皮膚／卻洗不去靈魂的污垢。」

突然，門鎖響起來，劉曉波和侯德健不約而同地向門口望去。門開了，進來的是這個家的主人周思和琳達。四人相見，既驚且喜，緊緊擁抱。琳達哭了，淚水表達了她的擔心、焦慮和意外的欣喜。

房間裡的人一多，緊張的氣氛自然就有所緩解。儘管心還在劇烈地跳，劉曉波在講述撤離的經過時盡力保持平靜，偶爾還耍玩點小幽默。侯德健更是一副超然於生死之外的神情，他講到躺在擔架上的感覺時說：「我已經死過一次了，葬禮都舉行完了。」

吃過豐盛的晚餐，大家一起商量以後怎麼辦。琳達建議劉曉波進澳洲使館，劉曉波不同意；侯德健要劉曉波馬上去廣州，他在廣州有一套房子，可以供其使用，劉曉波也不同意。他說：「在我沒有見到高新和周舵之前，我絕不離開北京。」反過來，他力勸侯德健離開北京去香港。侯德健開始不同意，但到最後，還是劉曉波的話起了作用：「德健，我們四個人必須出去一個人，把六月四日的真相告訴全世界。這是我們的責任。而你出去的條件最充分。如果你也留在北京，也許人們一輩子也不會知道清場的事實。」侯德健終於同意了。

那天晚上，劉曉波睡不著。白傑明從澳洲打來長途電話，敘述了在電視中見到的大屠殺的血腥場面。劉曉波隱約感到不安，有一種道義上的犯罪感，總覺得死於戒嚴部隊槍口下的人與他發起的絕食有關。「如果我不發起絕食，就不會有新的運動高潮；如果沒有新的高潮，政府也許會等待著學運的自我瓦解，不會進行強硬的清場；如果沒有強硬的清場，北京市民就不會與軍隊發生正面的暴力衝突，也就不會有現在的暴力屠殺。」後來，當他從秦城監獄出來後，多次向朋友和熟人談到過這種想法。儘管人們眾口一詞地說，清場的命令早已下達，與「四君子」絕食無關，但劉曉波仍然放不下這心靈的重負。每每想起，都感到自己不自覺地和共產黨一起策劃了「六四」大屠殺。痛切的反省從那天晚上就開始了。

晚上，窗外不時地傳來槍聲，有時密集，有時零星，有時近在幾十公尺之內，有時好像從北京城的某個角落裡響起。幾個人的大部分時間都是在窗前度過的。一陣槍聲響後，他們總要拉開窗簾的一角，小心翼翼地向外張望。

不久，高新來到公寓。出於道義上的激憤，侯德健提出由「四君子」聯名寫一份面向世界的緊急呼籲，呼籲全世界主持正義的政府和公民在物質上、道義上譴責中國政府的法西斯暴行。侯德健說：「這個呼籲錄成錄音帶，如果我能出去，就帶到海外。如果我走不成，就交給琳達或其他人帶出去。」劉曉波和高新開始有些猶豫。劉曉波認為，周舵不在場，不知他會怎麼想。侯德健說：「沒問題。我們四人在廣場組織撤離時的一致是超人的，現在仍然如此。更重要的是，人權是國際性的，受到聯合國的保護，我們的呼籲完全合法。」在侯德健的說服下，劉曉波和高新同意了。

呼籲書由劉曉波執筆。草稿出來後，大家都覺得不夠簡練，太長。侯德健進行了刪改，加上了作家、翻譯家楊憲益在接受英國廣播公司採訪時說的「在中國現代史上，如此大規模地血染北京城還是第一次」那段話，最後由劉曉波定稿。〈呼籲書〉的大致內容如下：

由胡耀邦逝世所引發出的、以大學生為主體的全民民主運動，是完全符合憲法的。此次運動一直遵循著理性、和平、非暴力的原則。但是，李鵬政府居然動用坦克、裝甲車、軍用卡車、飛機和全副武裝的軍隊來鎮壓手無寸鐵的學生和市民，完全是法西斯行為，是八〇年代世界歷史上罕見的暴行。

現在，大屠殺已經血染整個北京城，學生和市民仍然堅守著和平的非暴力的原則，它顯示了中國人民的民主意識的大覺醒。這種覺醒絕不是靠血腥的暴力所能鎮壓的。

在中國現代史上，如此大規模地血染北京城還是第一次。北洋軍閥沒有幹過，國民黨政府沒有幹過，就連日本法西斯也沒有幹過，今天卻由共產黨幹了，這樣的政府，天理難容。

為此，我們向全世界一切維護人權和民主的政府呼籲，向全球一切主持正義、維護和平、反對暴力的良知呼籲，給中國的法西斯政府以經濟上、政治上、外交上、道義上的制裁，給中國人民的民主事業和「六四」的受難者以一切形式的支持與聲援。

呼籲人：天安門廣場的絕食者　侯德健、高新、劉曉波、周舵

一九八九年六月五日於北京

〈呼籲書〉寫完後，由侯德健和高新分別對著答錄機念一遍。

劉曉波在外交公寓待到六月六日。傍晚七點，高新和王越紅敲門來到公寓，一起討論下一步的去向。晚上九點，周思回來，告訴大家，他次日奉命返回澳洲。劉曉波說：「我們馬上就走。」周思說：「你坐我的車出去，比較安全。」開車之後，周思說：「曉波，你想進使館嗎？」劉曉波回答說：「不想。」車到使館大門口，周思又一次問他：「曉波，你想進去嗎？這是最後的機會。」劉曉波說：「不，謝謝。」然後，拿起自己的東西下了車。

之後，劉曉波借到一輛自行車，準備騎車回家。他想，至少與家人見一面，再等警察上門來逮捕自己。對於這一舉動，白傑明後來評論說：「在大屠殺之後，劉曉波決定留在北京，甚至在城市裡公開騎自行車，這一自殺性決定是上個世紀富有個人主義和英雄主義的中國知識分子悲劇的延續。」

北京早已布滿天羅地網。劉曉波等人暫時躲避的外交公寓，是安全部門重點監控的地方，便衣就蹲守在門口。周思和劉曉波一出門，立即進入他們的視野之中。

兩個小時後，六月六日晚上十一點，劉曉波被捕。他的被捕就像是被攔路搶劫：就在他騎自行車回家的路上，突然一輛麵包車從側面衝過來，把他的自行車撞倒在路邊。車門一拉，下來幾個大漢，擰住他的胳膊，把他的嘴塞上，把他的眼睛矇上，然後弄到車上。

在這個世界上，沒有一個從未感受過恐懼的人。小說家古龍說：「恐懼正是人性中最根本的弱點，與生俱來的弱點，除非那人已死了，或已完全麻木，否則他永遠免不了要害怕的。」劉曉波後來描述說，在他被半路搶劫般地逮捕的那一剎那，心理湧上的那種恐懼是沒法控制的。「如果是在家裡抓我，我會從容一點。因為太突然了，大概有十五分鐘，我都在發抖。第一個想法是我被抓了，接下去就是：『他們到底要把我拉到哪裡去？會不會拉到一個沒人的地方，把我就地處決？』十五分鐘以後我基本就平靜了，他們也把我嘴裡塞的東西拿出來了，但是我的眼睛還是被矇著，我還找他們要了一支煙抽。」

那十五分鐘的顫抖之後，劉曉波反倒想開了。即便面對死刑又如何呢？那麼多的學生和市民已經悲慘地死去了。但是，最讓他放心不下的還是體弱多病的妻子陶力，以及年僅六歲的兒子劉陶。

六月二十四日，《北京日報》發表署名王昭的長篇文章，題目是〈抓住劉曉波的黑手〉。文章給曉波扣上大量罪名，還特地提到六月二日的那次採訪，說劉曉波講過「必須在人民之中組織武裝部隊」。文章寫道：「如果善良的好心人對他們要組織反革命暴亂還有懷疑的話，那就請聽一聽這段『對談』吧。」

實際上，劉曉波始終堅持和平、理性、非暴力的立場。在六月二日那場對談中，他講的是在人民之中「組織力量」，翻成英文時有人將「力量」譯成forces，別人在翻回中文時把它誤譯成「武裝力量」。這一由翻譯錯誤造成的莫須有罪名，足以讓劉曉波遭受最嚴重的刑罰。八月八日的《華爾街日報》刊載了一篇題為〈中共古拉格裡的失蹤者〉的文章，介紹了六名在押知識分子，唯獨在劉曉波的介紹裡有這麼一句話：「他可能面臨死刑判決」。

胡平等海外朋友對劉曉波的處境非常擔憂。他們在《中國之春》封面放上劉曉波的頭像，緊急呼籲各界關注其命運。香港《當代》雜誌在當年的八月號上發表〈營救劉曉波〉的報導，挪威奧斯陸的中國學者們發起成立了關注劉曉波的組織。紐約哥倫比亞大學的教授們，紛紛致函劉曉波任教的北京師範大學，表達對劉曉波案的關注。在澳洲，侯德健的朋友琳達發起四十一位知識分子簽署的請願信，為劉曉波請命，簽名者中包括四位諾貝爾獎得獎人。

與此同時，挪威知識界一批名人向諾貝爾和平獎委員會提出「授予劉曉波諾貝爾和平獎的建議」。這是劉曉波第一次獲得諾貝爾和平獎的提名——而他實至名歸地獲獎則要等到二十一年以後。

第四章
從零開始

真正使人震驚的到底是什麼？是對他們的屠殺嗎？不是：是對他們死亡的漠然無知。

——凱爾泰斯・伊姆雷（Kertész Imre）

一、階下囚與悔罪書

劉曉波被捕後不久，被移送到秦城監獄。

位於北京市昌平區興壽鎮秦城村的秦城監獄，是中國最著名的監獄。一九六〇年秦城監獄落成時，由四幢三層青磚小樓組成，其編號分別為二〇一、二〇二、二〇三、二〇四。四幢小樓為四個監區，小樓為磚結構、坡頂，小樓內部結構各不相同。每間監室都有單獨的衛生間，帶腳踏式沖水的抽水馬桶。後來，又加蓋了兩棟四層紅磚小樓，編號為二〇五和二〇六。

據若干曾經被關押在秦城監獄的囚犯回憶，一般牢房內有一扇窗戶，約有一平方公尺大小。窗台向上傾斜，窗戶向上向外開啟，玻璃上塗有白色塗料。窗戶共有三層：紗窗、鐵柵和玻璃窗。囚犯只能看到一小塊天空，在陰天，那天空就如同一塊有長方形井口的深井。

囚室的常置設施是一張距地面一尺左右的矮床。需要寫「交待材料」時，才會由管理人員送進一張小學生式的單人課桌。也許是出於安全考慮，永遠沒有凳子，即便寫材料也只能坐在床鋪上。室內所有永久性的設施都被去掉稜角，打磨成圓形。

犯人入內後，首先被帶到一間小平房中，在那裡留下包括鞋帶在內所有被認為不適宜帶入囚室的物品，並換上黑色囚服，領取監獄統一發放的毛巾、牙具、臉盆、手紙、飯碗和勺子之類。除盛開水的搪瓷杯外，一應用品盡可能都用塑膠製品。

劉曉波回憶入獄時的場景說：「他們拿走我的皮帶、鞋帶、棉毛褲帶，最後連貼身短褲的帶子也要抽走。兩個監管員用剪刀剪開我的短褲，一節節抽走短褲帶。」他感到平生所遭受的最大侮辱，突然發作，破口大罵，使用最高的嗓門和最惡毒、最下流的字眼叫罵，用歇斯底里式的聲嘶力竭來形容一點兒也不過分。「我的每根神經都繃得緊緊的，全身亂扭，雙手拼命地拽住短褲，彷彿我正面臨著死亡，企圖著最後的無望掙扎。整個過程只有一、二分鐘，我卻感到耗盡了全身的力氣。」監獄管理人員再三表示，不會傷害他的身體，他才逐漸安靜下來。

秦城的犯人按「級別」不同，享有「單獨囚禁」與「集體囚禁」兩種不同待遇。不同級別的囚徒，伙食費標準相差很大，按九〇年代初的物價水準，高級囚犯每人一百二十元，低級囚犯每人僅三十元。據王丹的回憶錄記載，學生的伙食標準為每月三十元，包括劉曉波在內的「黑手」則為一百二十元。「六四」後被捕入獄的人民大學學生劉賢斌回憶說：「我們的伙食非常糟糕，每天的早餐都是一人一個窩窩頭和一碗玉米粥，同時還能分到幾顆鹹菜，午餐和晚餐都是一人一個窩窩頭和一碗菜湯。」可見，三十元不可能吃飽，一百二十元則差不多相當於當時小康之家的生活水準。

一日三餐（星期天與年節假日只有兩餐）由管理員統一送到各監室門前。開飯時，通過一個離地面約一尺高的送飯窗口遞送。囚犯一週或一個月洗浴一次不等，每次半小時。不論男女，洗浴時不得閂門，有同性管理人員在門外監視。

秦城監獄的政治犯不用勞動。囚徒的日常作息規律是：每天早上七點聽哨音起床，晚上九點聽哨音睡覺。平時不能躺在床上。被褥是薄薄的士兵用褥，低級囚室則用稻草墊鋪。晚上睡覺不能熄燈，手不准放在被子裡面，不准背對監視孔側臥。否則，不論在任何時候都會被叫醒，並受到訓斥。此外，還有不准損壞公物，不准在牆上亂寫亂畫，不准大聲喧嘩，不准唱歌，不准背對監室的門之類的規定。總之，犯人一天二十四小時都必須處在看守的監視之下，如果囚徒突然躲到牆角，從看守的視線中消失，看守會立即找來管理員，打開大門進屋查看。

在秦城監獄的前半年，雖然不曾受到身體虐待，但劉曉波非常苦悶。不能看報、不能聽廣播，一個人一個房間，除了提審外，沒有人說話，也不知道將被判處什麼樣的重刑。

出獄後，劉曉波很少公開談及秦城監獄的這段生活。在尊敬的師長、秦城難友包遵信逝世之後，他才在紀念包遵信的文章中稍稍提及秦城歲月。

當時，被抓的「黑手」都被關進二〇三監區，每個人都是單人牢房，彼此之間很難見面。但仍然想辦法聯繫，哪怕冒著被加重懲處的風險。放風是他們最好的聯繫機會。秦城的放風是在特定的放風場內，每個U字形監區的中間都有兩排露天放風間，四面是用灰磚砌成的圍牆，是沒有房頂的牢房。每個放風間有十平方公尺左右，兩排放風間中間有可以看到兩邊的通道，看守的武警在通道上來回巡視，居高臨下，監視囚犯。但看守總有疏忽的時候，相鄰的兩個放風間內的人可以選好時機互通信息。

劉曉波的獄友陳小平回憶說：「曾有一段時間，我們每天傍晚時分一起學著監獄房間的高音喇叭高喊『冰棍』，以此消遣打發單獨囚禁的難熬痛苦日子，我們還一起鑿穿放風區牆壁，塞進一個又一個交流訊息的小紙條。」劉曉波不是一個遵守監獄規定的囚徒，經常傳紙條、利用下水道通話、大喊大叫、搞惡作劇等。他曾與政法大學年輕教師劉蘇里為鄰，用互相丟紙團的方法交換資訊和想法。在關押「黑手」們的監區，可以申請到紙和筆，是讓寫材料或家信用的。劉曉波和劉蘇里就在牢房裡寫好紙條，放風時，把字條團成紙團，乘看守不注意時拋向另一放風間。但還是有一天被看守發現了，兩人分別受審且從此被分開放風。

劉蘇里之後，劉曉波的鄰居變成了陳小平。劉曉波裝作練習英語，大聲說英語，陳小平心領神會，也高聲說英語，就這樣互通訊息，最後的結果也是被分開。

然後，鄰居又變成了楊冠三。為了讓楊冠三知道自己是誰，劉曉波用樹枝在一塊水泥板寫下「劉曉波」，乘武警不注意時扔過去。楊冠三如法炮製，將自己的名字刻在水泥板上回敬給劉曉波。出獄後，兩人第一次見面，楊大聲對劉說：「曉波你真行！我正跑步，一大塊水泥從天而降，擦著我的頭皮落地，摔成兩半，我蹲下，把兩半湊在一起，看來半天，才看出你的名字。多玄呀，共產黨沒要了我的命，你差點要了我的命。」

在放風時，劉曉波隔著高牆從小孔中看見過包遵信。用灰磚砌成的放風間，在露天下常年風吹雨淋，灰色磚牆接縫處的水泥變得疏鬆。劉曉波找到一處水泥已經很稀鬆的接縫，每天放風時，就用比較結實的樹棍連鑽帶摳，一點點地向牆的另一面挺進。經過幾天的努力，他居然成功了，在灰牆接縫處捅出了一個小孔。他趴在小孔上看對面的放風間，看見了包遵信的上半身。包遵信背對著牆，站在那裡活動腿腳。回到牢房，劉曉波給包遵信寫了個小紙條，描述自己的情況和詢問對方的情況，也想知道包對局勢的看法。第二天放風，他先敲牆，然後把小紙條纏在樹棍上，從小孔中送過去。包遵信還真看見了，將纏著小紙條的樹棍抽走。劉曉波很高興，盼望第二天放風時得到回音。但連等了幾天，那邊毫無動靜，他感到非常失望。出獄後，他還詢問包為何沒有回信，但包已經記不得這個細節了。

一九九〇年春節前夕，劉曉波入獄半年來第一次見到親人——妻子陶力和岳父、岳母。他們談到因他的行為而給家人帶來的麻煩和痛苦，談到他兒子、年僅六歲的劉陶的前途，也為他的未來憂心忡忡。岳父陶德臻是一個性情平和的好好先生，從來沒有遭遇過如此巨大的變故，顯得愁腸百轉。而陶力那有氣無力的病態和痛苦的淚水，更是讓劉曉波心如刀絞。儘管劉曉波並不認為自己做錯了，但此刻顯然不是一個辯論的場合，他只好更多地保持沉默。往日滔滔不絕的他，彷彿成了啞巴。

一九九〇年十月上旬，劉曉波被帶到市內的半步橋看守所與父親見面。他已經一年半沒有見到父親了。那天，父親劉伶穿著一本正經的軍服，提著兩個大包，臉上的表情極為複雜：期望、陌生、恐懼、悲痛，而這一切又都被一種悲痛欲絕的焦慮所籠罩。父親為他帶來了食品和衣物，這些都是母親一一清點和準備的。

見面時，父親只是簡單說了一下家中情況，便勸告他說：「只要你該承認的承認，該認罪的認罪，黨和政府是會正確處理你的問題的。你要相信黨和政府的實事求是的作風。」談到最後，父親提到了母親，語調變得溫和，聲音變得低緩：「這次我到北京，你媽媽哭鬧著一定要跟來，我不知費了多少口舌才把她勸住。……你要是蹲個十年、八年，我看你媽媽肯定活不到你出來那天。」說到這裡，父親老淚縱橫。這是劉曉波三十五歲以來第一次看到父親哭，「平生以來，我第一次意識到真正的父愛是什麼，第一次感到父子之情的可貴。」父親的眼淚讓劉曉波的心腸軟下來，在是否寫悔過書的問題上有了鬆動。

✣

「六四」之後，中共當局對知識分子和學生領袖的處理相對寬鬆，而對那些所謂參與「打砸搶」的「暴徒」，即普通市民則重判，至少有數十人被處決，還有一些人被判處無期徒刑和長達二十年的有期徒刑。

在當局透露了劉曉波被關押的消息後，中國的報紙對他的報導比任何其他在押者都多。他還享有一項個人榮譽：中國青年出版社在九月份出版了一本批判他的書——《劉曉波其人其事》。書後的附錄部分完整地收入他的幾篇文章和訪談。一九八七年，當方勵之、劉賓雁和王若水受到批判時，他們的演講、評論和文章受到刪節和編輯後，僅以內部資料的形式供黨內幹部傳閱。而這一次，劉曉波語出驚人的言論，尤其是摧枯拉朽式的政論，例如關於胡耀邦逝世的三篇長文、〈我們的建議〉、〈「六二」絕食宣言〉以及對一黨制和馬克思主義的有力且有理的批判，卻在「批判」的幌子下大張旗鼓地面向所有讀者出版發行，讓人不得不懷疑編輯是「別有用心」。

當「四君子」之一的周舵被釋放時，秦城監獄的管教將登出這個消息的報紙拿給劉曉波看，對他說：「你也有希望了。」劉曉波記得，當時有一個管教，對他們很同情，對他說：「中國的這種事情往往是雷聲大、雨點小。」不久，他得知，周舵、侯德建、高新三人都獲釋了。

要獲得輕判，官方開出的條件是寫悔過書。以簽署悔罪書換取自由，是信奉「自由至上」的劉曉波經過幾次思想波動後的選擇。他堅持過、掙扎過，多少次威逼和誘惑都挺過來了，到最後，還是妥協了。「一九九〇年十一月我寫了〈悔罪書〉。奇怪的是，在決定寫悔罪書之前，內心的掙扎非常激烈，沒有什麼比自由更寶貴。違心又怎麼樣，在中國不是人人都在虛偽中生存嗎？」

當局還是擔心劉曉波在法庭上反悔。上法庭前一天，審判長特地到秦城監獄對他說：

「你以前寫的悔罪書可不能在法庭反悔，要是真反悔咱們都沒法收場。」

一九九一年一月二十六日下午，法庭開庭審理劉曉波一案。當劉曉波聽到「免於刑事處分」時，沒有絲毫的心理準備。此前，他估計可能被輕判為兩年到五年左右，沒有想到會被當場釋放。「六四」後，侯德健在家中栽種桃樹和杏樹，所謂「三年吃桃、四年吃杏」，估計劉曉波大概要蹲三、四年牢才能出來吃到這桃和杏。此刻，極度的驚詫和極度的狂喜，讓劉曉波無法自持，真想仰天長嘯。但他並沒有哭，後來《北京週報》和《文匯報》所描繪的劉曉波在法庭上「淚流滿面」純屬造謠。

劉曉波是個不會掩飾情緒的人，一出審判庭大門，便旁若無人地跳起來，用手在空中打了個響指，大叫道：「老子又贏了！」押解他的兩名法警立刻握緊他的雙臂，貼在耳邊小聲說：「劉先生，這不是高喊的地方，等到了屋裡再發洩，有的是時間。」

回到屋裡，兩名法警滿面笑容而又客氣地請劉曉波坐下，並主動遞給他一支煙。不一會兒，審判長譚京生和北師大中文系的劉慶福、王憲達、黃智顯來了。譚京生拿出一系列文件來：〈北京市中級人民法院刑事判決書〉、〈北京市中級人民法院取保候審決定書〉、〈具保書〉、〈釋放證明書〉，北師大中文系主任劉慶福在〈具保書〉上簽了字。劉曉波也在所有需要簽字的文件上簽名和按手印。他提出回北師大見妻子和孩子，但譚京生說，考慮到他的特殊情況，不宜在北京逗留，還是先回大連父母家住一陣為好。

晚上，劉曉波與法院的人一起吃餃子。法院的人感歎說：「幹了這麼多年審判工作，還是第一次與被告在同一張桌子上吃飯。」當晚十點，法院的車將他們送到火車站軟臥車廂門口。王憲達、黃智顯兩位原北師大同事負責送他去大連，三人進了一個軟臥包廂。十一時三十七分，開往大連的二二九次列車啟動。窗外是茫茫夜色。此時，他心情複雜，百感交集。

回到大連陸軍學院父母家中以後，四個兄弟分別從長春、廣東回到大連，一家人一起過春節。劫後餘生，大家喜氣洋洋。唯有劉曉波心事重重，拒絕了周舵、高新要去看望他的要求，每天只跟家人聊天。由於他不見外人，外界傳說他在獄中受到虐待，被打成了植物人。

出獄前後這段時間，劉曉波的言行有三點後來備受爭議。

首先是寫悔過書。一九九一年一月二十六日，劉曉波被釋放當天，新華社發表題為〈一批參與動亂暴亂的案犯被分別處理，王丹等五人被判處有期徒刑；劉曉波等三人被免於刑事處分〉的電訊稿：「北京市中級人民法院今天下午開庭，公開宣告了對王丹等八名案犯的判決。其中劉曉波雖然犯罪情節嚴重，但能認罪悔罪，並有重大立功表現，被免於刑事處分。」所謂「認罪悔罪」，是指劉曉波寫了悔罪書；所謂「有重大立功表現」，是指「四君子」勸說學生和市民撤離廣場、避免了更大規模的流血。對於前者，劉曉波說，如果歷史給他第二次機會選擇，他絕不會寫這份悔罪書。「我的悔罪不是違心，而是真誠地說謊，為自我保存而向謊言、向騙局和暴力低頭。……我同意寫悔罪書還是我內心的軟弱造成的，最本質的東西還是我自己最後沒有堅持住。」

白紙黑字的悔罪書已成為歷史的一部分，由此劉曉波開始了漫長的反省與洗刷的歷程。他在任何場合都不諱言此一污點，他對自己發出追問：「在秦城監獄，我寫了悔罪書，在出賣了個人尊嚴的同時，也出賣了『六四』亡靈的血。出獄後，我還有個不大不小的臭名，得到過多方的關懷。而那些普通的死難者呢？那些已經失去生活能力的傷殘者？那些至今仍在牢獄之中的無名者呢？他們得到過什麼？」他痛定思痛，決心用一生來洗刷這種恥辱：「我渴望用反抗和坐牢來贖罪，來成就我個人的信念、理想和人格。」

第二個引起很大爭議的言行是，劉曉波出獄後接受官方安排的長達四十多分鐘的採訪，描述他親眼目睹的天安門清場的過程，其中有「天安門廣場沒有死人」這句話。正是這句話讓他招致延續至今的罵名。

對官方刻意安排的採訪，劉曉波曾經兩次拒絕。他當然知道，採訪的目的主要不是澄清事實，而是官方為開槍殺人的暴行作開脫。讓劉曉波講述廣場上沒有看到死人的事實，是官方達到其政治目的的手段和工具。對於這一點，他早就有認識：「我如果接受採訪，就等於甘願充當官方的工具，其社會影響肯定極壞。」

但是，不久後，提審人員拿出《人民日報》登載的侯德健關於清場過程的訪問錄，勸劉曉波說：「既然你沒有看到死人，為什麼不敢澄清事實，講真話呢？」

由此，劉曉波找到了接受採訪的三個理由：第一，在他的視野所及，廣場上沒有殺人的場景，講事實是對歷史負責，是對自己負責。他對吾爾開希等謊稱天安門廣場血流成河極為反感。第二，侯德健說出事實並因此承受指責，作為另一名現場目擊者，他說出事實，可以跟侯德健共同承擔不公正的指責和消極的社會影響。第三，雖然廣場清場過程中沒有死人，但北京其他地方有大量人員傷亡，開槍殺人是鐵案。而且，廣場沒有殺人，並非當局的仁慈，而是學生的自動撤離。

一九九一年，劉曉波出獄後撰寫《末日倖存者的獨白》，仍然認為接受採訪並非錯誤。他說：「直到今天，我對自己出現在官方電視螢幕上講述清場事實的抉擇非常坦然和滿意。」但是，隨著時間的推移，他逐漸意識到此一事件的負面影響。一九九三年，他到美國訪問，曾向好友陳軍表示，此事是一個很大的污點，「將來只能用更多的坐牢來洗刷自己」。

雖然劉曉波沒有說謊，但說話的時間、場合和對象都錯了。對此，蘇曉康有一番「將心比心」的論述：「此人化解廣場殺戮於千鈞一髮之間，當局一定要借他的嘴巴來告訴全世界，北京沒有殺人。我不知道劉曉波是否可以寧死不從，但他真的沒有看見廣場殺人，『血流成河』在西長安街上，他該怎麼說？他借了他的嘴巴給屠殺者，由此受難者不饒恕他，由此他懺悔不已。然而，歷史暫時做不出裁判的這樁公案，徹底翻轉了劉曉波。他的狂妄從此一路折損下去，謙和於是乘虛而入。」

劉曉波讓人非議的第三點是，出獄後不久在台灣出版「六四」回憶錄《末日倖存者的獨白》，其中有大量的自我剖析，也用不少筆墨揭露學運和民運中若干不光彩的部分。

自我反省是一種可貴的品質。作家查建英指出：「劉曉波可能是天安門學運領袖中，唯一出書揭露這場運動——包括他自己在內的——道德失敗的人。劉曉波詳細解剖了困擾學生激進分子及其知識分子同志們的虛榮心、自我膨脹和宗派主義。他對自己也進行了嚴厲的審視，分析自己的複雜動機：道德激情，機會主義，對榮耀和影響力的渴望。」

不過，《末日倖存者的獨白》是一本存在相當缺陷的書。在官方壓制「六四」記憶時，過多渲染學生、知識分子和市民的失誤，有本末倒置之嫌。就主角自身而言，在冷靜而真切的懺悔文字之間，時有八〇年代的激情浪漫和青春自戀沉渣泛起。由此，劉曉波開始了對「反省」的「再反省」。

陳軍認為，當劉曉波在自我懺悔時，不是在政治層面上討論「八九」學運，而是從倫理學和美學的角度對人性作探討，這有點像盧梭的《懺悔錄》——「這點符合他性格中自戀的部分，喜歡文學和哲學的人都容易自戀，覺得自己能見人所未見。但曉波這部分確實是走過頭了，他把自我批評變成了某種自我欣賞，並將自我欣賞變成某種狂熱，這種狂熱導致書裡的不公平和極端，故後來被別人一致詬病。」

一九九三年，劉曉波與陳軍再度在美國會面，陳軍在私下談話中很認真指出：「如果你持續抱著這種觀點，我們的朋友關係就沒辦法維持下去。你在考慮問題時太不嚴肅、太隨意，太有自己的虛榮心，儘管你的虛榮心是以淋漓盡致自我剖析作為代價，但確是一種過度自戀。」據陳軍對劉曉波後來一系列言行的觀察，他認為劉曉波認認真真地將這番話聽進去了。

就在那個夜晚，「一個昏庸的老人／正在把古老的京城／變成又一處奧斯威辛（Auschwitz）。」此後僅僅兩、三天時間，北京城裡的血污就被清洗得乾乾淨淨，好像什麼都沒有發生過；民眾心中的良知和正義感，在政治高壓和經濟誘惑中迅速被消磨殆盡。作家廖亦武為「六四」寫了一首長詩《大屠殺》，結尾是一句殘酷的自我拷問：「誰是倖存者，倖存者都是狗崽子！」劉曉波更加決絕地說，我們連狗崽子都不如！

二、婚姻破裂

一九九〇年八月，劉曉波與陶力離婚，離婚協議送到監獄中之時。他故作輕鬆地簽上名字，心中卻痛苦萬分。八年的婚姻就此終結，往昔甜美的生活頓成追憶。

一九九一年一月二十六日，被當庭釋放後，劉曉波在當局的安排下，直接從監獄到火車站，乘坐火車到大連父母家中。離開北京前，他未能與前妻陶力及兒子劉陶見面。他寫信請求陶力帶孩子到大連來一起過春節，卻如石沉大海。他知道，陶力已經徹底對他絕望，破鏡再也不可能重圓。

在大連休養兩個月後，劉曉波回到北京。北師大那間簡陋卻溫馨的筒子樓，不再是他的家。無家可歸的劉曉波，暫時住在侯德健留在北京的那套住房裡。

八〇年代，劉曉波在外邊是「春風得意馬蹄急，一日看盡長安花」的才子，在家中卻不是好丈夫和好父親。東北男人大都有大男子主義傾向，放蕩不羈的劉曉波更是如此。八〇年代，他的反叛資源來自西方的後現代主義，來自從尼采到美國「垮掉的一代」（Beat Generation）的思想與行動。「性解放」成了尋求自由的途徑。雖是已婚男人，他熱衷於在外邊找美女，並不認為應當對妻子保持感情和身體的忠貞。

陶力是一個才女，深受父母的薰陶，在東方文學和兒童文學研究方面頗有成就。陶力的妹妹陶寧在一篇文章中寫道，陶力認真做了一段母親的本行——兒童文學研究——之後，又轉向父親的本行——東方文學研究，並出版相關專著，「成了父親親手帶大的『高材生』，父親最引以為傲的『成功之作』」。

陶力與劉曉波結婚之後，成為賢妻良母，默默付出時間和精力相夫教子，在事業上作出很大的犧牲。作家徐星八〇年代中期與劉曉波交往頻繁，劉曉波和陶力曾騎著自行車穿越大半個北京到徐星居住的大雜院與之會面。後來，徐星與劉曉波發生嚴重衝突，但他對陶力仍然讚美不已：「見面接觸多了一點兒，搓飯，喝酒免不了的事，加上另外幾個朋友，妻子們各顯手藝，幾家爭鳴，那時劉曉波和他的妻子住在北師大的一個筒子樓裡的一個單間房子，七、八個人來吃飯，陶力的身體很糟，忙忙叨叨地做飯，真是難為了她……。」

陶力是一個好妻子，不僅操持家務，也常常與劉曉波探討文學和思想話題。劉曉波在文章中承認，他的好些文章的思路受到妻子的啟發。對於天安門學生運動，陶力當然支持學生，但對丈夫的深入介入頗為擔憂。當陶力得知劉曉波決定到廣場上絕食之後，哭泣著勸誡他不要如此衝動。劉曉波根本不聽：「這事兒我幹定了。我就是這麼一個人，我決定要做的事，誰勸也沒用。哪怕最後就是我一個人去，我這事兒也幹定了。」周舵答應參與絕食，第二天來到劉曉波家中，陶力當著他們的面說：「聽說你同意去了，我這心放下一半。也就你的話劉曉波還能聽得進去。」

那時，真有些壯士一去兮不復返的味道。六月三日一整天，來絕食棚看望「四君子」的親人和朋友絡繹不絕，絕食棚幾乎成了接待站。陶力支撐著虛弱的病體來看丈夫，她一見丈夫就哭，什麼也不說，一個多小時，她是在淚水中度過的。劉曉波回憶說：「我也手足無措，不知道用什麼能夠安慰她，她臨走前，緊緊地抱住我，彷彿要讓我跟他回家。」

然而，即便在這樣的時刻，劉曉波對妻子也並不忠誠。陶力剛走不久，劉曉波的一個女朋友就來了，一直陪他到深夜十一點左右，在反覆勸說之下才離開。在「革命」的間歇裡，他仍然忙裡偷閒與其他女性談情說愛。

在「四君子」當中，只有侯德健沒有親人來看他。那時，侯德健與程琳快要分手了。正當劉曉波和女朋友在一起互敘情話時，侯德健突然說：「曉波，你這個混小子，你是拉我絕食還是想故意刺激我，我真想一腳把你踢到床下去。」侯德健的話讓劉曉波清醒過來，感到自己是在犯罪。

儘管如此，陶力對丈夫一往情深。在軍隊開槍鎮壓之後，劉曉波和侯德健避入外交公寓，並通過學生將消息傳遞給家人，陶力這才放下心來。高新趕到外交公寓，告訴劉曉波家中的一些情況：「中午到了北師大，去陶力家，安慰了她一陣，吃過午飯，就回家了。陶力讓你在外面躲一躲，能出國就出國，不要考慮她和孩子，這是陶力託我帶給你的三千元錢。」那時的三千元，是他們家大部分的積蓄。高新又說：「昨天晚上槍聲一響，陶力就到北師大東門前等你，從半夜十一點半一直等到天亮，等到從廣場撤下來的學生全部返校。她沒有找到你，以為你非死即傷，她哭得眼病又犯了。」

經過「六四」血與火的洗禮之後，劉曉波才幡然覺悟過去多麼對不起妻子：「不管八九抗議運動的結果多麼慘烈，不管我因此受了多少磨難，統統與陶力無關，一切都是我咎由自取。」妻子得到的是什麼呢？除了痛苦、驚嚇、焦慮、揪心，除了疾病的折磨、撫養孩子的艱辛、臥床兩年和病魔搏鬥之外，一無所得。

劉曉波承認，在面對歡呼的人群時，他從未想到妻子和孩子；面對成群記者、閃光燈，自我感覺良好地討論時事時，從未想到過妻子的痛苦；當他在廣場上和其他女人調情時，更沒有想到過妻子那受過多次傷害的心靈還在滴血。他更承認，自己的不忠給妻子造成了巨大的傷害：「我是個不稱職的、不負責任的丈夫。儘管我在家中還算能幹，沒把家務都留給妻子。但是她對我的第一要求是我對她的忠誠。無論我多麼努力地去做其他的事，但是，只要我還過放蕩的生活，那麼我對於她來說便只有痛苦。我確實是個魔鬼。」這是一個男人披肝瀝血的反省。劉曉波不僅在公共問題上殘酷地否定自己，也在家庭問題上袒露種種的虧欠。

可惜，這樣的追悔來得太晚了。陶力與劉曉波離婚，表面上是劉曉波因「六四」入獄，前途未卜；而內裡的原因則是她對這個放蕩不羈的浪子失去信心。當有人指責陶力不能與劉曉波「共患難」時，劉曉波把責任歸咎於自己身上：「陶力，我的前妻，我兒子劉陶的母親，無論是在我們沒有離婚時，還是在我們離婚時，我都對不起她。除了我放蕩的生活給予她心靈上、身體上的痛苦和絕望之外，我參與八九抗議運動的風風雨雨，也始終令她懸著心；在驚嚇中度過了我回國後的日日夜夜。」

這次婚姻的破裂，讓劉曉波對自己在家庭中的角色有了深刻反思。劉曉波的密友周忠陵認為，劉曉波後來對劉霞體貼入微，一部分是對以前行為有贖罪感。他不光對劉霞，對身邊的所有女性都很好，這是一種對女性的贖罪心態。這是劉曉波後來非常可愛的地方，「他的一半的心也變成女人心，非常細緻，跟以前的那種自以為是、大大咧咧有了天壤之別」。

中年以後，劉曉波常常對身邊的朋友說的一句話是：「一個不愛自己的妻子和孩子的人，不管在公共場合表現得多麼光鮮，仍然是不值得交往的人。」很多中國公共知識分子缺乏家庭責任感，並自我辯解說，從事道德批判並不需要批判者具備一定的道德操守。換言之，批判者私生活的不檢點，並不能抹殺其思想的光輝。他們舉出盧梭、左拉、羅素等私德敗壞的大師來為自己開脫。這也是劉曉波八〇年代的觀點，那時他認為「風流」並不是「下流」。後來，他認識到，這樣的觀點極度自私。

九〇年代中期，陶力赴美開始新的生活。從此，她在公共視野中消失。劉曉波榮獲諾貝爾和平獎之後，沒有任何一家媒體採訪到陶力。不知陶力聽到前夫獲獎的消息，該是何種感受？儘管昔日的那段婚姻充滿傷痛與缺憾，但共同擁有的歲月仍彌足珍貴。如今的劉曉波已不再是昔日的劉曉波，如今的陶力也不再是昔日的陶力，陶力是否原諒了「黑馬」當年的放蕩、負心與自戀，在遙遠的地方給予他默默的祝福？

三、與六四亡靈對話

莎士比亞的名劇《哈姆雷特》（*Hamlet*）中，丹麥王子哈姆雷特有一句天問：「活著，還是死去，這是一個問題。」對於「六四」以後的中國民主人士來說，留下，還是流亡，也是一個問題。

一九九一年，劉曉波應老朋友、澳洲漢學家白傑明之邀，到澳洲當訪問學者。在此期間，美國哈佛大學和柏克萊大學邀請他去作演講，他遂二度赴美。這一次出國，是中共當局有意放行：這樣一個搗亂分子，若留在國外，至少可以「眼不見，心不煩」。

訪美期間，劉曉波到紐約小住，與老朋友胡平等人會面，還接受了《中國之春》執行編輯亞衣的採訪（該訪談收入亞衣《流亡者訪談錄》一書。不過，劉曉波並非流亡者）。

在亞衣的採訪中，亞衣問劉曉波，是否對一九八九年終止在美國的訪學計畫回到國內而後悔。劉曉波斬釘截鐵地回答：「我從來就抱有這種觀念，要下地獄就不能抱怨黑暗。何況回大陸還不是下地獄。」他在跟朋友們聊天時，多次談到回國的決定不是一時衝動，而是深思熟慮的結果。當然，他每次都不忘補充一點——在運動的過程中，很多事情可以做得更好。

陳軍開車載著劉曉波和胡平一道去波士頓。哈佛大學教授杜維明邀請其發表講演，紀錄片導演卡瑪也對他作採訪（這段採訪出現在備受爭議的紀錄片《天安門》之中）。

結束美國的訪問，劉曉波返回澳洲，然後從澳洲回國。這一次歸國，不若上次那麼充滿悲情與新聞性，但同樣是一個自由人自主選擇不自由的生活，同樣需要莫大的勇氣和決心。劉曉波說：「我不知道大陸情況會怎麼變，因為這個政權是個完全不按牌理出牌的政權，你不知道它什麼時候又變了。我這次回去以後還能不能讓我再出來，我也不知道。」他清楚地知道，他出國的自由處於「不穩定狀態」，歸國之後完全有可能再也出不來。

果然，當局發現劉曉波即便出國也不會流亡國外，便立即沒收他的護照，此後不允許他踏出國門半步。二〇〇〇年之後，當劉曉波再回戶籍所在地大連申請護照，出入境管理處的警官特意將他請到一間辦公室中，為難地對他說：「劉先生，請原諒，我們不能給你護照，這是北京下的命令，我們也沒有辦法。」這些警察也知道，不給劉曉波護照不符合法律的規定，損害了公民的基本權利，但他們為了保住飯碗，只能聽從上級的命令。與很多在國內的異議人士一樣，劉曉波從此喪失了「出國權」；而流亡在海外的人們，則被剝奪了「歸國權」。整個中國就是一座大監獄——有的人不讓進來，有的人不讓出去。

作為「全盤西化」論者，劉曉波對中國文化並沒有多少眷戀之情，他也沒有一般中國人的「鄉愁」。他在美國的生活，除了有一定的語言障礙外，顯得如魚得水。八〇年代末，如果不發生「八九」民運，他也許會選擇留在美國，那時他的定位是學者、文學批評家和知識分子。做學問和寫文章，可以超越空間的限制，在國內和國外沒有太大差異。而經過石破天驚的「六四」屠殺，他的身分定位有了調整，是人權活動家和政治評論家，留在中國是更好的選擇。

亞衣在採訪中問劉曉波：「您是不是認為，您回國以後起的作用要比在國外更大？」他是這樣回答的：「我沒有說我回國起了什麼作用。我只是出於自己處境的考慮，我在哪裡生活得更舒服，我就回到哪裡去，沒有一個為中國民主的起因。當然，從另一個角度講，回國做任何一件具體的小事，都要比在國外成立那些民運組織有意義。」

劉曉波當然知道回到國內將面臨什麼樣的生活狀態。雖然國內算不上「地獄」，但無時不刻的監視、跟蹤和騷擾，經常發生的約談、傳喚、軟禁和抄家，沒有強大的精神支柱和心理承受力，一般人過不了三、五年就會精神崩潰或放棄堅守。劉曉波第三次出獄後，在給胡平的信中寫道：「國內的人都很忙碌，三年監獄，出來後，最讓我吃驚的是朋友們都有錢了。我越來越不喜歡這裡，但是苦難的記憶又讓我無法離開，這算不算自虐狂？」

「六四」後，這種非人的生活，劉曉波整整堅持了二十多年，並將這種「非常狀態」當作「常態」。在價值取向上，他是心靈完全開放「世界人」，不受「中國人」這一種族身分的制約；但在自我定位上，他是獻身於中國民主化事業的「中國人」。德國作家湯瑪斯．曼（Thomas Mann）說，我在哪裡，德國文化就在哪裡；而對於劉曉波來說，我在這裡，自由就在這裡。

✣

明末思想家顧炎武說過：「士大夫之無恥，可謂國恥。」在「六四」屠殺之後，殉難者的血不僅沒有提升這個民族的精神境界，反而讓曾以「民族良心」自居的知識分子整體性地喪失了道德底線。劉曉波追問說：「為什麼以大學生和知識菁英為主的『八九』運動，當慘案發生時，死的都是普通人，被判重刑的也大都是普通人？為什麼付出最大的生命代價的默默無聞的人們，無權講述歷史，而那些作為倖存者的菁英們卻有權喋喋不休？」他憤而指出：活人必須閉嘴，聽墳墓訴說。

那麼，作為倖存者，如何才能洗淨恥辱呢？劉曉波說：「讓我們感到恥辱和負罪、讓我們痛加反省、讓我們為根絕苦難的重演而奮起抗爭、讓我們學會去平等地關心具體人和普通人的苦難、讓我們學會做一個有尊嚴有高貴人性的人。」他念茲在茲的是：「應該為六四亡靈及受難家屬做點什麼，應該自責和內疚，應該堅守做人的底線，珍惜無數人用生命換來的道義資源。」

與「六四」的亡靈對話，需要詩歌這種「最高的語言」和「天使的語言」。劉霞說過：「我沒把劉曉波僅僅看作一個政治人物。他始終是笨拙而勤奮的詩人。」這個視角是獨特的，一般人只看到劉曉波政論家的一面，劉霞卻說：「劉曉波的詩人和政論家的身分是聯繫在一起的，我覺得劉曉波正是以詩人的激情在推動中國的民主，以詩人的激情一再對獨裁者說：『不！不！不！不！』在私底下，他卻以詩人的溫情，對『六四』至今得不到安息的冤魂們，對我，對他親愛的朋友們一再說：『是、是、是。』」

中國古代的詩人認為，詩歌的最高境界是「哀而不傷，怨而不怒」。但涉及「六四」這個主題的時候，劉曉波無法做到節制和內斂。他突破了「哀而不傷，怨而不怒」的《詩經》傳統，他的情感如同從地底下噴湧而出火山岩漿一樣，幾乎要將讀者的心靈灼傷；他的詩「哀而傷」、「怨而怒」，每一句話都像是從血管裡迸出來的。

每年「六四」紀念日，劉曉波至少寫一篇文章和一首詩歌，有時連續寫幾篇。這個日子比任何日子都重要，這是一道無法癒合的傷疤。他寫道：「在遺忘和恐怖之下／這個日子被埋葬／在記憶和勇氣之中／這個日子永遠活著／是不死的石頭／而石頭，可以吶喊／

是讓墓地長青的野草／而野草，可以飛翔。」二〇〇九年夏天，在朋友的幫助下，劉霞將劉曉波歷年為「六四」寫的詩歌編輯成詩集《念念六四》，並配以自己創作的「洋娃娃系列」的攝影作品和油畫，在香港印刷了少許，作為一份珍貴的禮物，送給那些關心劉曉波的朋友們。

哀悼的言語，使詩人並未死在詩裡。在一首詩中，劉曉波有這樣一種奇詭的想像：既然「百無一用是書生」，那麼就將自己變成一塊木板吧，這塊木板可以安放在簡易的板車上，去搶救那些受傷的孩子，浸透汩汩流淌的鮮血，「一塊被丟棄的木板／無力抗拒鋼鐵的碾壓／但，我要救你／無論是屍體還是奄奄一息。」這塊木板也可以做成一副棺木，容納年輕的軀體，「來吧！堅強如水的年輕人／如果你的親人同意／把我做成簡陋的棺槨／陪你一起入土我的根我的家在大地深處／陪你一直睜著眼睛／在地下等待／直到你瞑目的那一天／長成森林。」

詩歌即便不能療傷，也能記錄疼痛。詩人蔣立波說：「在我眼中，劉曉波首先是個傑出的詩人，他的〈和灰塵一起等我〉、〈承擔〉等詩歌，讓塗脂抹粉的漢語挽回了一絲尊嚴。對他的重判，既是民族的災難，也是個體的恥辱，更是讓漢語再一次蒙羞。那一天之後，漢語留下了一個遼闊又難以癒合的傷口。」

「六四」之後的二十年裡，劉曉波最關切的是以丁子霖為代表的「天安門母親」群體。對於丁子霖挺身而出講述兒子死難的經過，劉曉波充滿崇敬之情地寫道：「當丁子霖教授家裡為年僅十七歲的殉難兒子蔣捷連設立的靈堂，第一次出現在世界各大媒體上時，全世界看到她那張悲憤的臉，聽到她敘述兒子被屠戮的經過，聲音中浸滿止不住的淚。但她不再恐懼，因為她知道，她們知道，屈從恐怖和忍受謊言，是對恐怖和謊言的製造者的縱容。」

卡繆（Albert Camus）說過：「我信仰正義，但是在正義之前，我首先要保衛母親。」這也是劉曉波的誓言。第一次出獄後不久，劉曉波從導師童慶炳那裡得知丁子霖、蔣培坤兩位老師的兒子蔣捷連在「六四」中罹難的噩耗。他於當年六月一日，「既作為學生，又作為身背負罪感的晚輩」，趕到兩位老師的家裡。那天，他看到了蔣捷連「遺像上的十七歲，正在八九運動的行列中，頭纏紅布條，雙手舉紅旗，一張年輕的臉，稜角分明，朝氣勃勃」。他聽蔣老師簡述兒子參加學運、遇難前後的情況後，扭身告退出外，半個小時後，手捧一束鮮花來到蔣捷連靈前，哭倒在地。隔了一天，他又來到兩位老師家裡，在蔣捷連靈前朗誦連夜創作的詩歌〈給十七歲〉。聲音嗚咽，不忍卒讀。

一九九三年，劉曉波在台灣發表〈我們被我們的正義所壓倒〉一文，其中對學運過於苛刻的批評，讓丁子霖一時難以接受，故而讓人帶話給他，讓他不要再上門。雙方的關係似乎破裂了。一九九六年夏天，劉曉波從被關押地釋放之後，再次上門拜訪丁、蔣兩位老師，對自己的觀點作了澄清，一些隔閡逐漸消弭。後來，劉曉波在一封信中說：「我也知道，包括二老也都曾對我有過負面看法，但我真的打心裡敬佩二老所為，真的從未哪怕是有半點對二老的抱怨。因為我知道，我能用心換得二老的理解和信任——只要我真心面對亡靈，與二老交心，我們必定走到一起。」

一九九九年的最後一天，劉曉波第三次出獄後，與新婚不久的妻子劉霞一起去拜訪丁、蔣兩位老師，得到了一份一百五十五名死難者的《尋訪實錄》。他寫道：「從讀第一頁開始，我的眼睛就濕了。我是在淚水中念給劉霞聽的，幾乎每讀一小段都要因哽咽而中斷，我已記不清中斷了多少次，每一次中斷時的沉默都有死一樣的寂靜，都能聽到亡靈們在地下發出的冤哭，那麼微弱、那麼無助、那麼撕心裂肺。」劉曉波和劉霞將這個人們喜慶地迎接新千禧年的夜晚留給了「六四」亡靈們，他們和丁、蔣兩位老師一起為亡靈守夜，他後來曾說：「在小連的遺像前，我不知道如何安慰兩位老師，平時的口若懸河也變得沉默寡言。」

此後一直到劉曉波第四次被捕，這九年中，劉曉波與丁、蔣兩位老師的交往日甚一日，他成為天安門母親群體最誠摯、最忠實的陪伴者和支持者。二〇〇三年底，蔣突發冠心病，入院手術。做手術那天，劉曉波一大清早就去了醫院，推著蔣的活動床從樓上到樓下彎彎曲曲地一直到手術室。然後，他一直在外面陪伴著丁。直到手術做完，他又親自推著蔣往重症監護室。旁邊的醫生和護工都以為劉曉波是他們的兒子，兩位老人都很感動。

多年來，劉曉波幫助「天安門母親」起草或修改聲明、提供未發現的受難家屬的線索、介紹記者和外國使館官員與受難家屬見面、轉交捐款等，可謂事無巨細。二〇〇四年「六四」十五週年前夕，丁子霖等天安門母親遭到當局非法拘押，劉曉波迅速撰寫了〈強烈抗議中共公安逮捕「六四」受難家屬丁子霖、張先玲、黃金平〉、〈受難母親的淚與愛：獻給被捕的丁子霖、張先玲、黃金平〉等文章，呼籲國內外人士與媒體強烈關注此事。

另一方面，劉曉波從不參與這個群體的內部事務，他說：「受難家屬群體的事情已經做得很好了……你要給受難家屬捐款，那就把錢放在茶几上，自己走人。」丁子霖回憶說：「他心態平和，從未把為我們這個群體所做的點點滴滴視為一種成本投入，或把與我們的交往當作某種政治資源。因為他明白，凡是涉及天安門母親的事，純屬道義性質，這裡沒有個人利害計較，與我們這個老弱病殘群體的交往，除了多承擔一份風險就不可能有什麼回報。因此多年來，我們與劉曉波的交往始終處於一種親密無間而又輕鬆的狀態。這是我們一直引為自豪的。」對於劉曉波來說，與母親站在一起，就是與孩子站在一起，母親與孩子之間，有臍帶的連接。

屠殺之後用謊言來包裹屠殺，是第二次屠殺。屠殺之後劊子手的加官進爵，預示著屠殺不會結束。在「六四」十週年之際，劉曉波被關押在大連市勞動教養院，他在電視中看到天安門廣場上人頭攢動的升旗儀式，他悲憤地寫道：「十年後的這一天／訓練有素的士兵／以最標準最莊嚴的姿勢／護衛著那個彌天大謊／五星紅旗就是黎明／在晨光中飄揚／人們踮起腳、伸長脖／好奇、驚詫和虔誠／一個年輕的母親／舉起懷中的小手／向遮住天空的謊言致敬。」與之形成鮮明對比的，是另一個母親：「而另一個白髮母親／吻著遺像中的兒子／她掰開兒子的每個手指／仔細清洗指甲中的血污／她找不到一捧泥土／讓兒子在地下得到安寧／她只能把兒子掛在牆上。」為什麼母親與母親之間會有如此之大的差異呢？而那個被欺騙、被愚弄的年輕母親，會不會繼續那個白髮母親的悲劇呢？

「六四」之後，劉曉波所堅持的「螻蟻撼樹」的事業，就是要斬斷母親與孩子之間代代相傳的苦難，讓天安門母親的悲劇不再發生。丁子霖寫道：「二十年來，我們苦苦追索大屠殺的真相，尋求遲遲不肯到來的正義。儘管前面的路還是那樣的漫長，但是，我們未敢懈怠，未敢停息，仍然一步一步地艱難跋涉著。」只有在母親的眼淚與吶喊中，孩子的靈魂才能重新如花般綻放。蘇曉康指出：「中國文明沒有見證的傳統，殺戮、流血、崩潰，都是周而復始，兩千年走不出中世紀。自天安門母親開始，中華民族不再對屠殺沉默，這個代價就是蔣捷連、王楠等那樣年輕的生命。母親們獻出了兒子才換來這樣的文明覺醒。」從丁子霖和劉曉波開始，中國終於有了自己的「見證傳統」。

四、在「美麗新世界」尋找定位

早在「六四」前夕，劉曉波就說過：「立志於成為一個人的國人，必須有付出巨大代價的心理準備，別指望在自己短短的一生能過上人的生活。」不幸一語成讖，此後二十多年，劉曉波過著一般人難以承受的生活。

一九九一年，劉曉波出獄後，心中特別想去天安門廣場，長跪在紀念碑前久久不起，向「六四」的亡靈們懺悔自己的罪惡。但幾次想去而又不敢去，有兩次走到西單附近又回頭。他不敢一個人面對紀念碑，不敢再現記憶中的傷痕，多少血肉相連的往事令其心痛欲裂，常常強忍住欲流的淚水。

有一次，劉曉波乘坐侯德健的賓士車外出。開車的朋友小解沿著東長安街向西疾馳。開始，他沒有注意到車外的建築，和劉霞聊著其他事情。車過天安門廣場，他正巧向窗外張望，突然看見了紀念碑，一種巨大的壓力排山倒海地湧向他，好像正面臨滅頂之災，全身不住地顫抖，胸口一陣絞痛。他想低頭，但不能，目光像被釘在紀念碑上，它的巨大吸引力似乎把他整個人吸出車窗。淚水慢慢浸出。突然，他嚎啕大哭起來。小解和劉霞的安慰亦無濟於事。周舵說：「這是曉波的個性。他不是一個簡單的人，甚至可以用性格複雜來形容。他的心裡永遠在天人交戰，永遠在自省、在懺悔，像聖徒那樣，不跟自己妥協。」

✣

此時，中國社會與一九八九年相比，正在發生翻天覆地的變化。一九九二年春天，鄧小平發表所謂「南巡講話」，推動停滯三年之久的經濟改革，「全民經商」成為壓抑已久的中國人唯一的出路。當年積極參與「八九」民運的朋友們，十有八九都投身商海。劫後餘生的劉曉波感觸很深：「在鄧小平南巡的講話中大家找到了一條新的宣洩管道，那就是去經商。在無可奈何管不了國家大事的情況下，大家現在要管好自己的事，我們不要那麼苦兮兮的。……錢也是一種自我評價吧。有錢之後，儘管他現在得不到一種言論自由，但是他掙來錢，也是一種評價標誌。」這是一個瞬息萬變的「美麗新世界」，這個「美麗新世界」裡還有劉曉波的位置嗎？

對金錢，劉曉波並不反感。八〇年代，他是最早不恥於談錢的知識分子，他在演講中說，「錢是一種自我評價，有了一定數量的錢，你的生命就隨著開放到了一定的廣度」，「錢是個好東西，任何人見了都要兩眼放光」。他贊同部分知識分子去經商，以金錢觀念淡化權力觀念，進而促進多元價值的形成。而到了九〇年代，商潮席捲全中國，人們將金錢作為「偽信仰」或「麻醉劑」。當文化名流紛紛待價而沽、期望在市場和官場賣出好價錢時，劉曉波反倒不為所動，抽身而出，在雲卷雲飛中，堅守心靈自由和人格獨立。

此時，主流知識界倡導「思想淡出，學術凸顯」。「思想淡出」是實，「學術凸顯」是假——在商潮濤聲中，偌大的校園，已擺放不下一張書桌，即便回避價值判斷的乾嘉之學，也少人做得出來。中國既沒有思想家，也沒有學術家。

八〇年代中國知識分子關於民主、自由的共識破裂了，後現代主義、新權威主義、民族主義等思潮洶湧激盪，多少企圖重返舞台中心的知識分子投身其中。用劉曉波的話說，

「六四」的槍聲劃開了兩個時代，激情的八〇年代和平庸的九〇年代。白色恐怖下的沉寂之後，金錢的喧嘩堂皇現身，放肆代替了責任，犬儒代替了良知，調侃代替了嚴肅，卡通代替了啟蒙，豔俗代替了樸素，經濟人代替了文化人，急功近利的厚黑學變成了全社會的時尚，兇狠無情、不擇手段的狼性被奉為圖騰。許多他熟悉的學者、教授、文化人，或躋身高級智囊，或混成明星學者，或變成商界富豪。

出獄後的劉曉波是「赤條條來去無牽掛」的「三無人員」——無公職、無工資、無社保。「八九」之前，他是知識界的「黑馬」，是青年學子敬仰的引路人，站在舞台的中央，聚光燈匯聚在身上，那是何等意氣風發、顧盼自雄；「八九」之後，淪為「國家的敵人」和不可接觸的「黑手」，昔日的門生故舊，大都避之唯恐不及，中國社會向來是錦上添花者多，雪中送炭者少。如此巨大之落差，非一般人能承受。

經歷了「八九」的重擊之後，劉曉波有所內斂與沉潛，但其「戰鬥性」和「攻擊性」並未減弱。作家查建英描述說：「我初次見到劉曉波是一九九一年初，在一家小小的火鍋店裡祝賀他出獄。我還記得他嘲笑各個文化名人時的戲謔神態。他告訴在座的一位時髦年輕小說家，發現並力捧此人的那位著名評論家，只不過是一名熱衷於附庸風雅的白癡。結果這挑起了一場爭論。他可能有些過於自負，有時讓人難以接受。但他批評的矛頭是有真正的勇氣和政治信念相伴的。」可見，他並沒有改變直率和尖銳的個性。

幸運的是，世態炎涼之外，劉曉波身邊有一個「秦城幫」。這群「秦城大學」畢業生，大都是與劉曉波類似的「三無人員」。儘管彼此的生活都異常艱難，但他們抱成一團，相濡以沫，苦中作樂。大家一起共事、議政、聚餐、打牌，不時地出去郊遊。因為參與「六四」而被定罪、被大學開除的陳小平，如此回憶說：「自監獄出來後，我們一直長期被警察監視，正是在這種情景下，曉波一家、老包一家、衛華一家和我一家，便成了精神上、生活上相互鼓舞，彼此照顧的共同體。我出國前，我們幾乎在一起度過了每一個週末。躲進小樓成一統，管它警察在跟蹤。我們開心地吃著湖北臘雞、紅燒兔子，在麻將桌上為一塊錢分文不讓，凌晨，我們幾個一起坐著面的（小型載客麵包車）在北京三環路上說著我們的故事回家。」

據江棋生回憶，九〇年代初期，他與劉曉波、包遵信、周舵、王丹、陳小平、劉念春等七、八個朋友常在一起，討論國事，也醞釀一些公開信。有一次，他們談論「六四」六週年的呼籲書，中午在劉曉波家附近的一家小飯館吃飯。那時，魏京生再次被捕，席間大家談及魏京生獲諾貝爾獎的可能性。劉曉波說，如果魏能獲獎，對中國的民主化是一件天大的好事。

當然，跟劉曉波有交往的，除了「秦城幫」之外，還有各式各樣受「六四」牽連、被拋出原有人生軌道的人。比如，作家野夫，原先是警察，「怒髮衝冠為學生」，走上了一條「從警察到囚徒」的道路。出獄後，野夫做了個體書商，常常請劉曉波吃飯。「我是過來人，知道人在困境中，可能更要面子，因此一般朋友的接濟，往往還不願領受。再說多數人在那時也還算是末路文人，杯水車薪，實在也不足以割肉療饑。我們能做的，也就是請他搓幾頓，或者秀才人情紙半張——送幾套書籍聊慰寂寞。」

野夫後來更與王朔、周忠陵合力促成劉曉波以筆名出版了一本書，藉此資助他。一九九九年，劉曉波第三度從獄中歸來，一貧如洗。那時，一九八六年便相識的作家王朔常來看望他，一起吃飯聊天。有一天，王朔跟出版界的朋友甘琦說，想資助曉波，又怕曉波不接受。甘琦把王朔的話透露給周忠陵。周忠陵說，直接給錢，曉波肯定不接受。他建議換一種方式，給曉波出一本書。那時候，王朔的評論集《無知者無畏》發行得很好，如果王朔出面跟曉波做一個對話，王朔用真名，曉波用筆名，一定能成為暢銷書。當周忠陵把這個想法告訴王朔後，王朔說，這個主意好，但要看曉波的意思如何。

第二天，周忠陵把劉曉波叫到家中，把這個想法跟他說了。劉曉波坐在沙發上，聽了之後，第一句話是：「我的名字不能公開在大陸出現，不用真名，我就絕不寫任何東西。」

周忠陵勸他說：「我是書商，希望發一本好書，大家一起掙錢，你就當是幫我一次。」

劉曉波聽了之後，半天沒有說話，然後說：「那我考慮一下吧。」

第二天，劉曉波來了，第一句話就說：「通知王朔吧，那本書我們一起來幹。」做這本書，王朔是想幫助曉波，一分錢版稅都不要；而曉波是想幫助周忠陵，讓他發書賺錢。

那個時代的朋友相交，確實有古道熱腸的氣息。

由於劉曉波的真名不能出現，他就取了一個筆名，書出版的時候，與王朔並列的另一個名字為「老霞」（這個名字顯然來自於劉霞），而書中的對話者則取諧音「老俠」。

一九九九年十一月，周忠陵在劉曉波家附近的萬壽賓館開了一間房，王朔和劉曉波在那裡對話，有三、四天時間。王朔談得很少，主要是劉曉波談，後來劉曉波回憶說，「那本書，我主說，王朔敲邊鼓。……錄音帶交給忠忠負責整理。整理出來的文字稿先交給我，我通完後再交給王朔。定稿後，我用筆名，他用真名。事實上就是賣王朔。」王朔很細心，逐字逐句閱讀初稿，刪去了一些敏感的地方。

周忠陵想趕到每年一月的北京圖書訂貨會，一月份稿子和封面都弄出來了，也上了圖書訂貨會，收到很多預付款，但書號還是沒有著落。整個二〇〇〇年上半年，周忠陵到處找出版社，但一直沒有拿到書號。也許是稿子的內容太尖銳，王朔建議他一定要找人把好關，周便找了光明日報出版社的資深編輯徐曉幫助改稿。如此又過了幾個月，最後是由野夫出面協助拿到書號，與周忠陵一起發行。

野夫後來回憶說，他聯繫到長江文藝出版社的周社長到北京與王朔簽約。按王朔彼時的身價，一般版稅都得在百分之十二，首印不低於二十萬冊。但考慮到本書的政策風險，社長提出首印十五萬，王朔提出簽約一個月內一次性付清，雙方都同意了。

接著討論書名。王朔說，這種書取個不相干的名字最好。野夫說，就用迅翁的一句打油詩——美人贈我蒙汗藥。大家當下大笑通過。席間，社長對另外那個狂言憤世的對話者仍不免好奇，詢之於王。王朔原是打岔的高手，嬉皮笑臉地呵呵對答曰：「是我的一位老師，剛剛結束閉關修煉從山上下來的。」

野夫收到巨額的版稅後問王朔如何分配，王朔說，你去跟曉波要一個不是他名字的帳號，全部給他，我分文不取。野夫有些驚異，王朔完全可以拿一半稿費換輛新車。但王朔說，給錢人家又不要，就用這個方式表達一點心意。多年後，劉曉波說：「王朔對朋友的仗義，在圈內眾所周知。」劉曉波用這筆錢買了第一套「產權」屬於自己的房子。

第五章 一個人的戰鬥

人類自有文明以來所夢想著的，就是一個由慈悲、理性和公正所支配的社會。這難道是一個不可能實現的夢嗎？卡爾．波普（Karl R. Popper）在解釋何以他對我們這個亂糟糟的世界總是抱持樂觀時說：黑暗早就在那兒了，但光是新的，所以必須以關懷和勤勉加以照料。真的，甚至最小的亮光都不可能被全世界所有的黑暗所撲滅，因為黑暗是完全被動、消極的。怕只怕根本沒有光。但是，如果光很小，也驅散不了四下籠罩的晦暗。這亮光必得旺起來，將它的光明散發得更遠、更遠。而人們必得讓他們的眼睛習慣這亮光，將它視為祝福，而非痛苦，並學習去愛它。我們多麼需要一個更為光明的世界，一個能對它所有的住民提供充足避難所的世界！

——翁山蘇姬

一、與極權體制「死磕」

「四君子」剛開始絕食的時候，劉曉波對自己和幾位同仁的作用估計過高，認為他們可以將運動引向新的軌道，進入新的境界。在紀念碑下，他激動地拿著擴音器，面對人群高喊：「跟李鵬死磕！」

「死磕」是東北話中一個窮形盡相的詞語，意思是咬住不放、堅持到底。「死磕」不僅可以形容劉曉波在廣場上的表現，更可以概括此後二十多年他與極權體制之間的關係──如愚公移山，如精衛填海，如水滴石穿，如牛犢頂橡樹，雖然屢戰屢敗，卻鍥而不捨，至死方休。

九〇年代初的中國，進入了一個萬馬齊瘖的時期。雖然在兩、三年之間蘇聯和東歐的共產黨政權紛紛垮台，並且它們的垮台多多少少與中國的「六四」屠殺有關；但中共當局由此變得更加專橫，以蘇東劇變為反例來證明其鎮壓的合理性。「六四」屠殺造成了整個社會非政治化的嚴重傾向，政治上既然沒有出路，一般百姓只好將精力放在賺錢上，便出現了「全民經商」的熱潮。

在此背景下，異議人士的處境日趨邊緣化。一九九二年，鄧小平發表「南巡講話」，繼續推動經濟改革，但意識形態的極左、媒體的鐵腕控制、對批評意見的全面封殺沒有絲毫改變。整個國家除了經濟領域的畸形繁榮，其他領域一片死氣沉沉，令人窒息。因為沒有人出頭公開批評執政當局，寥寥可數的幾個「異議分子」便擔起這份責任。

由於中共當局嚴控媒體和大學，劉曉波等人徹底從公共生活中消失了。為了聯絡同道、凝聚力量，劉曉波不斷發起呼籲政治體制改革和保護人權的公開信。他不僅是文本的起草者和修訂者，而且鞍前馬後地奔波，事無巨細地參與。為了安全的需要，他們不能在電話和信件中討論這些事情，劉曉波常常騎自行車奔波在北京城的各個角落，到朋友家中徵求意見和徵集簽名。有時候，還得承受別人的拒絕甚至嘲諷——他本來是一個心靈細膩而敏感的知識分子，為了公共利益早已忘記了維護個人的「面子」。

一九九五年二月二十日，劉曉波起草並與包遵信等人連署發表了〈反腐敗建議書：致八屆人大三次全會〉，提出近期改革的八項目標——「確立全國人大對執政黨和政府的獨立的監督機制，設立人大反腐敗委員會」、「人大為揮霍浪費國家財產制定特別法」、「實行法官終身制」、「考任制」、「制定國家公職人員財產申報辦法」、「制定國家公職人員不能在任期內從事商業經營的法律」、「開放民間輿論監督」和「制定新聞法」，以及與遠期改革的五項目標——「開放黨禁」、「實行權力分離」、「創立獨立的憲法法院」、「開放報禁」和「在憲法上明確私有財產的合法性」。簽名者共十二人：包遵信、王若水、陳子明、徐文立、劉曉波（執筆）、陳小平、周舵、吳學燦、閔琦、沙裕光、廖亦武、金橙。

即便在十多年後來看，這些建議亦具有前瞻性。直至今日，建議書中的近期目標一項都未能實現，遠期目標則只實現了最後一條。雖然保護公民的私有財產載入憲法，《物權法》也獲得通過，但在實踐中兩者均被束之高閣，城市之野蠻拆遷和農村之暴力圈地司空見慣，由此引發的民眾上訪乃至官民暴力衝突亦愈演愈烈。

劉曉波和陳小平等還共同起草和發布了〈汲取血的教訓，推進民主與法治進程：「六四」六週年呼籲書〉。該呼籲書重申制定《新聞出版法》、《結社法》、《人的權利和自由宣言》、《憲法法院法》的要求，並指出：「中華民族在走向現代化民主社會的過程中曾歷經磨難，『六四』是又一次大磨難。然而，如果我們有足夠的良知、智慧、勇氣、信心和毅力面對泣血的傷口自省，那麼苦難就是最寶貴的財富，一個歷經磨難的民族就是富有的、深邃的、充滿希望的。」該呼籲書由王之虹、王丹、包遵信、劉念春、劉曉波、江棋生、吳學燦、沙裕光、陳小平、周舵、林牧、黃翔、廖亦武、金橙等十四人發起連署。

一九九六年八月，劉曉波到廣州與民運前輩王希哲相見，討論一些共同關注的問題，商定向國共兩黨提出〈對當前我國若干重大國是的意見〉，在兩黨簽署〈雙十協定〉五十一週年的十月十日發表，也稱〈雙十宣言〉。此文本主要由王希哲起草。王有強烈的民族主義情結，在這一點上與劉曉波差異較大。也許因為此事迅速被當局偵知，劉曉波未能從容地對文本進行修改，使得這份有他簽名的文件與他一貫的思路並不相符。

在網路興起之前，他們發起的一系列公開信，只能在海外的媒體上發表和在國內的一個小圈子中流傳，不為大部分國人所知，影響力相當有限，簽名者也越來越少。那麼，劉曉波為何要堅持不懈地做這些「屢戰屢敗」的事情呢？

有一天晚上，劉曉波與老朋友周忠陵聊天，聊了一個通宵。周忠陵有很多困惑不解的地方，就直接問劉曉波說：「這樣的做法，對偌大的中國來講，有何意義？還不如踏踏實實地去關心那些實實在在的個體，比如像梁曉燕那樣去做農村失學兒童的工作。」

劉曉波回答說，他也很佩服梁曉燕的作為，但是還有另一些工作需要去做。在社會進步的過程中，個人選擇的角色、承擔的責任不一樣，他本人更注重於推動制度的改變。「一個制度的改變，是受惠於全民的，我做的努力就是朝著這樣的方向。比如，剛剛過去的孫志剛案件，如果沒有收容遣送制度的改變，就會繼續有無數的孫志剛受害。如果我們促成制度的改變，就能讓全民受惠。」

最後，劉曉波說，對自己在一九八九的表現有很多愧疚，為了讓自己的愧疚感得到緩解和釋然，這種工作必須往下做，不然就對不起「六四」的死難者。「別人可以放棄，可以離開，但我不能。」

周忠陵說，你是性情中人，全無心機，不是搞政治的料。

劉曉波說：「我當然知道這點。所以，我做的不是政治，而是人權。如果有一天『六四』平反了，很多人會來分這塊蛋糕，我就全身而退，不會去搶蛋糕。我的心就釋然了，就去教書了。」

那一天，他們談了很久，談得很深。劉曉波甚至對周忠陵說，如果不是為了劉霞，恐怕現在根本不可能坐在這裡跟你聊天，可能還在監獄之中。「坐牢是我的命運，未來還會有那麼一天，當那一天到來的時候，劉霞就拜託給你了。」

周忠陵回答說：「我們是一家人，不說見外的話。」在那次談話之後，周忠陵就知道，曉波終究會有那麼一天。但他沒有想到，多年後，劉曉波第四次入獄，竟是如此漫長，如此殘酷。

這是一項「孤獨求敗」的工作，像薛西弗斯（Sisyphus）推著石頭上山那樣，也許只有「流淚撒種」，而等不到「呼呼收割」。九〇年代中期，中共政權從「八九民運」的衝擊、蘇聯東歐共產黨政權垮台的震盪，以及西方國家的經濟制裁中倖存下來，並利用數億奴隸勞工的血汗和全球化浪潮，獲得了經濟的高速增長，進而征服了大部分的民心。在這樣的背景下，繼續反對中共一黨專制，無異於以卵擊石。劉曉波卻仍舊「死磕」到底。

二、獨立中文筆會會長

劉曉波在二十一世紀的第一個十年間最重要的活動，就是組織和領導獨立中文筆會。

獨立中文筆會創立於二〇〇一年，同年十月，在倫敦的國際筆會第六十七屆年會上，被接納為國際筆會正式成員。從此，獨立中文筆會每年都派出代表參加國際筆會大會和其他活動，成為國際筆會大家庭中最有活力的筆會中心之一。

獨立中文筆會創建之初，其主體是海外流亡作家群體。二〇〇三年，獨立中文筆會迎來創會以來的一大轉捩點。當年十一月，筆會第一次利用國際網路召開會員大會。網路選舉，也是這個小群體嘗試和實踐民主的第一步，正如劉曉波所說：「通過網路踐行民主是新鮮物，我們全無經驗，只能邊實踐、邊學習、邊積累。」

經過幾輪投票表決，會員大會制訂筆會章程，首次選出筆會理事會，並改為實行會長負責制。劉曉波以高票當選為新一屆會長，隨後發表一份致筆會會友的〈就職說明〉。首先，他解釋了自己參選的原因：「我之所以參與選舉並接受這個職位，乃基於對個人自由、特別是言論自由的信念和中國的言論不自由環境之間的悖論：言論自由乃為現代文明的要義之一，而目前的中國恰恰是沒有基本言論自由的國家，爭取言論自由、反對文字獄和創作更優秀的作品，實為筆會的宗旨和我對自己的期望。」

劉曉波擔任會長之後，立即全身心地投入各項事務之中。筆會「麻雀雖小，五臟俱全」，大小事務牽扯了他很大一部分時間和精力，讓妻子劉霞頗有怨言，戲稱他是「工會主席兼婦聯主任」。不過，一分耕耘，一分收穫，他的工作成效是顯著的：在其第一屆任期內，筆會會員人數增加三倍以上，特別是若干身在國內的、有影響力的作家加入，使筆會在作家群體中有了良好的聲譽。

二〇〇五年十月，筆會再次利用網路召開會員大會，通過修改章程的議案，選出新一屆理事會。九月二十七日，劉曉波在筆會內部論壇上貼出一篇名為〈寫給二〇〇五年十月第二屆會員大會〉的文章，他寫道：「從未作過任何組織工作的我，卻陰錯陽差地接任筆會會長，一晃二年過去，我與本屆理事會的任期已滿。雖無大業績，但起碼維持了筆會的正常運轉，基本完成了當初預定的目標。」他回顧說：「兩年來的筆會工作，是在不同意見的爭吵、交流、說服、妥協之中度過的。為了筆會公益的爭吵，只要是公開化的交鋒，再激烈也無妨。或通過妥協，達成共識；或服從多數，保留己見。如果沒有這些不同意見的公開交鋒，沒有相互之間的包容和妥協，也就不會有筆會的今天。」

在此次網路會員大會上，劉曉波再次當選會長，余杰和陳奎德分別當選第一和第二副會長。

二〇〇七年十一月，筆會再次召開會員大會，完成第二屆會長任期的劉曉波，基於筆會已形成「制度比人強」的局面，決定不再競選連任。不過，劉曉波還有一屆理事任期，他在理事的職位上繼續為筆會服務，直至二〇〇八年十二月八日被捕。

劉曉波擔任筆會會長的四年，是筆會脫胎換骨、麻雀變鳳凰的四年。由於筆會實行會長負責制，會長的地位和作用極為重要，工作也相當繁忙。筆會的經費主要來自美國民主基金會以及若干個人的小額資助，筆會一些部門的負責人和網站編輯等，可以根據勞動量領取少量報酬。作為會長的劉曉波，為筆會付出最多，卻不取分毫，堪稱筆會「首席義工」。為了工作方便，筆會決定用辦公費用為會長配備一台手機，劉曉波反覆叮囑買一個最便宜的手機。他說，筆會的資助來之不易，一定要用到刀刃上，特別是用到救援獄中作家的項目上。

劉曉波對筆會事務的熱衷，並非他對「當官」有興趣，而是希望談過實際的歷練，學習NGO組織的運作與管理。這是中國知識分子的一大弱項，中國知識分子歷來是「思想上的巨人，行動上的矮子」。這一弱點，是「八九」民運後期廣場上組織工作陷入困頓以及「八九」之後民間力量成長緩慢的原因之一。劉曉波希望從自己做起，不僅僅做一名寫作者和思想者，也承擔一部分組織和操作的工作。在這一過程中，他的性格愈發平和、思路愈發清晰。

組織和管理筆會，對劉曉波和筆會工作班子中的其他成員來說，都是一個學習如何承擔公共角色的過程。在此之前，劉曉波是個特立獨行、天馬行空式的人物，八〇年代闖入文壇的時候，就像是公牛衝進瓷器店。他鋒芒畢露，直言不諱，在含蓄而曖昧的中國人當中是少有的優點，但也讓他得罪了不少人，並傳出了「劉曉波不好相處」的名聲。

即便是在「八九」民運當中，劉曉波也少有參與知識分子的集體活動和簽名，像獨行俠般直接與學生們聯繫。他對那些「抱團」的學者和作家夢始終不屑一顧。在廣場上一齊亮相的「四君子」，其實也是臨時聚集起來的，彼此之間的私人情誼與價值認同並沒有多麼深入。

很長一段時間，我行我素的劉曉波一直標榜「君子不黨」，這樣他就享有完全的批評自由。但是，在現代社會，公共知識分子要對社會發揮影響力，有時需要以群體的面貌出現，以形成某種合力。這樣，知識分子組成某些社團就成為必要的選項，而那些習慣個體化生活的知識分子，就得學習適應群體的生活方式。當選筆會會長，使得劉曉波不得不作出這樣的調整。他對朋友說，既然身上有了筆會會長的這副小小擔子，就不再是天馬行空的人，甚至要去做一些自己本來不喜歡做的事情。筆會雖然是一個只有一、二百人的小型NGO，但這個由個性鮮明、吹毛求疵的文人組成的組織，即便微不足道的小事也可能演變成大風暴。所以，會長需要高超的溝通協調和組織管理能力。

在劉曉波和同仁的努力下，筆會逐漸建立起祕書處、自由寫作委員會、獄中作家委員會、網路工作委員會、文學交流和翻譯工作委員會等工作機構。筆會網站和會員網路文集的建立、「自由寫作獎」和「林昭紀念獎」的評選，也推動會員們以更大的熱情和勇氣從事自由寫作。

早在八〇年代，劉曉波就有這樣的認識：在共產黨的官辦刊物上發表再激烈的批評言論也不具有言論自由權利的意義，而在獨立的民間刊物上發表最保守的言論也具有言論自由權利的意義。他希望筆會在國內有一份紙質刊物，並與余世存、廖亦武、余杰等人商討編輯、印刷會刊的事宜。當時，曾商議以季刊的形式編輯和印刷，並在筆會會友和知識分子圈子裡傳閱。但在越來越嚴峻的外部形勢之下，這一願望未能實現，筆會的刊物只能以「自由寫作網刊」的形式存在。

劉曉波習慣於夜間工作、上午休息，每逢北京深夜，正好是美國和歐洲的白天，他便通過網路，使用語音對話或文字對話的方式，與美國和歐洲的會友討論工作、交換意見。在擔任筆會會長的四年裡，他每天至少花費兩個小時在筆會事務上。

筆會雖然是一個小小的組織，但「麻雀雖小，五臟俱全」，各種日常事務千頭萬緒。許多作家稜角分明，難於與其他人合作，大家在某個組織中共事，很容易摩擦出火花來。劉曉波原本也是一匹鋒芒畢露的「黑馬」，但在擔任筆會會長之後，他盡力內斂，學習妥協，像居委會主任那樣處理各項大小糾紛。這些事情耗費了他許多的時間和精力。有了網路以後，他成了隨時隨刻可以被大家找到的人，他的私人生活遭到無情的侵入和分割。

後來擔任獨立中文筆會會長的旅德作家廖天琪在一篇文章描述說：「筆者在曉波擔任四年會長期間，更頻繁地彼此在網上或是語音或是筆談。……就像很多絕頂聰明的人一樣，曉波才思敏捷，下筆行雲流水，但是卻有點口吃，他有時在網上一邊跟我談天，通過麥克風，我可以聽出來他還在一邊吸煙、喝茶，甚至吃飯。有時也一邊打字，不時也能聽見劉霞在身後問他什麼。」正是通過網路，讓劉曉波與許多未曾謀面的文友有了近距離的交流，將天涯變成咫尺。

有了網路，劉曉波逐漸恢復了與許多老朋友的聯繫，並遊說很多人加入了筆會。有的會友身在海外，見面或打電話不方便，費用低廉的「網聊」便成了首選的聯絡方式。作家孟濤兒回憶說：「在他因《零八憲章》進去之前，有一段時間他常在電腦上與我的一個叫愛米麗的作家朋友聊天，或跟獨立筆會的同仁聊天，我時常看見他打的字，他覺得這世界上『沒什麼可讓自己懼怕的了』。」

✣

劉曉波擔任筆會會長之後，高度重視救助獄中作家的工作。獨立中文筆會的獄中作家委員會成立於二〇〇三年十二月，正是劉曉波當選會長後不久。

中國有著漫長的專制主義傳統，所謂三千年文明史，貫穿始終的是三千年文禍史。形形色色的獨裁者，共通之處是對書籍和文字及它們的創造者的厭惡和仇恨，因為書籍和文字中蘊含著反對獨裁的力量。

有文字獄，就有獄中作家。擔任過獄委會代理協調人的詩人井蛙，曾經寫道：「獄中作家，是一個令人悲傷的名詞。……對於十三億人口的國度，他們的微小以及強大已經形成一種挑戰。他們挑戰的是一個暴力的政府。一個民智未開的群體。在他們的文字裡真實地展現了中國文化以及政治體制的危機。」中國是全球獄中作家數量最多的國家。「獄中作家」的存在，是一個國家的恥辱，是一個國家缺乏言論自由的標誌。近年來，中國獄中作家的數量不斷攀升，獨立中文筆會的獄委會成為全世界工作最繁忙的獄委會。

獄委會成立之後，立即展開工作，對此前國際筆會搜集的中國獄中作家的資料，以及

「記者無國界」、「保護記者委員會」、「大赦國際」、「人權觀察」、「中國人權」、「對話基金會」等人權組織所報告的個案進行複核，最終確定七十四名獄中作家名單。然後迅速展開「支持獄中作家計畫」。*

後來，筆會還設置「榮譽會員」和「獄中作家獎」（劉曉波入獄後，改名為「劉曉波勇氣獎」）。「榮譽會員」為筆會重點救助的獄中作家，於二〇〇五年底開始評選，至今三次共授予四十二人，其中仍繫獄者二十九人。「獄中作家獎」於二〇〇六年設立，首屆獲獎人為筆會繫獄會員楊天水。

作為會長，劉曉波不可能親自處理每一位獄中作家的個案，但在幫助獄中作家方面，牽扯了他最多的心力。他本人曾是獄中作家，對此有親身體驗：在與世隔絕的狀態下，任何一點來自外界的支持與鼓勵，對當事人都是莫大的安慰。

很多獄中作家在入獄之前跟劉曉波並無太多來往，甚至並未謀面，但劉曉波對受難者親如兄弟，將筆會的資源最大限度地為獄中作家們服務，還拿出自己的稿費幫助他們。許

---

* 「支持獄中作家計畫」包括以下七個專案：一、對拘捕自由作家的事件提出抗議，發表有關聲明或公告，報告國際筆會採取緊急行動，和國際相關組織合作採取營救行動，引起中文和世界媒體對事件的關注等。二、組建獄中作家資料庫。三、創建獄中作家委員會網站。四、協助獄中作家及家屬發表作品。五、與獄中作家親友建立聯繫和通訊。隨時瞭解從被捕、受審、判刑直至獲釋的獄中作家及其家屬各種情況和相關要求，提供支援和幫助。六、法律救助措施。七、為獄中作家籌款和募捐。

多因言獲罪者的家屬，如楊子立的妻子、杜導斌的妻子、劉荻的外婆等，都接到過劉曉波慰問的電話或電郵。劉曉波還約受難者的家屬見面，請他們吃飯，安慰和鼓勵他們。他在〈心牢中的女人〉一文中，對政治犯妻子們的艱難處境體貼入微，因為他自己的家庭亦如「汪洋中的一條船」。

作家、詩人、記者師濤因在海外網站「民主論壇」發表文章揭露中共宣傳部下令禁止報導「六四」，而被判處十年重刑。師濤此前與劉曉波並無直接交往，母親前去探監時，他悄悄告訴母親，有事找「波」。可見，師濤將劉曉波當作值得信賴的師長和朋友。這就是一種「君子之交」。從這個細節可以看出劉曉波在後輩自由知識分子心目中的地位。

劉曉波不負所托，利用筆會的平台為師濤案大聲疾呼，使師濤成為國際筆會重點關注的個案。他親自為師濤寫了多篇文章，如〈師濤沒有祕密〉、〈為師濤吶喊〉、〈就師濤案致雅虎公司董事長楊致遠的公開信〉等。特別是致雅虎的公開信，對雅虎助紂為虐的作為作了透徹的分析，敦促雅虎公司懸崖勒馬，不要再幫助中共建築「靈魂監獄」。公開信發表後，引起國際社會的高度關注，中英文媒體紛紛轉載。

在此期間，筆會獄委會協調人張裕多次奔赴美國和香港，聯絡香港大律師、民主黨主席何俊仁擔任代理律師。後來，經過勞改基金會負責人吳宏達的努力，師濤案受到美國國會的重視，國會人權委員會主席蘭托斯（Thomas Peter Lantos）議員傳召雅虎總裁楊致遠到國會作證，促使其向受害者家人公開道歉。最終，雅虎公司同意給予師濤等受害者以巨額賠償，並設立雅虎人權基金救助因為在網路上發表言論而遭到中共迫害的人士。

二〇〇八年十二月八日，劉曉波被北京警方從家中帶走，從此失去自由。救助獄中作家的人，自己成了獄中作家。這是只有「動物莊園」裡才有的黑色幽默。

三、網路時代的公共空間

獨立中文筆會的迅速發展，得益於網路帶來的通訊自由與便利。從某種意義上說，沒有網路就沒有獨立中文筆會的發展壯大，也沒有進入二十一世紀以來劉曉波政論寫作的更上一層樓。

劉曉波曾撰寫長文回顧使用電腦寫作和「觸網」的過程。一九九九年十月七日，他結束三年的牢獄生活回到家中。這時，家中有了一台電腦，是朋友送給劉霞的，劉霞正在學打字和上網。劉曉波一回來，電腦很快變成他的寫作和社交工具，劉霞從此很少碰電腦。

劉曉波剛回家時，上門探望的朋友，個個都勸他儘快學電腦。但他試了幾次，覺得面對機器寫不出文章。他與許多習慣於用紙筆寫作的人一樣，一度對電腦有抗拒心態，堅持用鋼筆在紙上寫作。慢慢地，在朋友的耐心勸說和示範下，他逐漸熟悉了電腦，也離不開電腦。作為一個以寫作為生的人，也作為「八九」運動的參與者和「六四」後長期介入民間運動的過來人，無論是於公於私，他對網路的感激，可謂一言難盡。

劉曉波在電腦上寫第一篇文章，斷斷續續寫了一週，而他原來用筆，一天就可以寫完。中間幾次想放棄，但在朋友的鼓勵下終於寫完。那段時間，他對放棄紙筆頗為不安，在給朋友的信中寫道：「快半年多了，總是用電腦寫東西。現在坐在這裡用鋼筆寫信，忽然有些傷感，似乎自己不務正業已經很久了，這樣寫信時才強烈的感到真實的自我，電腦裡寫的那些東西彷彿不是我寫的，而是另一隻我無法控制卻能控制我的手寫出的。」不久，他第一次通過電子郵件寄送稿件，居然幾小時後就得到編輯的回音，讓他首次感到網路的神奇，並下決心要儘快學會用電腦。

「八九」之後，在官方的言論封鎖下，劉曉波的文章只能在境外媒體發表。在用電腦前，他手寫的稿子，改動起來費時費力不說，寄送成本也很高。為了避免稿件寄送被中共當局截獲，他往往要從西城奔到東城，找到一位有傳真機的外國朋友，麻煩人家幫助傳真稿件。如此高昂的成本，自然影響寫作的效率和熱情，一個月能在境外媒體發表一、二篇文章，就不錯了。

而用了電腦、學會上網之後，個人的訊息空間一下子擴展到以前難以想像的廣闊程度。電腦為劉曉波提供了寫作的方便，網路為他提供了獲取資訊和對外聯絡的方便，更為他向境外投稿提供了極大的便利。網路就像是一台超級發動機，使他的寫作如井噴般爆發，很快超過了他八〇年代中期的第一個高峰期。

另一方面，網路為獨裁中國的民眾提供了難以完全封鎖的資訊通道，為民間的發言和交流、特別是民間組織提供了平台。這方面劉曉波更是深有體會。

在獨裁國家，個人或群體簽名的公開信，一直是民間反抗獨裁和爭取自由的重要方式之一。九〇年代中期，中國民間出現了一個公開信運動的小高潮，先後有數封由體制內外的知識分子發起的簽名信，如〈勞動者權益保障同盟宣言〉、〈關於廢除勞動教養制度的建議〉、〈反腐敗建議書〉、〈汲取血的教訓推進民主與法治進程：「六四」六週年呼籲書〉等，這些簽名信的內容無一不涉及到人權保障。

特別是一九九五年，圍繞「六四」六週年出現了一系列公開信，如〈迎接聯合國寬容年，呼籲實現國內寬容〉。這封信由老資格的黨內自由派人士許良英發起，由核子物理學家王淦昌領銜，匯集多位中科院院士和文化名流，包括楊憲益、吳祖光、樓適夷、周輔成、范岱年、王子嵩、丁子霖、蔣培坤、王若水等人。這一年，天安門母親們發表了第一封致全國人大的公開信，之後每年發表一封公開信；劉曉波和包遵信發起的要求陳子明保外就醫的公開信，也動員出一批知識分子，包括北京大學的季羨林、湯一介、樂黛雲和北京師範大學的何茲全、童慶炳、王富仁等。

在當時通訊技術的限制下，組織一封簽名信的時間之長和成本之高，是那些只經歷過網路維權運動的人們難以想像的。為了完成一封公開信，組織者往往提前一個月就要開始準備。先要尋找發起人並把人湊齊，就需要一段時間；之後討論信的內容、措辭、發表時機，起碼花費幾天才能達成共識；接著找地方把手寫的公開信變成鉛字，還要列印和付印數份，一般是由建國門外的外國朋友那裡來完成；確定的文本出來後，就是最為費時費力的事情，發起人分頭去負責徵集簽名。由於官方對敏感人士的電話監聽，大家不太敢使用電話，只能騎著自行車或坐公車奔赴北京城的東西南北。比如，劉曉波曾參與起草和發起紀念「六四」六週年的公開信，為了徵集到詩人芒克和藝術評論家栗憲庭的簽名，他必須去兩位朋友家中面談，就要從北京的大西邊跑到大東邊，再從大東邊跑到大北邊，真的是耗時、費力且成果有限。

在沒有網路的時代，不可能在短時間內匯集到幾百個、甚至上千個的簽名，也不可能迅速傳遍全球。那時，民間公開信運動的參與者和影響的範圍都非常有限，忙了許多天，最終彙整來的簽名只有幾十個人。

而當中國進入網路時代以來，民間聲音的發出便有了難以全面封鎖的技術依託。

劉曉波認為，網路催生出了「網路維權」。與九〇年代通過電話和騎自行車來徵集群體簽名的維權活動相比，新世紀的簽名信運動因網路的出現有了飛躍性的提升，民間動員能力的迅速擴張，數量和品質的同步飛躍。源於網路的便宜、高速、方便和無國界等特徵，使民間組織維權的成本大幅度降低。公開信的起草、討論、修改和列印，都可以在電腦上完成。只要輕輕按幾下滑鼠，幾封往來的郵件就能基本解決問題；最困難的徵集簽名，也可以通過群發郵件和簽名網站解決。一封群發郵件可以同時徵集到數十個、上百個簽名；一個全開放的固定簽名網址，可以同時徵集到中國各地和世界各地的簽名。如果再有志願者負責收集簽名的數量和留言，每天通過網路發布簽名進展的相關資訊，就會形成持續而廣泛的網路維權。同時，民間的維權網站也應運而生。

其次，網路發言的便捷、開放和自由，造就了民間輿論的活躍，網路民意變成輿論監督的主力軍，每逢發生重大的公共災難，網路民意都或多或少地影響傳統媒體和官方態度。

再次，網路具有強大的資訊交流和人氣聚集的功能，為民間自主組織提供便捷的平台。網路為民間思想學術的聚集提供方便的平台，一個民間網站或BBS就是一個凝聚同仁的自主組織平台，網友之間的交流及其爭論，為形成經過充分討論的思想共識提供了基礎。在圍繞著某一個重大社會事件的民意聚積和組織上，網路也為民間動員提供了強勁助力。

與此相關，網路的自由和高效還具有非凡的「造星」功能，造就一個接一個「民間維權之星」，造就民間的「意見領袖」、「道義榜樣」或「真話英雄」。

在這新一輪的網路簽名活動中，劉曉波敏銳地發現，新的特點和趨勢是「簽名不是排座次，人權抗議菁英色彩逐漸淡化」、「民間人權運動已經超越菁英化階段，而走向平民化普及化」。最突出的例證是捍衛網路言論自由和聲援因言獲罪的「不銹鋼老鼠」（劉荻）的簽名信之發起和組織工作，劉曉波贊同參與此類事件的「網路知識分子」王怡的看法：「在八〇年代，簽名信完全恪守了菁英立場，基本上屬於菁英知識分子向大眾的喊話。每一次簽名，誰能簽，誰不夠格，似乎在菁英團體中有著隱約的梁山座次。」而網路興起之後，「簽名行動的菁英化色彩前所未有地淡化。……在近年來許多簽名中，著名學者和知識分子，與普通網友同在一份簽名名單上出現已成為較常見的景觀。」

網路改變了異議人士的生存方式，打破了官方對異議人士的封鎖與孤立，也打破了菁英與大眾的分割與界限。劉曉波一旦「觸網」，便成了一天中絕大多數時間都在線上的「網蟲」。隨著海外多個以發表政論為主的中文網站興起，劉曉波在這些網站上發表文章所得的稿費，已經超過在海外的報刊等傳統媒體上所得的稿費。後來，劉曉波還出任「民主中國」網站主編。該網站由美國國家民主基金會資助，劉曉波每年有兩萬三千美元的薪酬。中共媒體攻擊美國國家民主基金會有中央情報局背景，由此影射劉曉波是「美國特務」。然而，從美國國家民主基金會的網站上可以查到公開的資訊，中國的司法部等政府部門，也從該基金會申請大量資助，用於培訓法官等合作專案。若以中共的邏輯來推理，中國政府才是「美國的傀儡」呢。

二〇〇八年，中國的博客熱潮興起，劉曉波以「劉老俠的不老歌」為名，在搜狐網站開設了博客，並委託朋友管理。博客空間主要張貼劉曉波的個人文稿。考慮到國內網路管理的現實情況，這個博客一般只貼敏感性相對較小的文章和資訊，如文學評論。該博客雖然常有文章被遮罩，但在劉曉波入獄後仍可正常訪問，劉曉波的名字和頭像也未被刪除。

二〇〇九年十二月二十三日，劉曉波案開庭之後，該博客的訪問量增加，管理者適當增加了貼文的頻率，但仍然只以曲筆隱晦談及劉曉波案情等資訊，而不直接挑戰網站管理「潛規則」。訪問者都心照不宣，很多訪問者在這裡閱讀劉曉波的文章，並為劉曉波留下感人的祝福。但從某一天起，所有張貼的訊息都被遮罩。從此，該博客被全面封殺。

網路對中國的影響不亞於一場革命。劉曉波引用一名中國基督徒的話說：「雖然中國人缺乏宗教感，大多數人也不信西方的上帝，但上帝的普世恩惠決不會遺棄苦難的中國人，網路就是上帝賜給中國人的大禮，它為中國人擺脫奴役和爭取自由的事業提供了最好的工具。」他深信，網路帶來資訊自由的潮水，終將突破中共的輿論控制和資訊封鎖。

隨著網路對社會的影響越來越大，中共對網路的控制也日漸嚴酷。二〇〇二年七月，新聞出版總署、資訊產業部連署發布〈網路出版管理暫行規定〉。此後，民間力量爭取言論自由的網路抗議活動持續了兩個多月。劉曉波、茅於軾、楊小凱、吳思、余杰等十七位海內外學者及作家，於同年七月二十七日公開發表〈網路公民權利宣言〉，將抗議活動推向高潮。

該宣言未能讓中共懸崖勒馬，中共為維護其特權地位，繼續倒行逆施。此後數年間，一輪又一輪的網路審查、整肅和封鎖次第展開。劉曉波描述說：「（我）彷彿就站在不斷擴大的民間網站墓場上，周圍是越來越多的新墳，今天是『文化先鋒』和『憲政論衡』的下葬，明天是『一塌糊塗』與『燕南社區』的墓碑，後天是『愛琴海』和『民主與自由』

的墳頭……。」然而，「野火燒不盡，春風吹又生」，舊網站剛被關閉，新網站很快又誕生。當局的網路監控部門疲於奔命，人員和編制不斷膨脹，「五毛黨」成為一種「過街老鼠」般臭名昭著的職業。

劉曉波一方面毫不留情地譴責剛愎自用的官僚，另一方面對年輕一代網路活躍人士、網站創辦人、論壇版主、博客博主等寄予厚望，他與這個群體聯繫密切，不斷給他們鼓勵、支持和建議。這個群體當中，王怡、楊子立、野渡、楊文柱、劉檸、羅永忠、冉雲飛、楊恒鈞等人，都視劉曉波為良師益友。當他們受到官方的各種打壓時，劉曉波都會撰文聲援，並提供實際的幫助。

楊子立因「新青年案」被捕之後，劉曉波打開楊子立辦的網站「羊子思想家園」，一邊閱讀一邊感歎說：「看子立的文字，越看越心懷感動。子立是九〇年代的大學生，一九九八年從北大畢業。他學的是力學，卻對自由主義思想如此用力，對『六四』、對法輪功的被鎮壓、對下層群體如此關注，對九〇年代的知識界的分化具有鮮明的立場，而且還創辦了自己的網站！」

王怡完成了隨筆集《美得驚動黨中央》之後，請劉曉波為之寫序。劉曉波在序言中寫道：「王怡等青年一代自由知識分子通過網路而現身，從『六四』屠殺的血腥中，他們覺悟到自己也生活在制度性的欺騙和殘忍中；從反抗奴役的民間維權中，他們逐漸獲得了內在的勇氣和明亮。」王怡的這本文集採取地下印刷的方式在朋友中傳播，後來被當局的文化稽查部門查扣。劉曉波再次發言聲援。王怡的做法與劉曉波從八〇年代就開始提倡的獨立寫作、獨立印刷、獨立傳播的模式一致，故而深受劉曉波的讚賞。

後來擔任筆會網站管理員的野渡，主持「民主與自由」等網站，屢次被封，卻移師再戰、越戰越勇。野渡的努力深受劉曉波的讚賞：「野渡主持的『民主與自由』無疑是大膽而堅韌的民間網站之一。在這個網站裡，幾乎所有的敏感時政新聞和敏感人士的言論都能見到。而且，這個網站積極參與網路維權，特別是在『劉荻案』和『杜導斌案』中，作為專門的簽名網址發揮了重要作用。」

四、突破結社限制，倡導寫作自由

劉曉波擔任筆會會長以來，筆會最重要的成就，就是成為中國大陸唯一突破集會和結社限制的民間組織。中國憲法中規定公民有集會和結社的自由，但在實際生活中，這兩種自由卻被取消或受到重重限制。中國現有的NGO組織，被要求「掛靠」在某一政府部門之下，以便於對其實現全面的控制。中國大量的所謂民間社團，實際上是「半官方」的組織，如中國作家協會，便是一個副部級單位，從國家財政中領取巨額經費，且組建有共產黨的黨組織。黨組書記領導主席。與這些「偽民間」組織相比，獨立中文筆會是真正「獨立」的民間團體。它能在中國本土生存下來，既與筆會對自身的定位有關，也得益於作為筆會領導者的劉曉波等人的努力。

首先，筆會在美國紐約註冊，中共無法予以取締。筆會無需在中國大陸註冊——實際上，這是不可能的，即便那些更中性的NGO，在中國亦難以取得合法身分，更不用說像筆會這樣「高度敏感」的民間組織了。誠然，並不是所有筆會的會員都帶有異議色彩，但會員的主體確實是異議作家。筆會從不回避這一事實——在中國，「獨立」意味著必然與官方「主旋律」發生衝突。

其次，獨立中文筆會是被國際筆會接納的分會，國際筆會是聯合國承認的A類國際組織。早在八〇年代，中國官方的作家協會就曾以中國筆會中心、上海筆會中心和廣州筆會中心的名義加入過國際筆會，迄今並未正式退出。所以，中共當局難以像對待像維權律師組建的「公盟」那樣，以稅收問題刁難，甚至悍然宣布為「非法組織」——那麼，照此邏輯類推，豈不是說國際筆會、聯合國，以及中國官方設置的作家協會全都成了「非法組織」？

由此，獨立中文筆會贏得了在專制制度的縫隙中艱難生存和發展的空間。劉曉波認為，在當前的外部環境下，筆會雖然無法實現公開化，但也不能處於「地下狀態」。在其推動下，二〇〇四年和二〇〇五年，筆會成功地在北京舉辦了兩次自由寫作獎頒獎大會。

二〇〇四年十月三十日，筆會第二屆自由寫作獎頒獎儀式在北京郊外舉行。經過劉曉波及筆會多名成員精心的組織和安排，在當局的嚴密監控和阻擾之下，仍然有六十二人乘坐筆會包租的大巴或自己驅車來到位於昌平黑山莊二道溝的「口樓畫家村」。

聚會的地方既是一位畫家的畫室，也是對外營業的「農家樂」式的餐廳。主人在這裡自建數間平房，四面環山，山上是破敗的長城遺址。作家、筆會理事、會議組織者之一余世存與幾個朋友把橫幅掛好，「獨立中文作家筆會第二屆自由寫作獎頒獎儀式」，紅底白字，在這一鄉野山間涵有藝術氣息的屋子裡仍像模像樣，一樣占盡風流，又十足地表明了自由獨立跟生活的關係。紅色的橫幅，進出的人群，改變了清冷的鄉間小屋。主人早已準備好飯菜，大家開飯，狼吞虎嚥，因為超過了預期，桌子椅子飯食顯得「僧多粥少」，好在人們並不介意，對付著，將就著，到桌子上的飯菜見底，也就半小時左右。

飯後，主人收拾場地，大家有一段短暫的合影和聊天的時間。很多人都在找劉曉波談話和合影，尤其是來自外地的、與劉曉波沒有見過面的會友。筆會會友、日本問題專家、也是北師大畢業生的劉檸，保存著十五年前劉曉波的著作以及與劉曉波有關的著作——比如中共批判劉曉波的《劉曉波其人其事》等。劉檸把這幾本藏書帶來，請此前沒見過面的劉曉波簽名。劉曉波在三冊書裡分別題寫下「十五年」、「感謝保存至今」和「長頭髮的日子不再了」等句子，十五年的光陰如白駒過隙，令人唏噓不已。

中午一點半左右，作家、筆會副祕書長王怡宣布會議開始。首先是劉曉波發言。他以會長的身分感謝來賓，由於本年度自由寫作獎得主為《往事並不如煙》的作者章詒和，所以劉曉波論及「反右」的歷史時談到：「五十萬右派不是一個簡單的問題，五十萬知識分子沒有了自由，沒有了獨立的創造，是一個天大的悲劇。」他繼而指出，筆會的自由寫作獎是獨立於官方評價體系之外的，由自由作家認可的評價體系，獲獎的都是對中國的現實與歷史有責任感的作家和作品。

在劉曉波發言時，王怡插話說，曉波當年的講話風靡了無數學子的心靈，但這十五年來他被剝奪了在三十人以上的集會上發言的機會，而在座的很多人當年就是親眼目睹過其滔滔演講的學生。這時，有人起哄說，就讓曉波再過把癮吧。

於是，十五年後，這些當年的學生、今天的朋友們，又聽到了曉波那結結巴巴的、抑揚頓挫的聲音。劉曉波也被燃起了激情，持續講了十多分鐘，根本不用講稿。談及筆會的歷史淵源和現實使命，讓聽眾莫不動容。最後，劉曉波莊重地宣布：獨立中文筆會的第二屆「自由寫作獎」授予《往事並不如煙》一書的作者章詒和女士。

接著，筆會理事余杰宣讀頒獎辭。頒獎辭認為，章詒和恢復了漢語的尊嚴和榮譽，「章詒和以三十年的苦難和血淚凝聚而成的文字，賦予了淪為權力和金錢的奴隸的當代漢語寫作以嶄新的質地——這種寫作不僅僅是對黑暗時代的控訴，更重要的是申明了對不可摧抑的人性尊嚴的肯定和破壞這一尊嚴的所有企圖的否定」。章詒和隨後致答謝辭，她極為堅定地指出，人生經驗、真相之於人生正義和社會正義的不可或缺。

然後，首屆自由寫作獎得主王力雄、學者包遵信、九鼎公共事務研究所張祖樺、律師浦志強等先後發言，大家一致重申自由寫作在今日中國的意義，對章詒和的獲獎表示祝賀，並對獨立中文作家筆會拓展言論自由的努力寄予希望。作家廖亦武以吹簫和詩歌朗誦為會議助興，將會議的氣氛推向高潮。

參加這次會議的，除了獨立中文筆會的二十多名會友之外，還有來自四川、山東、湖北、河北、北京等地的作家、學者、藝術家，如吳思、盧躍剛、王東成、徐曉、老村、高氏兄弟等人。英國路透社資深記者、劉曉波的老朋友林洸耀全程採訪了頒獎儀式，並在會後對劉曉波作了專訪。次日，許多與會者都被祕密警察約談，劉曉波更是「被喝茶」數小時，不過總算有驚無險。

萬事開頭難，有了第一次，第二次就順理成章了。二〇〇六年一月二日，獨立中文筆會二〇〇五年度「自由寫作獎」和「林昭紀念獎」的頒獎活動，在劉曉波家附近的金山城餐廳的一個包廂中，以「朋友聚餐」的形式舉行。由於場地的限制，與會人數比上一次稍少一些。

會前，北京國保警察多次約談劉曉波，先是施加壓力要求取消此次聚會，被其斷然拒絕。他們繼而要求審查與會人員、限制會議之規模。劉曉波據理力爭說，在元旦期間，朋友一起聚餐有何不可？同時，他巧妙地作出某些讓步——可以不打出頒獎會的橫幅，可以不安排專門的頒獎儀式，只是在吃飯過程中說幾句話而已。如此這般，總算爭取到「合法吃飯」的權利。

此次會議，筆會在國內的五位理事劉曉波、余杰、王怡、趙達功、余世存和多名會員與會，北京知識界和維權律師界共有四十多人參加，其中有蔣彥永、包遵信、劉軍寧、徐友漁、江棋生、郝建、莫少平、浦志強、滕彪、高智晟等。這樣的會議本身就是民間力量戰勝恐懼聚合在一起的標誌。前兩屆自由獎得主王力雄和章詒和首先發表賀詞。章詒和指出，與會人數雖然不多，但在中國，有這幾桌人，和沒有這幾桌人，情形是不一樣的。

這一屆「自由寫作獎」的得主為歷史學者吳思，吳思到會領獎並宣讀受獎辭。本屆「林昭紀念獎」得主為大學青年教師盧雪松，因其正在「取保候審」期間無法前來領獎，遂由筆會理事趙達功代為宣讀受獎辭。

這一天，劉曉波心情很好，破例端起酒杯，跟大家一起喝了一大杯啤酒。一杯酒入肚，他便滿臉通紅，話也多了。他的笑聲在幾桌友人中間遊蕩著。

筆會是否能夠順利舉行小型活動，是中國人權狀況的風向標之一。二〇〇七年十二月，筆會又計畫在京舉辦本年度「自由寫作獎」和「林昭紀念獎」頒獎典禮。兩個獎項的得主分別為作家廖亦武和李劍虹（小喬）。然而，自從北京奧運會進入倒數計時以來，中共當局不斷加緊對異議人士的控制。十二月二十二日，劉曉波對美聯社說，獨立中文筆會原訂於二十二日晚上在北京舉行集會並進行頒獎，但兩名獲獎者均遭到警方拘留。上海女作家李劍虹被警方軟禁在家，四川作家廖亦武則抵達北京就遭到警方拘留並被直接遣送回四川。原本大約有四十多名作家準備出席這次集會，其中大部分人都受到警方威脅，不准出席。警方也在劉曉波住處外二十四小時站崗，一出門，警方就用警車接送，強力監控其一舉一動。所以，頒獎活動被迫取消。

除了利用舉辦頒獎典禮突破集會和結社限制之外，筆會還在國內組織各種形式的研討會。二〇〇六年一月十二日，筆會與「公民半月談」在北京三味書屋合作舉辦「文學與記憶」研討會，會議由筆會副會長余杰和「公民半月談」組織者張大軍共同主持，章詒和、徐友漁、丁東、王東成等作家和學者參加研討會。研討會討論了章詒和的《往事並不如煙》、楊顯惠的《夾邊溝記事》等恢復歷史、捍衛記憶的作品在當代中國的意義與價值。會議紀要收入二〇〇七年地下出版的《公民半月談》一書中。

為避免警方的騷擾，劉曉波未親自出席研討會，在會後趕過來跟大家一起聚餐。但他提供了一份書面發言由他人代為宣讀。他在書面發言中論述說：「在患有失憶症的當代中國，只要歷史事實還得不到相應的還原，只要現實真相還無法被大聲說破，那麼關於中國的未來，任何理論探討和路徑設計皆是空中樓閣。所以，與其為中國的未來設計千百個方案，遠不如還原歷史和揭露真相，歷史清楚了、現實袒露了，中國該往哪裡走、如何走，也就自然而然地清晰起來。」劉曉波本人也是如此身體力行的，他撰寫了很多文章，對共產黨造成的慘禍，從「土改」、「三反五反」、「反右」、「大饑荒」、「文革」到「六四」，都有獨特的分析與評論。「活著，並且記住」，是有良知的當代中國知識分子繞不開的使命。

由此，獨立中文筆會在劉曉波的帶領之下，成為倡導「獨立之人格、自由之思想」的先鋒。獨立中文筆會的會員以及與之關係密切的一群作家，讓那些獻媚於體制與畸形市場的御用作家黯然失色。廖亦武、章詒和、野夫、楊顯惠等作家，在海內外文壇具有重大的影響力，代表著中國當代文學的最高水準。劉曉波功不可沒。

五、出入於「大監獄」與「小監獄」之間

因從事各種人權活動，撰寫政治評論，起草和組織若干簽名信，劉曉波付出了絕非一般人所能承受的巨大代價。整個九〇年代，除了經常性的騷擾、軟禁、「被旅遊」之外，*劉曉波有兩次較長時間失去自由：第一次是因起草和組織〈反腐敗建議書〉和〈「六四」六週年呼籲書〉，他被警方從家中帶走，沒有任何合法手續，被關押在北京郊外一個祕密地點長達半年之久。第二次是因發表〈雙十宣言〉，被「勞動教養」三年。

一九九四年，劉曉波與陳小平等人向全國人大提交〈關於廢除勞動教養制度的建議〉。僅僅兩年之後，劉曉波本人卻成為勞教制度的犧牲品，他曾在十幾分鐘內被剝奪長達三年的人身自由。

一九九六年十月八日清晨，正在睡夢中的劉曉波，被一陣敲門聲驚醒。他起身開門，

眼前站著的是熟悉的片警居曉菲和另一位沒見過的警察。** 居曉菲一向喜歡穿便裝，這天卻換上了警服，從他的裝束和嚴肅的表情中，劉曉波多少已經感覺到此次大概不是例行的談話或傳喚，一定要發生更為嚴重的事情。「六四」後，他一直與警察打交道，和居曉菲打交道的時間也不算短。居曉菲是個有良心的警察，平時對劉曉波很客氣，臉上總掛著和善的笑容。

劉霞也被驚醒。劉曉波安慰她說：「是小居，不會有什麼事。」劉霞以為這是又一次見慣不怪的例行公事——隔一段時間就要有一次傳喚。

本來，劉曉波想讓劉霞起來，跟他一起出門，如果真發生什麼，劉霞能看到他被抓走的全過程。但他又實在不願、不忍心讓劉霞目睹那近於生離死別的殘酷一幕，不忍心聽到她那聲嘶力竭的叫喊，看她那被淚水浸泡的目光。於是，他裝作若無其事地穿衣、出門，直到下了樓梯、走出門洞幾十公尺之後，他還回頭望了一眼他們小北屋的窗子，它還開著一道小縫。

兩個警察把劉曉波領到萬壽路派出所，直接去二樓的大會議室。那裡已經有七、八

* 編注：「被旅遊」為中共推動「維穩」的手段之一，某些被政府視為是異議分子的人，會在特定日期（如「四二五」法輪功萬人和平請願紀念日、「六四」天安門事件等）被警政單位強制帶離北京或其他敏感地區，到外地去「旅遊」，以減少其在敏感地區生事的可能性。

** 編注：「片警」即指派出所的警員。因其工作範圍為分片負責某一地區內的治安，故得此暱稱。

個警察在等著。有穿警服的，也有穿便衣的，其中三個人端坐在長條桌中間。這個屋子、這個長條桌他都很熟悉，曾多次在這裡與北京市公安局一處（政保處，後更名為國保大隊）、海淀分局和派出所的警察們見面。大多數情況下的見面，是例行公事的「聊天」或「溝通」。

進屋後，他們讓劉曉波坐在那三個人對面。他一抬頭，發現在屋子的東南角，有人扛著攝影機，鏡頭正對著他。正對著他的那個人開始提問。無非就是明知故問的一些例行問題，諸如姓名、年齡、籍貫、民族以及其他情況，他都懶得回答了。接著，他們出示兩份境外報紙的影本，內容是他的一篇文章（在台灣《聯合報》發表的名為〈被褻瀆和被遺忘的死亡〉的紀念「六四」五週年的文章）和一封呼籲書，以便當面確認是他寫的。這一切問過之後，他們向劉曉波宣布〈北京市人民政府勞動教養委員會決定書〉，以「造謠、誹謗」和「擾亂社會治安」為由，判處三年勞動教養。

也許已經有過兩次被剝奪人身自由的經驗，並對自己的命運有充分的心理準備，聽到「勞教三年」的判決，劉曉波沒有絲毫的慌亂，甚至連不安的感覺都沒有——儘管這一次被剝奪自由的時間之長，超過了「六四」之後的那一次。當警方讓劉曉波在判決書上簽字時，他好像沒過腦子就斷然拒絕，不是憤怒的拒絕而是平靜的拒絕，並當即提出不服此判決的上訴。

警察又多次恐嚇說：「你再認真想想吧，簽字對你有好處，拒絕簽字的後果更加嚴重。」一見勸說無效之後，警察只好讓劉曉波在法律文件上寫下「本人拒絕簽字」幾個字，他平靜如初地寫下這幾個字。

所謂的「法律手續」終於辦完了。劉曉波又點燃一支煙，警察帶他出了派出所。他提出要見劉霞一面，警察說：「回頭我們會通知劉霞的。」

三輛警車停在派出所門口。警察沒有給劉曉波戴手銬，甚至還算禮貌地讓他上了中間的那輛。居曉菲和另一個警察坐在兩邊，把他夾在中間。

一上大街，警車就一路鳴笛，由長安街向東行駛，在公主墳立交橋右轉上西三環，再拐向南二環。大約半個小時後，警車拐進一個窄胡同，出了胡同就到了半步橋四十四號北京市公安局看守所。

在看守所大門口等待警察辦拘押手續時，居曉菲偷偷塞給劉曉波一包萬寶路煙。劉曉波坐在車上抽煙，一個穿便衣的警察遞過來幾根油條，權作早飯，他居然一口氣吃了兩根。事後，他驚奇於在那種情況下，自己的情緒是那麼穩定，食欲竟如此之好。

後來，劉曉波被帶進看守所。在某個房間裡，看守所的一位女警察負責登記和詢問。詢問完畢，他要求紙和筆，寫法律委託書和上訴書，那位女警官出去後，房間裡只剩下他和居曉菲以及另一個同車來的年輕警察。居曉菲問他有什麼事轉告劉霞，劉曉波把衣兜裡所有的東西都掏出來，有錢包、鑰匙等，包括那盒煙，一起交給居，讓居帶給劉霞。他還想讓居給劉霞帶幾句話，但一時語塞。這時，看守所的警察回來了。

劉曉波從走出家門到走進派出所再到被押上警車，整個過程大概只用了十幾分鐘。「這就是中國特色的勞動教養制度，剝奪國民人身自由這麼嚴重的懲罰，居然可以不經過逮捕、提審、起訴和審判，在十幾分鐘內搞定，極大地節省了踐踏人權的成本。」

一九九七年一月底，北京市公安局將劉曉波遣送到戶籍所在地大連的勞動教養院服刑。曾經在大連當記者的姜維平撰文提及當地司法系統的官員談到劉曉波勞教中的情況。據大連勞改處副處長張某透露，劉曉波關在大連勞動教養院是上面精心研究的，一方面他戶口在大連，押在這裡順理成章，另一方面他父親在大連，自然雙方情感上難以割捨，利用這個關係好改造他。而且大連少有外國記者和外國使館，所引起的國際關注度比北京低。而二〇〇九年劉曉波被重判十一年後，則被轉移到跟他的戶籍毫無關係的遼寧錦州監獄服刑，可見中共的司法不僅沒有任何進步，反倒在繼續倒退。

據勞改處副處長張某說，在勞教院，劉曉波愛談政治，即使剃光了頭，當了囚徒，也不悔改。有一次，他又被一個同犯舉報，說他私下罵某某管教等等。張某講到這裡，用一隻手比劃著，形容自已抓住劉曉波肩膀的樣子，還警告說，你再鬧狂，我叫你吃膠皮管子。每個管教都有膠皮管子，即打人的電棍。另外，當局為了便於監控劉曉波，專門安排一個文化素質極低的、小學未畢業的少年犯在他身邊，以免受其影響。一個名叫鄭義強的警察得意地說：「劉曉波不是大博士生嗎？叫他天天與文盲在一塊，對牛談琴，看他怎麼辦！」

對於坐牢，劉曉波心境平和，他認為這是「求仁得仁」，是異議人士的一種「本職工作」。坐牢是常態，不坐牢是萬幸。如果沒有這樣的心理準備，就不要挑戰中共。捕蛇者哪有不被蛇咬的呢？劉曉波在為「六四」後被投進監獄的作家秦耕的回憶錄所寫的序言中說：「政治犯不是超人，為自由坐牢也不是自我炫耀的資本。在這顆平常心的審視下，監獄的鐵門成為通向自由的必經之路，獄外的抗爭和獄內的堅守共同構成獨裁下的自由事業。」作為一名囚徒，如何不被長久的牢獄之災摧垮？劉曉波的心得體會是：「在極端嚴酷的環境中，只有保持樂觀的平常心，某一時刻的絕望才不會變成自殺的毒藥，特定的苦難才不會把人變成喋喋不休的怨婦，才不會陷於『為什麼我如此倒楣？』的自我中心深淵，才不會沉溺於『我是天下最不幸的人』的悲歎中而無力自拔，才不會覺得全世界的人都『欠我一筆還不完的債』，稍不如意就大發雷霆或哀聲歎氣，並將自身的冤恨、憤怒、悲觀、厭世、沉淪、頹廢等情緒，轉嫁給外在環境和親人、朋友及其他人。」

劉曉波特別欣賞秦耕提出的「愛獄如家」的觀點，他認為這既是一種難得的品質，也是獨裁制度下異議人士應該具有的「職業道德」。選擇反抗首先是個人性的和自願性的，你也可以像其他人一樣選擇沉默。既然是個人的、自願的，就要坦然承受這種選擇所帶來的一切，特別是當坐牢並沒有為良心犯帶來所期望的社會聲譽和公眾尊敬時，良心犯也不應該怨天尤人，更不應該以坐牢為資本向社會討債。與此同時，外在的社會評價越是向良心犯獻上種種英雄光環，良心犯本人就應該越清醒，避免陷於一坐成名的自我陶醉之中。無論經歷多少苦難，也要保持看待自己和看待社會的「平常心」。這是劉曉波的「夫子自道」，為了心靈的自由，他付出了身體不自由的代價。整個中國對他來說就是一座「大監獄」，多年來，他都是從容地出入於「大監獄」和「小監獄」之間。與許多坐牢之後心理失衡的人相比，他始終保持著謙卑的心態。

六、如影隨形的警察

在中國的異議人士中，劉曉波不是坐牢時間最長的人。他即便把第四次入獄的十一年刑期坐滿，前後四次失去自由的時間加起來為十七年左右。而在中國，有若干良心犯被判處無期徒刑及有期徒刑最長的二十年刑期。

但是，劉曉波無疑是將「異議分子」身分堅持最長時間的人之一。他在監獄外的生活，常年處於不正常、不自由的狀態——當警察成了你的「編外家庭成員」時，你能忍受這種扭曲的生活多久呢？

劉曉波的日常生活，就像是獲得奧斯卡最佳外語片獎的德國電影《竊聽風暴》（*Das Leben der Anderen*）中的情節。故事的主角不是像劉曉波一樣遭到竊聽的作家，而是率隊竊聽作家的東德「史塔西」（Stasi）特工——他在他的生活裡保護了別人的生活。電影終究還是電影，現實遠比電影殘酷。據說，電影在拍攝期間曾想去「史塔西」原來的監獄內取景，那裡已經被改造成一所保存「史塔西」歷史的檔案館。檔案館館長拒絕了導演的要求，理由是：據他所知，歷史上從來沒有任何一個「史塔西」特務保護過他所監視的人。那些監視劉曉波的國保警察也是如此，他們沒有同情和保護過劉曉波。唯一的例外是，九〇年代初，北京市國保部門有一個姓高的處長，稍稍有點人情味，後來被安上「代表公安系統內一條右傾投降路線」的罪名，清洗出局，轉而下海經商。

劉曉波的很多朋友都習慣了這一場景：與劉曉波會面時，便衣警察如蒼蠅般尾隨其後。劉曉波的大學同學溫玉傑回憶說：當劉曉波第一次從裡面出來後，溫在長春設宴為其接風洗塵。劉曉波鄭重地派他的弟弟來商洽，主要內容是：應邀參加的同學，要經過劉的篩選，溫不可擅自做主；非555牌的香煙不抽，溫要準備幾盒這個牌子的香煙；要允許劉帶長春市公安局的一位處長（後來聽說此人是負責監管劉的）。這三條要求，溫都照辦了。席間，劉很興奮，但基本是只敘友情，不談政治。

一九九二年，溫舉家南遷到珠海。一九九六年某月某日，劉同學突然造訪。溫立馬設宴招待。想不到劉在珠海竟有那麼多朋友，大約來了六、七個人。吃完晚飯，大家又在溫家打麻將，鬧了整整一個通宵。劉第二天揚長而去，但第五天溫的麻煩來了。半夜一點有人敲門，溫定眼一看竟是警察。他們向溫詢問了一些無關痛癢的話，如你怎麼來珠海的？現在從事什麼工作？溫心裡知道是因為劉，對方也不說破。從此相安無事。溫漸漸把這事忘了。想不到時隔三年，到了一九九九年澳門回歸的時候，溫突然接到片警的電話，通知他不許上街，只可在家裡從電視上看回歸的盛況。當時的感覺，又是一個「丈二和尚摸不著頭腦」。

只要是在中國的土地上，劉曉波走到哪裡，警察便跟到哪裡。二〇〇三年三月底，劉曉波夫婦受邀去丁子霖夫婦在無錫的老家玩，又陪同兩位老人去太湖三山島遊玩。那裡交通不便，需從無錫坐火車到蘇州，再從蘇州坐兩小時公車到東山，再由東山坐環島的車到陸巷碼頭，換乘每天一班的渡輪才進得三山島。那天他們費了很多周折才到三山島，沒有想到一群便衣已經先於他們一天到達島上。十多個便衣住在他們租的農民旅館旁邊的另一家旅館，窗子對著窗子，好像是事先安排好的。據島上的居民說，這個島上唯一的一艘遊艇拴在碼頭上二十四小時待令，唯恐這四個「要犯」隨時會出逃似的。

文學評論家吳亮描述了因與劉曉波聯繫引起的一場虛驚：二〇〇六年，一群作家和評論家在蘇州開一個會，劉曉波恰好到蘇州玩，吳亮給劉曉波發短信說，可以在蘇州開會的賓館見面，有很多朋友都想見見劉曉波。結果，這個短信給這個會議帶來了不小的麻煩。「事後據酒店的服務員說，那天跟蹤劉曉波的共有七個警察，嚴厲地要服務員交出會議的參加者名單，把經理都嚇壞了。這些事永遠不會過去，無論我們將來會怎樣評論它。」特務們大概以為劉曉波會在會議上發言，所以才會萬分緊張。

✣

在不同的地區，監控的程度又有所不同。像上海這樣表面上開放的「國際大都市」，意識形態上卻最為保守，劉曉波享受的「貼身保護」的級別也更高。上海劇作家沙葉新寫道，「有一次劉曉波到上海，我和曉波以及上海的一些朋友在我家附近的一家湘菜館吃飯時，有國安尾隨監控。我們一共有九人，在一個包房內；國安有三人，二男一女，坐在緊靠我們包房外的雙排座位上。透過包房的玻璃門窗，雙方都可以清晰地看見對方的一切。」偶爾有一、兩次這樣的經歷，還會覺得滿有趣的，但二十年來天天如此，又是什麼滋味呢？有多少人可以忍受這種幾乎透明的生活呢？

劉曉波的學生王小山講述的故事更具戲劇性，可以成為中國版本的《竊聽風暴》中的情節：前幾年，某天，幾個朋友約劉曉波吃飯，門外自然少不了警察相陪。席間，劉曉波對王小山說：「外面陪著我的那個是你同學。」王小山出去找那警察，一聊，果然，也是同為北京師範大學一九九〇屆畢業生，同屆不同系而已。該警察羞赧地說，實在不好意思，我在監視自己的老師，沒辦法，我的工作。王小山假裝大度地說，「理解，理解。」還跟他要了好久沒聯繫過的一個同學的電話號碼。

後來，王小山評論說：「關於『理解』，我是這麼想的，我當然理解在這個國家，一個不錯的飯碗對一個家庭意味著什麼，而做國保，顯然是這樣一個飯碗——說『不錯』，也就是收入不錯而已。實際上，做國保的，看上去根本沒什麼油水可撈，而且要經常被我這種人冷嘲熱諷，就沒那麼可觀了。所以，我所不理解的，就是為什麼還真有人愛做這個，並且監視到自己的老師也只是稍微羞澀一下，並無其他表現。」

多年來，一到所謂「敏感日期」，如「兩會」、*「六四」、「七一」中共建黨紀念日、「八一」中共建軍紀念日、「十一」中共建政紀念日、中共召開各種重要的會議和舉辦各種重要活動的時刻，以及外國元首和高官來華訪問等等，在劉曉波的家門口都會不約而至地出現警察們和警車，像保鏢一樣「站崗」，家裡來客要被盤查。有時，允許劉曉波出門活動，但劉曉波走到哪兒，他們就跟到哪兒；有時，他們乾脆就粗暴地將劉曉波軟禁在家，不許出門，而不出示任何法律文件。

僅以二〇〇四年為例：從「兩會」前的二月二十四日起，對劉曉波的監控已經開始且逐步升級。剛開始只是跟蹤和站崗，並不阻攔他外出或見人，若是外國記者上門採訪，則會受到阻攔。家中的電話和網路也沒問題。在三月三日到三月十六日兩會期間，監控有所收緊，劉曉波可以外出見人，但不能見記者，來他家的所有人也要受到盤查，電話在通話時常常突然中斷，中斷的頻率越來越高。為此，他與監管的警察發生過爭吵。兩會過後，依然如此。

從五月二十四日起，監控之網再次收緊。除了有時回岳母家吃晚飯之外，當局不允許劉曉波去其他地方，電話和上網受到更頻繁干擾，只要是記者或所謂敏感人士的電話，必被掐斷。只要他上網，幾分鐘後就中斷。為此，劉曉波又與警察爭吵，還向一一二障礙台投訴。

五月二十五日凌晨以後，劉曉波家的網路和電話在大多數時間裡不通。六月一日開始，電話全天不通，他也不能再到岳父家吃飯。與此同時，每一次監控升級，海淀分局的人都會來找他談話，雖然態度溫和，但實際上是警告。「六四」期間的監控，一直到六月十一日才解除。

對此，劉曉波感歎說：「這黑夜，不是大自然的晝夜迴圈，而是獨裁制度下的持續黑夜，從貼身的跟蹤到盤查來我家的客人，最後切斷我的所有通信聯繫，把我軟禁在家中，讓我成為資訊上的瞎子和聾子。」

整個二〇〇四年，劉曉波被非法監控長達四個月之久，占全年時間的三分之一。

二〇〇五年，情況更趨惡化。劉曉波的切身體會是，胡溫上台後，對「敏感人士」的軟禁式監控的力度和廣度，大大超過江朱時期。

這一年春節，警察前所未有地上崗了：「沒想到，今天是大年三十，警察又上崗了。我、張祖樺、江棋生的家門口同時上崗，但並不阻止我們外出。往年，其他時間站崗，但春節期間從未站過。今年卻不同，大概是今年春節來得晚，離兩會時間太近。下去抗議，警察說是上面的命令。今晚值班的警察也更慘，我們這些被站崗的人，起碼還可以與家人團聚三十，而他們就只能在崗位上無聊。對於大年三十派警察站崗，不要說戕害人權，連基本的人道都不講。我表示強烈抗議！」

＊編注：「兩會」乃指「中華人民共和國全國及地方各級人民代表大會」和「中國人民政治協商會議」，此兩會均在每年初春時段召開，所以兩會召開時期也常是中國政府安全工作最重要時期之一。

此後，兩會期間是半個月，從三月初到三月十六日；趙紫陽去世期間，也是半個月，從一月十七日到三十一日；「六四」期間，是半個多月；十二月十三日，劉曉波被抄家、傳喚後，又是半個多月。其間，還有某些時段是絕對嚴控，警察坐在樓道裡，不但不准劉曉波離開家門，連劉霞也失去人身自由，到附近的超市買日用品，也要被跟蹤。

每當重要的外國客人來訪，劉曉波必定被軟禁在家中。二〇〇五年五月二十日，美國國務卿萊斯（Condoleezza Condi Rice）來訪，警察提前來到樓下站崗。劉曉波撰文揭露中共當局在人權問題上的言行背離，抗議警方非法限制其人身自由，敦促中共當局不要再玩弄這類首鼠兩端的把戲。

二〇〇五年八月二十九日，聯合國高級人權專員阿爾伯爾（Louise Arbour）訪問北京。阿爾伯爾不但要與胡錦濤會談，還要和中方簽署一份旨在推動中國儘快批准《國際公民權利和政治權力公約》的協議。按名實一致的常識邏輯，既然是討論如何改善人權，那麼，起碼在阿爾伯爾停留北京的五天裡，國內的人權狀態應該有所改善。

事實卻無比荒謬，胡錦濤與阿爾伯爾在人民大會堂裡談人權，人民大會堂外卻在限制異議人士的人身自由。劉曉波寫道：「我家的下面又有五、六個警察和警車上崗了。……都『以人為本』了、『和諧社會』了，為什麼我和其他異議人士的人權就這麼賤，想踐踏就踐踏？為什麼只能靠警察站崗來建立『和諧社會』？每天坐在家裡讀書寫作的我，還有與我的生活方式基本相同的異議人士，如何能威脅到大會堂裡的握手、照相和寒暄。莫非我們這些人身上都有『特異功能』？」

二〇〇五年十一月二十一日晚間八點，劉曉波被北京警方從家中帶走。來人的說辭是：請去談談話。隨即去茶社談了近一個小時。官方主要是對在美國總統布希（George W. Bush）訪華時間採取的軟禁措施作出某種解釋。

這就是劉曉波的日常生活——被監控、騷擾、切斷通訊或軟禁，隨時都有可能發生。對於警察，劉曉波的態度是：「我向來就主張，我們面對的警察，脫了警服就是普通人，他的道德也不比普通人差，也不比普通人高，所以你跟他打交道的時候，他想用野蠻的方式激怒你，你偏不被激怒，反而要用自己的文明方式去抑制他的野蠻和激發他身上人性的東西。如果警察罵了你，你反過來罵警察就是一條狗。這麼罵，不僅會激怒他，還會把他的道德包袱一下子就放下了，他會想，你都罵我是狗，狗的本性就是咬人，那我就當條狗給你看看。那種道義對他的壓力感就一點都沒有了。」

在絕大多數情況下，劉曉波都以最大的善意對待警察。他曾講過一個有趣的故事：有一次，他去一位朋友家做客，幾個便衣跟隨他來到朋友家所在的樓下。一個多小時後，他接到一名便衣的電話：「劉老師，我在下面憋了半天，四處都找不到廁所，我可以上來借用一下主人的廁所嗎？」劉曉波在徵得主人的同意後，讓便衣進屋如廁。

還有一次，劉曉波與劉霞一道出門，警察在後面跟隨。由於沒有招到計程車，他們夫婦倆便上了一輛公共汽車。他們發現前面一輛桑塔納，後面一輛奧迪，還有一輛摩托車時前時後，他們一出門便享受部長級待遇。不久，公共汽車司機也發現了這一奇怪的情況，便嘮叨說：「這麼寬的馬路，這幾輛車為何偏偏來騷擾我？他們是神經病啊？」北京的公車司機有一種天不怕地不怕的性情，在「八九」民運的時候，許多公交司機都開著大公共汽車到街頭去阻擋坦克。到了下一站，這名司機終於按捺不住了，趁乘客上下車的機會，自己也下車去，走到後面那輛奧迪車的跟前，使勁拍打奧迪的車窗。裡面的便衣警察苦於不能向司機說出真相，只好當縮頭烏龜，拒絕打開車窗。又到了下一站，司機發現奧迪車還在後面跟著，又下車去敲打其車窗。如此反覆了好幾次。直到幾站之後，劉曉波夫婦下了車，跟蹤的車輛才離開那輛公車。劉曉波在一旁哈哈大笑，後來跟朋友說，簡直就像看一場免費的喜劇。

✣

可是，畢竟不是每一天都會發生讓人發笑的事情。

比日常的監視、跟蹤和軟禁在家更嚴重的是傳喚。

二〇〇四年十二月十三日，劉曉波與余杰、張祖樺因起草一份人權報告，同一時刻遭到警方傳喚。次日凌晨兩點，劉曉波獲釋。他對媒體說：「昨天傍晚將近六點左右，十幾個人闖進家裡，出示傳喚證，先搜查，然後錄影、照相，還搜走了電腦。他們把我帶到派出所，問我關於寫文章的事，給我出示了五、六篇文章。凌晨兩點半左右把我送回家。」他還說：「這種傳喚經常有，一段時間來一次，已經十五年了，一直都在跟公安局打交道。但這次不同的是，闖進家裡搜查，這是一九九九年出獄以來的第一次，所以覺得很突然。」

當警察進門時，劉曉波正在跟徐友漁通話，他沒有掛斷電話。警察沒有注意到這個細節。徐在電話中戲劇性地聽到警察傳喚劉曉波的過程，遂第一時間將此資訊傳遞出去。否則，後來當局切斷劉曉波家中的電話，劉霞也被軟禁在家，此事就無法為外界所知。

次日凌晨，劉曉波從派出所回家時，馬上接到數不清的朋友、熟人、陌生人的電話慰問，還有諸多境外媒體的電話採訪。儘管電話時斷時續，但足以讓劉曉波感到寒冬裡的溫暖。他在一篇致謝文章中說：「十二月二十一日，許多人通過電話把我獲得『捍衛言論自由獎』（Fondation de France Prize）的消息告訴我，友人的通報讓被禁錮的陋室充滿了激勵的溫暖。」

這一事件標誌著所謂的「胡溫新政」根本就是子虛烏有，還沒有開始就破產了。當天晚上，法學家王怡在一篇抗議文章中寫道：「當余杰和劉曉波同時被國安傳喚，這顯然是最近數月自趙岩、黃金秋、師濤等一系列良心案後，胡溫當局逮捕作家、記者，扼殺言路的又一個高峰。是向近年來民間和網路的維權浪潮、政論浪潮、公共知識分子浪潮發出的最強悍也最赤裸的恐嚇。」人們的清官渴望從此可休矣。王怡接著寫道：「他們兩位的政論，從來持漸進的改良立場，對暴力革命和激進主義不相為謀。今天，令我無法不想起曉波先生十五年前『寧做三百年殖民地』的悲苦之語。放眼今日的中國，我們夢想的租界在哪裡？如果我們擁有私有產權的房屋不能成為獨裁政權下的一小塊租界，如果我們坐在家中，不能阻止祕密警察破門而入，我們的家和監獄有什麼區別？我們就是共產黨的半個囚徒和半個人質。」

二〇〇八年六月四日，「六四」屠殺十九週年紀念日下午，國保人員要求跟劉曉波「談談」。劉曉波說，這樣的日子，我心情沉重，不願跟你們說話。他家樓下那群國保圍繞著他糾纏多時不果。他上樓後，待在屋中。至晚上六時許，與劉霞出門準備去岳父家吃飯，再次在樓下遭多名警察圍堵阻攔，雙方發生爭執與肢體衝突。帶隊的派出所所長和幾名警察參與了對劉曉波的毆打，並將其強行拖入附近專門為監視他而建造的一間類似交通崗亭的小黑屋中。看到丈夫遭此虐待，劉霞淚如雨下，大聲呼救。現場有若干群眾圍觀，有人譴責警方的暴行。有一名自稱是北京市人大代表的中年男子，出面制止警方的作為，並打電話給北京公安局投訴。後來，國保的一個頭頭趕到現場，出面打圓場說：「這是一個誤會。」打人的警察當面向劉曉波道歉。約晚七點半左右，劉曉波夫婦才回到家中。這醜惡的一幕顯示，警察的無知和蠻橫可笑又可恥，政府對劉曉波的恐懼卻是十分實在的。

當天，為了表達對劉曉波遭遇暴力對待的抗議，多名人權活動者共同發布一份公開信。公開信指出：「十九年來，劉曉波先生始終秉持和平、理性抗爭的信念和主張，不懈地呼籲國人不要以暴易暴，以寬容與對話來化解仇恨，而政府竟如此野蠻地對付這樣的自由知識分子。再次說明，儘管中國政府在二〇〇四年把國家尊重和保障人權寫進了憲法，但在我們這片國土上，憲法條文並沒有得到落實，中國國民的基本人權仍然缺乏最起碼的保障。」

在劉曉波被捕前半年，他的生存處境已極度惡化。一方面是中共以奧運會顯示其「大國崛起」的氣派，世界各國則樂於與中國做生意，對中國的人權問題視而不見；另一方面，中國的人權狀況持續退步，對以劉曉波為代表的異議人士的打壓變本加厲。

由北京學者郭玉閃和張大軍等人創辦的民間機構「傳知行研究所」，每週六下午三點舉辦講座，邀請學者和專業人士演講。主辦人邀請劉曉波於十一月二十九日的週六下午前去演講。大家知道劉曉波是政治敏感人物，有試探官方底線的想法，如果劉曉波能在這類民間講座上公開露面，不管講什麼，也是一個突破。所以，他們選擇的演講題目很溫和：「悲劇的文學」。二十八日晚上，警察突然給劉曉波打電話，要求他不要參加週六的講座，被他拒絕。

二十九日下午二點，劉曉波應約去「傳知行」。他一出門，三個警察迎上來圍住他。劉曉波據理力爭，堅持赴約，並向院門口走。沒有多遠，已經有五名警察圍上來，將他團團困住。劉曉波讓警察出示相關文件，警察只說這是「上面的命令」。最終，在警察的強行攔截下，他無法走出院門。後來，劉曉波對媒體表示：「『六四』之後這麼多年，我從被北師大開除之後，從來沒有在這種公開場合，開過講座，或者講過課。為了使這次講座能成功，講一些跟現實政治沒關係的事。」然而，即使演講內容與現實政治無關，仍遭當局禁止。

事後，署名「紅旗下的蛋」的網友發表了一則日記〈劉曉波的「悲劇的文學」講座並沒有發生〉。日記寫道：「今天去參加傳知行研究所組織的週末例行講座活動，邀請的是劉曉波，預定講的題目是『悲劇的文學』。活動安排的開始時間是下午三點。我在開始前約十分鐘到達現場，發現現場大約還有十多個座位（估計全部的座位也就五、六十個）。這樣看來其實可以算是並沒有太多的人參加——相對於曉波的名聲之大來說。大約三點的時候，組織方來人跟大家說，劉曉波被好幾個警察堵在路上，還在交涉，讓大家稍微耐心等候一下。大約三點半的時候，組織方再次來告知，劉曉波被堵在家門口，基本可以確定是出不來了，請大家原諒、抱歉之類。於是大家就只好各自散了。」

就是在這樣嚴峻的形勢、惡劣的處境之下，劉曉波仍然成為《零八憲章》的靈魂人物，仍然在《零八憲章》中倡導和平、和解、理性、法治、非暴力等理念，外部環境的慘澹與他內心世界的澄明，形成鮮明的對照。唯其如此，尤為可貴。

第六章

地震前最後的預報：《零八憲章》

在關於人權和社會權利的條款上簽字的願望已經成為了可能，這是歷史發展的新階段，也代表著人們良知的覺醒。我們行動的動機不再局限於恐懼或是對物質生活的追求，而應該著眼於對人的優越性的尊重，對義務和共同價值概念的認同。更重要的是，應該明白，為了達到如此崇高的目標，我們將不得不隨時準備面對不公正的待遇，甚至嚴酷的身體摧殘。

——帕托什卡（Jan Patočka）

一、《零八憲章》與《七七憲章》

劉曉波第四次入獄，起因是《零八憲章》。雖然劉曉波並不是最初的起草者，但他是其重要的修訂者和組織者。《零八憲章》是劉曉波和朋友們在「六四」之後二十年思想成果的「點睛之筆」，是此前他參與起草和簽名的三十多份公開信和聲明的總匯集，也是老、中、青三代獨立知識分子和有社會責任感的公民寫給這個時代最誠摯的備忘錄。

這是一項危險的事業。劉曉波的老朋友江棋生，為《零八憲章》一事前去尋求其導師、長期關注人權問題的老科學家許良英的支持。許良英認為：「『憲章』這兩個字不能隨便用，用了，當局就要抓人。」後來，江棋生感歎說：「在對當局本性的把握上，許先生真是目光如炬，具有過人的政治穿透力。」不過，作為美國科學院「愛因斯坦獎」得主，許良英沒有料到，區區一份《零八憲章》會因為劉曉波的被捕和被重判而不斷發酵，劉曉波榮獲諾貝爾和平獎，《零八憲章》遂成為劃時代的事件。

在劉曉波第二次入獄之前，丁子霖就勸告他，以後最好以個人名義寫文章，表達自己的觀點，不要再搞簽名活動，那樣風險太大。此前劉曉波三次入獄，都是因為參與起草和組織類似的公開信和聯名信，而不是他以個人名義撰寫的措辭更為激烈的文章。當局寧願容忍出自個人之手的尖銳文章，而不能包容由一群人連署的公開信。前者是個人意見，後者是群體活動——靠運動群眾起家的共產黨，最害怕的偏偏就是群眾運動。

在劉曉波與朋友們討論該文稿的過程中，劉霞憑藉女性的敏感以及長期與劉曉波一起生活的經驗，意識到這一活動蘊含著巨大危險性。在一家餐廳中跟朋友們聊天的時候，劉霞對劉曉波說，如果你做這件事，我可能又將奔波在去監獄探視的路途上。

為了安慰妻子，劉曉波答應說：「我只在這份文件上簽名，不會太深入介入。」

但是，當初步的文稿和第一批三十多人的簽署者名單徵集到之後，劉曉波很不滿意。首先，文本比較粗糙；其次，簽名者數量和分量都不夠。他認為，該有一份經得起歷史長久考驗的、完備的文本。他希望找到更多有聲望的人士參與簽名，以提升這份文件的影響力。他說：「既然我們要做這件事情，就要把它做到最好的地步，不要被當局笑話。」

在二〇〇八年秋天的那幾個月裡，劉曉波將《零八憲章》當作工作和生活的軸心，全心全意地、馬不停蹄地投入。他聯絡各界朋友，面對面地向他們徵求意見和簽名。他深信，雖然《零八憲章》的出現並不能意味著光明立即就能到來，但至少是光明的開端。此時，北京剛剛開完奧運會，中共當局正在意滿志得、論功行賞，北京的氣氛相對比較寬鬆。所以，他們前期的籌畫工作暫時沒有引起當局的注意。

二〇〇八年十二月發布的《零八憲章》，並非像孫悟空從石頭中蹦出來那樣橫空出世，它有其外在和內在的兩條思想淵源和精神脈絡。就外在的傳承而言，中國的《零八憲章》是對捷克的《七七憲章》（*Charta 77*）遙遠的致敬。*

《七七憲章》的核心人物哈維爾，在《零八憲章》發布之後，便敏銳地發現兩者之間的傳承性。他撰文指出：「三十多年後的二〇〇八年十二月，一群中國公民以我們的卑微的努力為楷模，做出了對人權，對良好的政府，以及尊重公民監督政府的責任的類似訴求——來確保他們的國家按照一個現代的開放社會的規則行事。他們發表的這份文件令人印象深刻。《零八憲章》的作者要求保護基本權利，增加司法的獨立性和代議制民主。」

另一方面，哈維爾也看到，《零八憲章》不是對《七七憲章》的簡單重複，而有諸多創新性。今日的中國社會面臨的問題，與當年的捷克相比，存在明顯之差異。當年的捷克是一個蘇聯控制下的衛星國，其執政黨在政治和經濟上都實行僵化的馬列原教旨主義，對西方閉關鎖國。另一方面，捷克的共產黨政權是蘇聯軍隊強加的，而非民眾自我選擇的，所以它的垮台非常迅速。近代以來捷克的民主傳統和更為長久、深厚的宗教信仰與教會組織，亦成為其轉型過程中潛在的、關鍵的力量。

與捷克不同，中共的江山是自己打下來的，中共實施暴政更加「理直氣壯」。從毛時代到鄧時代，再到江、胡時代，中國已經成為「沒有主義」的國家，即權貴資本主義與後極權主義的「雜種」。中國經濟發展的祕密在於，以「低人權優勢」深刻地融入經濟全球化體系之中，其經濟的繁榮與政治的專制怪異地並存，並導致社會矛盾和衝突飆升。這就使得中國的民主轉型比當年的捷克更為複雜與艱巨。《零八憲章》的簽署者們深知此種現實處境。對此，哈維爾指出：「《零八憲章》的簽署者沒有停留在這些基本訴求上。隨著時間的流逝，漸漸認識到一個自由和開放的社會意味著將保護比基本權利更多的內容。在這一點上，《零八憲章》的連署人明智地呼籲更好的環境保護，消除城鄉差異，要求更健全的社會保障制度，以及對過去侵犯人權的行為做出和解的嚴肅努力。」

《零八憲章》的簽署者們高度重視東歐經驗。當年，從哈維爾喊出「無權者的權力」到柯拉柯夫斯基（Leszek Kotakowski）主張的「在尊嚴中生存」，從匈牙利作家、社會學家康拉德倡導的「反政治」到米奇尼克（Adam Michnik）研究的「新進化論」，反對派們提出了一系列思想、態度和價值。所有這些足以建構出一種能夠撼動傳統模式的新政治文化。而在今天的中國，像劉曉波這樣的獨立知識分子群體，也在作此種嘗試——《零八憲章》就是成果之一。

---

* 一九六八年，「華沙公約組織」（Warsaw Treaty Organization）的軍隊入侵捷克，撲滅了民主運動「布拉格之春」。在此後的數年中，專制統治日益強化。一九七七年五月，二百四十一位捷克知識分子及其他階層人士簽署並發布了這份要求保護基本人權的宣言《七七憲章》。其宣言指出：作為有責任感的公民，應該說真話，拒絕謊言，恢復做人的尊嚴。《七七憲章》試圖與執政黨和政府進行建設性對話——特別是促請當局注意對某些違反人權的事件，用文字公布這些事件真相並提出解決方法。為維護《七七憲章》所主張的人權原則，簽署人和專制制度抗爭十餘年，直至一九八九年蘇東劇變，捷克方實現民主化。

當年，《七七憲章》發表之後，哈維爾等人被捕入獄。在這一過程中，他們遭受了暴力對待。正因為有著相似的受難經歷，在劉曉波被捕之後，哈維爾是最積極聲援《零八憲章》和劉曉波案件的國際友人之一。他曾抱病冒著嚴寒親赴中國駐捷克大使館遞交抗議信。中國大使館採取鴕鳥政策，閉門不納。

在二〇一〇年諾貝爾和平獎頒布前夕，《七七憲章》的起草者哈維爾、尼姆科娃（Dana Nemcova）、瓦茨拉夫．馬里（Vaclav Maly）等人聯名在《紐約時報》（*The New York Times*）上發表文章，呼籲諾貝爾獎委員會頒獎給劉曉波，這將是對十三億追求民主自由的中國人極大的支持和鼓勵：「儘管劉曉波被監禁，但是他的思想無法被束縛。……劉曉波可能被孤立，但是他並沒有被忘記。我們呼籲諾貝爾委員會光耀劉曉波先生，其二十年間堅定、努力地以和平的方式倡導改革，使他成為獲得這個偉大獎項的中國人。這樣做，諾貝爾委員會將對劉曉波和中國政府發出一個信號，那就是中國內外許多人都堅定地和他、以及他毫不動搖地實現十三億中國人自由和人權的理想站在一起。」

這篇文章的作者之一、《七七憲章》發言人之一的瓦茨拉夫．馬里，是一位積極從事人權活動的天主教主教。因簽署《七七憲章》，他曾被禁止在教會講道。捷克民主化之後，他出任捷克天主教聯合會主席。二〇〇五年八月底，馬里以一名普通旅遊者的身分訪問中國，會見了一些獨立知識分子和宗教信仰人士。他一入境便受到中共的嚴密監控，入住酒店後，莫名其妙地被要求調換房間。當天下午，劉曉波應邀來到其下榻的酒店，與之有長達兩個小時的交談，在場的還有李柏光和余杰等人，並由李柏光擔任翻譯。雖然因為語言和時間的限制，很多問題未能展開討論，但兩人一見如故。馬里大概是唯一與劉曉波見過面的《七七憲章》簽署者。

馬里主教回國之後，傳來資訊說，他會見的幾位中國知識分子中，對劉曉波的印象最為深刻。他還多次與哈維爾談及劉曉波的情況，以及中國公共知識分子群體的出現。沒有想到，三年之後，劉曉波便與朋友們發布了中國版本的《七七憲章》，即《零八憲章》，並因此被判處比當年《七七憲章》的所有簽署者更重的、長達十一年的徒刑。消息傳出，哈維爾、馬里等《七七憲章》的元老們，攜手撰文支持《零八憲章》並呼籲中共釋放劉曉波。而更讓馬里主教沒有想到的是，他們見面五年之後，劉曉波便榮獲諾貝爾和平獎，成了名副其實的「中國的哈維爾」。對此，馬里主教也許會感到「悲欣交集」吧。

二、民主派中的樞紐人物

哈維爾如此描述《七七憲章》的成稿過程：「《七七憲章》屬於其全體支持者，至於誰親自參加起草《憲章》並不重要。」《零八憲章》的成稿過程也可是如此。《七七憲章》是集體智慧的結晶，但哈維爾無疑是其靈魂人物；與之相似，《零八憲章》也是集體智慧的結晶，但劉曉波無疑是其靈魂人物。

劉曉波雖然不是《零八憲章》的原創者，卻對該文本的修訂付出最多心血，也為它尋覓到最多的簽名者。檢方一開始將徵集第一批三百零三名簽署者的罪名全都安到劉曉波頭上，但他本人只承認聯繫過七十多人。不過，即便是七十多人，也占第一批簽名者的四分之一左右。而且，這七十多人，大部分都頗具影響力。在此意義上，「沒有劉曉波就沒有《零八憲章》」這個說法並無誇張之處。

二〇〇八年秋、冬兩季，每次劉曉波與朋友們一起吃飯，必定熱烈討論《零八憲章》，其中好些思想的火花，就是在與朋友們的對話中碰撞出來的。有一次，劉曉波與張祖樺、艾曉明、余杰等人在一家餐廳吃飯，討論用什麼題目好。

最初的列印稿上，標題是《政治文本》。那麼在發布時，究竟是叫《人權宣言》、《人權憲章》，還是《零八人權憲章》好呢？經過一番討論，大家認為，與當年捷克的《七七憲章》相對應，最簡潔明快的名字就是《零八憲章》。那天，劉曉波使勁一拍大腿說：「就這樣確定了！」

很多《零八憲章》的簽名者對劉曉波個人的信賴，甚至超過對文本本身的贊同。比如，中國當代藝術的教父級人物栗憲庭說：「《零八憲章》我其實沒太仔細看，但我簽名了，因為我完全相信曉波這樣一個人，和他代表的自由知識分子的良知。」藏族作家唯色說：「猶記得某個深夜，劉曉波那有些結巴的聲音從Skype傳來，邀我在《零八憲章》上簽名，出於對他的信任與敬重，出於感念長期以來他對西藏問題的關注，我不加遲疑地簽名了。」媒體人王小山說：「雖然第一批簽了名，也只是出於對老師的信任，簽的時候甚至沒怎麼看，也沒想到鬧這麼大——後來認真看了，基本（百分之九十九）同意，自己願意簽的，沒人逼我。現在給我，我還會簽。我愛吾師，我更愛真理。目前看來，我師離真理不遠，愛他。」

與很多簽名者一樣，劉曉波本人也並不是百分之百贊同《零八憲章》的每個論點。比如，他本人更傾向於小政府、大社會、自由經濟式的英美體制，而非高福利、高稅收、大政府的社會民主主義的歐陸體制。他是廣義的「自由主義者」之中的「英美保守主義者」。此類意義重大的思想分野，在憲章的文本中並未得到呈現。就目前中國知識界的狀況而言，即便在首批簽署者之中，多數贊同後者，像劉曉波這樣偏向「自由右翼」的是少數。因為中國有著根深蒂固的「不患寡而患不均」之儒家傳統。比如，學者秦暉沒有參與憲章簽名，他本人所解釋的原因之一便是，憲章對社會福利方面的強調不足。而在劉曉波看來，憲章已經太過強調社會福利了。

但劉曉波深知，《零八憲章》並非一篇呈現個人觀點的署名文章，借用哈維爾對《七七憲章》的闡釋：「它的性質必須是多元的，人人平等，任何派別，無論多麼強大，都不是執牛耳者，都不能在《憲章》上打上自己的印記。」或用羅爾斯（John Rawls）的話來說，它需要尋求「重疊共識」和「最大公約數」，需要最大程度地「求同存異」，才能成為「公民社會的粘合劑」。他耐心聽取和接納不同意見，讓文本的定稿集眾人智慧之大成。學者徐友漁回憶說，一開始他對此事並不積極，認為此時並非發布此文本的最佳時機。經過劉曉波的勸說，「我覺得曉波的說法很合情理，與我一貫的理念一致，就簽了名。我還就文本表達的準確與改進提了一些修改意見，他後來告訴我，我的意見都被接受，吸收到新的文本之中。」

劉曉波早就有為《零八憲章》坐牢的心裡準備，這一點與當年的哈維爾驚人地相似。哈維爾如此描述發布《七七憲章》前夕的感受：「這次的直覺不僅是對未知事物的預感，而且是對這個未知事物意義的瞭解：無聲無息的堅持及其不可避免的結果——幾年艱苦的鐵窗生活。」那些被歷史召喚出來的人，必須承擔「屢戰屢敗」的使命，並懷著一種謙卑與誠實的心去踐行真理，如哈維爾所說：「我很平靜，對即將來臨的事也想開了，胸有成竹。我們都不知道在極端且不熟悉的環境下會有怎樣的表現（例如，我就不知道在受到拷打時會怎麼樣），但是，如果至少知道在還算熟悉，或想像得出來的情況下該怎麼辦，我們的生活就會簡單得多。一九七七年五月我被捕以後的四年鐵窗生活構成了我生命中一個新的獨立篇章。」對於劉曉波來說，承受的是更為漫長的鐵窗生涯：十一年。

比起《七七憲章》的運作過程來，在《零八憲章》的運作過程中，最大的缺憾是未能充分評估該文本發布之後中共當局可能作出瘋狂報復，以及如何應對迎面而來的殘酷打擊。《零八憲章》群體未能像《七七憲章》群體那樣，事先建立起一套發言人制度。當年，《七七憲章》群體首先選舉出第一批的三名發言人，其中有前共產黨官員伊希・哈耶克（Jiří Hájek），有德高望重的前輩學者帕托什卡，還有哈維爾。哈維爾回憶說：「我必須承擔下來，如果我不接受，那我就成了十足的傻瓜，因為這是一項我強烈感到要為之獻身的事業；為了做準備，為了說服他人參加，我已經付出了巨大的精力和熱情。」緊接著，他們還選舉出第二批、第三批發言人，前一批發言人被捕之後，後一批立即頂上，以便讓《七七憲章》成為可以持續的人權運動。

但是，《零八憲章》群體未能有如此長遠的規劃，一旦劉曉波被捕，很多後續事務便被迫中止，也沒有任何一個組織和個人可以代表簽署者群體發言。在這種情況之下，魚目混珠的情形在所難免。比如，未經《零八憲章》首批簽署者的同意，有人擅自使用《零八憲章》之名義，在網上組建「零八憲章論壇」，並以「零八憲章論壇」的名義發布若干篇〈社論〉，其中不乏肉麻地吹捧溫家寶的言論。這樣的言論顯然是劉曉波和大部分憲章簽署者所不能認同的。由於沒有建立發言人制度，此類言行便難以澄清與制止。

中共當局的統治策略是消滅公民社會、壓制公共空間，讓每一個人都處於「原子化」狀態。在此「分而治之」的情形下，大部分民主派人士都被孤立、被隔離，而陷入巨大的無力感。對於老中青三代民主派來說，劉曉波是「交會點」與「黏合劑」，經過他的穿針引線、融會貫通，這個群體產生了更多的共識，發出了更強的聲音。

劉曉波靠著多年累積的人脈，才能為《零八憲章》徵集到如此眾多的簽名。《零八憲章》固然是一份頗具水準的公民憲章，但在中國這個前現代的「熟人社會」，人們參與類似的簽名，考慮的重要因素之一是對發起者的信任度。除了劉曉波以外，再沒有其他人在老中青三代民主派中有這樣的信任度。很多人都屬於某一「圈子」，而劉曉波是少有的跨越「圈子」的人，正如他的老朋友陳軍所說：「我深知曉波是個心地極為善良的人，他雖然還可能會說錯話、做錯事，但他自我向善的努力和對理想追求的那種激情，讓我覺得他比一般的民運人士有更廣闊的視野和自由精神，因此也更有潛力去做成一番成就。這就是為什麼曉波能扮演一個目前其他民運人士難以扮演的角色。」

「六四」將趙紫陽與劉曉波的命運聯繫在一起，他們以不同的方式受難並昇華。趙紫陽被軟禁十六年，直到二〇〇五年一月十七日去世。趙紫陽連親密助手鮑彤都無法見面，更不能與劉曉波會面。不過，趙紫陽通過親友從香港帶回的一些書籍和報刊中，看到了劉曉波的許多文章，對其讚不絕口。

曾經擔任趙紫陽祕書、中央委員、中共中央政治體制改革研究室主任的鮑彤，是因「六四」獲刑的中共最高級別官員。趙紫陽認為，鮑彤是替他坐牢，為之愧疚不已。一九九六年，鮑彤出獄之後，處於當局的嚴密監控之下。劉曉波夫婦前去拜訪受到警察阻撓，監控鮑彤的國保警察叫來劉曉波居住地派出所的警察，將劉曉波夫婦帶回家中。幾經周折，後來他們才在一間茶館中會面，並一見如故，成為忘年交。他們常常一起吃飯、喝茶，縱論國事，在淒風冷雨中互相慰藉和鼓勵。劉曉波被捕之後，鮑彤於二〇〇八年十二月十二日發表〈零八憲章何罪？不得不說的話〉一文，支持《零八憲章》，抗議當局逮捕劉曉波。

此後差不多兩年時間裡，鮑彤取代了去世的包遵信，充當關懷劉霞的「乾爹」的角色。他們每個星期都會在一個約定的時間，在玉淵潭公園或附近的一個茶館會面。直至劉曉波榮獲諾貝爾和平獎，劉霞被軟禁在家。劉霞說，我還真幸運，老包走了，老鮑又來了，他們都是那麼可愛的老頭。

在八〇年代的思想啟蒙運動中，包遵信是旗手式的人物。「八九」之後，包遵信先經歷牢獄之災，後淪為「無業遊民」。劉曉波最理解和同情包先生，有時候將包先生當作孩子一樣哄著。有一次，一群朋友在四川駐京辦的餐廳吃飯，剛坐下來點菜，包遵信便因為服務員的怠慢，一怒之下拂袖而去。劉曉波趕緊尾隨出門，替老包招來一輛計程車，並扶他上車。

朋友們聚在一起的時候，常常沒老沒小地說說笑笑。這時，包遵信不再是昔日知識界叱吒風雲的大人物，劉曉波也不再是名噪一時的文壇黑馬，他們都成為被劉霞取笑的對象。劉霞直呼包老師為「包包」，並遵照師母的叮囑，毫不容情地奪走他手中的香煙。

二〇〇六年，包遵信突發腦溢血入院搶救。由於沒有醫療保險，個人難以承擔巨額的醫藥費用，劉曉波便發起為之捐款的活動。記得一個滴水成冰的下午，劉曉波來到包老師家，給師母送去募捐來的醫藥費。後來，奇跡發生了：老包從死亡線上掙扎過來。但此後，老包身體大不如前，喉嚨開過刀，一說話便咳嗽不已，再也不能大口吃肉、大碗喝酒。劉曉波常常坐在老包身邊，為之夾菜添飯，並挑些有趣的事情講給老爺子聽。

二〇〇七年十月二十八日，包遵信不幸病逝。劉曉波日夜操勞，為包遵信籌備追悼會。劉曉波說，老包生下來就是孤兒，一生悽苦，一定要讓他老人家走好。在警方的壓力與騷擾之下，劉曉波和朋友們克服重重困難，讓追悼會得以順利舉行。遠在美國的余英時先生，給劉曉波打電話，託他買一個花圈送上，並說要開張支票郵寄去，劉曉波說：「這點錢沒有多少，不必郵寄了，就讓我幫余先生付吧。」

追悼會上還發生了一個小插曲：有朋友批評劉曉波說，你的穿著與平時一樣隨意，不夠肅穆，在致辭時，面前還挎個破舊的書包，大煞風景。劉曉波解釋說：「追悼會之前的事情千頭萬緒，我根本就忘記了自己的著裝。書包裡裝的要是給殯儀館的幾萬塊錢，這些錢都是大家湊的。為了避免丟失，只好挎在身上，由我來承擔責任。而且，當時外面有幾十個警察虎視眈眈，哪敢有半點疏忽。」

二〇〇八年十月二十八日，包遵信去世一週年，劉曉波率三十多個朋友到西郊為包先生舉行骨灰安葬儀式。包遵信的墓地是劉曉波親自選擇的，座落在一座視野開闊的山坡之上。大家侍立在墓地四周，劉曉波第一個跳入墓穴之中，不顧泥土沾滿衣服，先探頭進去測試好安放骨灰的位置，然後接過包遵信的子女遞過來的骨灰，彎下腰恭敬地安放好。之後，他才從墓穴中爬出來，含淚鏟下第一堆土。一旁的墓地工作人員，都以為劉曉波是墓主的親生兒子，就許多具體事務徵求他的意見。劉曉波也不作解釋，一一作出妥善安排。

許多體制外的民主派和體制內的民主派老死不相往來，這種狀態不利於民主事業的發展。作為一名體制外的知識分子，劉曉波從不認為自己對體制內人士抱有道德上的優越感。他甚至認為，體制內人士所做的某些工作，可能意義更大。體制內外的民主派，只要認同普世價值、反對一黨獨裁，就應當求同存異、互相支援。比如，他稱讚中共黨內開明派元老李銳的公開論政；他在《冰點週刊》被停刊時挺身而出表達聲援；他也讚賞《炎黃春秋》主編吳思的歷史研究，在他的建議下，獨立中文筆會理事會通過投票，將二〇〇五年自由寫作獎頒發給吳思。

劉曉波不僅成為體制外人士心目中的旗幟，而且深得體制內改革力量的認同與信任。他的朋友越來越多，從學界人士到企業家，從藝術家到上訪者，甚至還有一些是基層的政府官員。廖亦武回憶說，劉曉波到成都很多次，每次都住在廖家。有好幾次，半夜了，還有人來叫劉曉波出去吃宵夜，其中有不少是當年參與過「六四」的人，有的已在政府中當官了，有的經商很成功。他們克服恐懼心態，坦坦蕩蕩地與劉曉波這樣的「敏感人士」交往，正如王小山所說：「最早的時候，跟曉波一起吃飯，會有人詫異地說：這些人瘋了。還有人會躲開——打電話約人一起吃飯，有些人怎麼都約不上。現在越來越多的人不怕了。……有勇氣和沒勇氣，結果都是一樣的——遇到不公正不發言，最後也會輪到自己。

這個事情在《零八憲章》之前大家都意識到了，轉變已經開始。這些領頭人不是憑空蹦出來的，而是一種普遍情緒醞釀出來的。」

八〇年代，常常有西方外交官、記者和學者請劉曉波到北京飯店等高檔餐廳吃飯；九〇年代以來，請劉曉波到高檔餐廳和俱樂部吃飯的，更多是那些敬重他的民營企業家和商人。有一次，他與幾位商人朋友一起去一家高檔的私人會所吃飯，跟蹤國保亦尾隨而入。會所經理立即將國保攔住，即便國保亮出證件也不予通融。國保只好待在門外，在寒風中凍得瑟瑟發抖。還有一次，他們在一家高檔餐廳吃飯，估計當天國保的經費有限，點不起昂貴的菜肴，只能每人點一杯飲料，眼睜睜地看著劉曉波和朋友們吃牛排大餐。

越來越多的人戰勝了恐懼，加入劉曉波的這個圈子之中，由此將這個圈子越擴越大。劉曉波感覺到了這種變化：比如，有個朋友舉行婚禮的時候，盛情邀請他去，並在婚禮上第一個介紹他，而警察就尾隨在他的身後。有一次，他去上海，和朋友們見面的時候，警察也有車輛尾隨，但那些年輕人一點恐懼也沒有，反而覺得很好玩，爭相給警察的車拍照。「這說明民間的恐懼感正在慢慢消失，恐懼感的消失是很重要的。」中共的統治是建立在恐懼之上，一旦民眾不再恐懼，就是其政權解體的第一步。

在體制內外的民主派當中，劉曉波處於樞紐位置。首先因為他正當年富力強的中年，老年一代由於身體和知識結構的限制已難有更大作為，更年輕一代則還未足夠成熟，所以中年一代起著中流砥柱的作用；其次是他性格開朗，精力充沛，朋友眾多，並願意耗費時間和精力從事並無直接收益的公共事務，如營救入獄的良心犯、籌集人道援助資金、起草公開信等。此樞紐位置是經過時間淘洗和考驗形成的，短期之內無法被他人所取代。

三、以「煽動顛覆國家政權罪」判刑十一年

二〇〇八年十二月八日晚九點左右，劉曉波家樓下出現眾多警察站崗。十一點左右，十多名警察湧入劉曉波家中，向其出示「涉嫌煽動顛覆國家政權罪」的刑事拘留證，並將其從家中帶走。

劉曉波被帶走後，大批警察開始抄家。十一名警察一直抄到次日早上九點，抄走劉曉波和妻子劉霞的三台電腦，全部私人信件和若干書籍。

此後，劉曉波渺無音訊。劉霞與律師多次赴北京市公安局、國務院信訪辦、全國人大查詢，均被拒絕。一個活生生的人就這樣「人間蒸發」了。

直到四個多月之後，中共當局才安排劉霞與劉曉波在北京北郊的小湯山會議中心會面，在警察的監視下，夫妻兩人一起吃了一頓飯。後來，兩人還被安排見過一次面。據劉曉波披露，這段時間，他被單獨關押在一處祕密地點，是不足十平方公尺的狹小房間，沒有窗戶，不能放風，不能曬太陽。除了例行的審問之外，其餘時間無書可讀。

在被非法關押半年多之後，二〇〇九年六月二十四日，新華社報導，劉曉波經檢察機關批准後被逮捕。「據公安機關偵察掌握，近年來，劉曉波以造謠、誹謗等方式煽動顛覆國家政權、推翻社會主義制度，違反了中華人民共和國刑法，涉嫌煽動顛覆國家政權罪。」

當天上午，劉霞接到了北京市公安局的逮捕通知，「劉曉波因涉嫌煽動顛覆國家政權罪，經北京市人民檢察院第一分院批准，於二〇〇九年六月二十三日十一時由本局執行逮捕，現拘押在北京市看守所。」

正式逮捕之後，劉曉波才獲准與律師見面。在第一次與律師見面時，他首先詢問有沒有其他人因《零八憲章》被捕，當得知沒有別人時，他十分欣慰。當局沒有一舉抓捕第一批簽署憲章的三百零三人，乃至逮捕所有簽署憲章的上萬人，不是胡溫變得比毛澤東更加仁慈了，而是中國社會的發展變化使當局的倒行逆施受到一定制約，「非不為也，是不能也」。

劉曉波在與劉霞會面時，明確提出請莫少平擔任其辯護律師。此案進入法律程序之後，當局卻阻撓莫少平為劉曉波辯護。六月二十五日，莫少平帶著所裡另外兩個律師去公安機關交涉，警察說：「莫律師，我們在劉曉波的案件材料裡面，發現出現過你的名字，你與此案可能有牽連，所以我們認為你不適宜當劉曉波的律師。」莫少平質疑說：「到底是警察，還是檢察官，還是法官有權決定一個律師能不能當一個當事人的辯護人，這個在中國大陸的法律規定裡面，確實沒有詳盡的規定。但是從法理原則上來講，應該有這個決定權的，只能是法官，而不能是警察。我明確提出，如果認為我不適宜作劉曉波的律師，希望你們給我出示一個書面的、文字性的東西，並且寫明依據什麼。警方表示非常為難，說沒有出具過這種文件。我最後表態說，如果案件移送到檢察機關，或者檢察機關起訴到法院，跟我無關的話，那當然我仍然有權去作劉曉波的辯護律師。」

為了讓律師早日與劉曉波會面，莫少平決定安排自己事務所的兩位律師尚寶軍以及丁錫奎接手此案。兩位律師二十五日即前往登記，並且在二十六日下午探視了劉曉波。見面之後，尚寶軍對媒體說：「劉曉波的身體情況看上去還不錯，精神狀況也還好。我們刻意問到他在裡面有沒有受到刑訊逼供或者虐待這種行為，他特別提到比一九九六年被抓起來的時候，文明程度有了進步。最長的一次訊問，也不超過四個小時。」

在與律師的會見中，劉曉波對於被起訴的「涉嫌煽動顛覆國家政權罪」，也提出自己的看法。尚寶軍律師轉述了劉曉波的話：「第一，主要是指控他的事實，也就是《零八憲章》，和從二〇〇一年到二〇〇八年他在網路上發表的二十幾篇文章，這個責任他願意負。其次，對於這種行為，他認為這是《中華人民共和國憲法》賦予每個公民的言論自由的範疇，他也是站在一個愛國者的立場來發表這些言論的，絲毫沒有顛覆國家政權的意思。即使說文章有不妥，或者說過激的部分，也是一個可以商討的問題，也是觀點的不同，但他絕不認為是一種犯罪行為。」

此後又拖了半年，直到法律規定的開庭最後期限的二〇〇九年十二月二十三日，劉曉波案才在位於北京市石景山區石景山路十六號的北京市第一中級人民法院開庭審理。由八輛警車開道，劉曉波被帶到此處進行庭審。

在法庭上，劉曉波作了如下的自辯：「我反對獨裁化或壟斷化的執政方式，並不是『煽動顛覆現政權』。換言之，反對並不等於顛覆。」在這篇自我辯護中，劉曉波強調了言論自由的重要性：「一個政權不可能靠壓抑不同政見來建立合法性，也不可能靠文字獄來達成長治久安。」他呼籲中國早日告別文字獄：「只有從制度上根絕文字獄，憲法所規定的言論自由權利才能落實到每一位國民身上；只有當國民的言論自由權利得到制度化的現實保障，文字獄才會在中國大地上滅絕。」

這一天，劉霞及劉曉波的許多友人都被軟禁在家，無法出庭旁聽或到現場聲援。到法庭旁聽的只有劉霞的弟弟和劉曉波的弟弟。當局對劉霞設置了一個圈套：幾個月前，警察請劉霞喝茶，詢問一些細枝末節的事情並要求劉霞簽字。後來劉霞才被告知，這是一份「劉曉波案件的預審問訊記錄」。由此，劉霞成為該案的「證人」，被警察監控在家，不准前去旁聽。

美國、加拿大、澳洲和歐盟國家的十五個駐華使館代表趕到法庭外要求聯合旁聽，一律遭到拒絕。德國駐華大使等高級外交官在法庭外宣讀了代表各自政府的聲明文件。

到達法庭外的網友杜斌如此描述當時的情形：警戒線幾乎把北京市法院一中院圈起來

了，站哨的武警不會動。會動的只有執勤的警察。警察的對講機不斷地呼朋喚友。長得疑似上訪者的人接二連三地被盤問，「確診」是上訪者則強制拉去馬家樓。而駐京的境外記者享受較高待遇：圈進警戒線。

即便如此，趕來聲援的普通人仍是絡繹不絕。有一位姓雷的四十八歲男人，《零八憲章》連署人之一，乘火車兩千公里，從江西省趕到北京。他說：「我跟劉曉波一樣是獨立中文筆會會員。當過兵。立過功。轉了業。下了崗。退了黨。炒了共產黨的魷魚。《零八憲章》促進中國民主與法制建設，不存在顛覆國家政權。難道老百姓給黨提個建言就是顛覆了國家政權嗎？」

北京市平谷縣的一個姓宋的男人，基督徒，《零八憲章》連署人之一，凌晨五點鐘避開監禁他的警察，乘計程車趕來。他身穿其他上訪者寫滿控訴標語的狀衣，幫助已被警察強制抓進馬家樓的上訪者散發冤情材料。迎著在鐵護欄外緊盯著他的三位警察，他振臂高呼：「反對暴政！民主萬歲！自由萬歲！劉曉波萬歲！」他的著裝驚動了法院的法官。但法官不敢在錄影機和照相機的眼皮底下抓人。一位法警手持專業照相機從法院裡衝出來，給他拍照存證。他理理狀衣，立正，微笑，說：「唉吆喂。大哥受累了。多照幾張啊。這樣我就會有吃飯的地方（看守所）了。受累了。謝謝大哥哦！」法警摁了幾下照相機快門，然後退去。

北京的數個大學生昂著頭來了，給聲援者送黃絲帶，呼籲政府無罪釋放劉曉波。四十六歲的童國菁，上海強遷上訪者，《零八憲章》連署人之一，胸前繫著黃絲帶，振臂高呼：「民主萬歲！自由萬歲！劉曉波萬歲！必須無罪釋放劉曉波！」

外國記者和使館官員在門外焦急地等待庭審結果。十二點三十分，法庭出來一名法官。面對記者，這名法官笑著說：「庭審已結束。劉曉波的親屬和律師已經從後門走了。」記者問：「何時宣判？」法官笑著說：「擇期宣判。」有人問：「法官姓啥名誰？」這名法官眉開眼笑一下，一言不發，轉身就走。

二〇〇九年十二月二十五日，北京市第一中級人民法院對此案作出判決。經過律師的協調，這一天劉霞被允許前往旁聽。法庭宣布了〈北京市第一中級人民法院刑事判決書：（二〇〇九）一中刑初字第三九〇一號〉。判決書稱，北京市人民檢察院第一分院指控被告人劉曉波犯煽動顛覆國家政權罪，於二〇〇九年十二月十日向法院提起公訴。法院依法組成合議庭，公開開庭進行審理，北京市人民檢察院第一分院指派檢察員張榮革、代理檢察員潘雪晴出庭支持公訴，被告人劉曉波及其辯護人丁錫奎、尚寶軍到庭參加訴訟。現已審理終結。

判決書稱，法院依照《中華人民共和國刑法》第一百零五條第二款、第五十五條第一款、第五十六條第一款、第六十四條之規定，判決如下：一、被告人劉曉波犯煽動顛覆國家政權罪，判處有期徒刑十一年，剝奪政治權利二年。二、隨案移送的劉曉波犯罪所用物品予以沒收。審判長：賈連春；代理審判員：鄭文偉、翟長璽。一篇《零八憲章》不過區區四千零二十四個字，除以十一，每年三百六十五字。換句話說，等於一個字換來一天的刑期，這是一個巧合嗎？

這次庭審，是典型中國式的踐踏程序正義的審判。主審法官賈連春作出了一個荒謬至極的發言時間限制的決定，要求公訴人發言多長時間，辯護人和被告人就發言多長時間。結果，公訴人在法庭上念了十四分鐘，劉曉波和辯護律師也只能各自發言十四分鐘。劉曉波寫好的自辯書也未能全部宣讀。律師當庭抗議說，這種時間限制既缺乏法律義舉，也沒有先例。審判長賈連春說：「其他的我不管，在我的法庭，就是我說了算。」

十二月二十八日，是劉曉波的生日，下午兩點半，兩位律師與劉曉波會見。律師將劉霞的詩〈無題〉朗誦給劉曉波聽，這無疑是劉曉波收到最好的生日禮物。看守所的領導也特意前來看望劉曉波，並為他準備了一份紅燒肉。

一開始，劉曉波對律師說：「如果我不上訴，是不是表示我對判決的輕蔑？」律師則認為，儘管上訴改判的希望極為渺茫，但將法律程序走完，可成為對這個時代中共司法制度的一份歷史見證。於是，劉曉波同意改變原來不上訴的決定，委託律師上訴。

二〇一〇年二月九日，北京市高院下達裁定書，駁回劉曉波的上訴，維持原判。「原審人民法院根據劉曉波犯罪的事實、性質、情節和對於社會的危害程度所作的判決，定罪及適用法律正確，量刑及對隨案移送物品的處理適當，審判程序合法，應予維持。據此，本院依照《中華人民共和國刑事訴訟法》第一百八十九條第一項的規定，裁定如下：駁回劉曉波的上訴，維持原判。本裁定為終審裁定。審判長：趙俊懷；代理審判員：林兵兵、劉東輝。」

整個庭審只持續了短短的十分鐘，除了法官宣讀裁定書之外，只有劉曉波大聲說了「我無罪！」三個字，其他沒有任何人發言。

庭審在一個小廳舉行。新華社聲稱，宣判時劉曉波的家屬和一些公眾人士都在場旁聽。劉曉波的律師指出，在場旁聽的二、三十人當中，除了劉霞和劉霞的弟弟之外，其他人全部都是陌生面孔，都是當局安排的便衣人員。十多名西方駐華使館的外交官仍然被拒絕參加旁聽。

終審判決之後，律師已經耗盡所有法律上能夠為劉曉波辯護的管道。

劉曉波在會見律師時，說過這樣一番話：「我相信我所從事的事業是正義的，中國終有一天會成為自由民主的國家，所有人都生活在沒有恐懼的陽光下，為此，我付出了代價，但我無怨無悔。在一個獨裁國家中，對一個追求自由的知識分子來講，監獄是通向自由的第一道門檻，我已經邁進了這道門檻，自由就不會太遙遠了。」他失去了自由，但誰能否認，他才是十三億人中心靈最自由的那一個人？

✣

與劉曉波相反，那些警察、檢察官和法官們，才是最不自由的人。不是劉曉波應當被審判，而是他們應當被送上歷史的審判席。《七七憲章》的發言人、並為之付出生命代價的捷克哲學家帕托什卡認為，極權體制製造出了一種自願或被動地放棄良知的「退化人」：個體所扮演的角色退化為技術過程中的一顆簡單的齒輪，再確切一點說，便是非人性。捷克持不同政見者塞姆卡（Milan Simecka）在《秩序的重建》（*The Restoration of Order*）中寫到他的朋友、作家拉第斯拉夫的判決過程，「真正引起我興趣的，是審判的法官，」塞姆卡描述說：「從我第一眼見到他，我就從他的臉上讀到他對自己工作的失望。從他的腦海中不會掠過哪怕一絲關於『公平』的概念。」

這些助紂為虐的司法系統人士，是否可以用「身不由己」為藉口為自己開脫呢？他們參與人權迫害的案件，該承擔何種責任？「真名網」站長、文學評論家吳洪森指出：「這次一位公民因言論被判十一年監禁，我只看到抽象的抗議，而對具體作惡的北京市檢察院第一分院檢察員張榮革、代理檢察員潘雪晴和北京第一中級法院審判長賈連春、代理審判員鄭文偉、翟長璽（當然，還有後來二審的北京市高院的審判長趙俊懷和代理審判員林兵兵、劉東輝）卻不置一詞。這種做法是不對的。」這些踐踏法律、泯滅良知的司法人員，無論用多少說辭為自己辯白，都不能逃避輿論的譴責以及在未來的民主中國受到公義的審判。

在當今中國司法缺乏獨立地位的權力結構中，劉曉波案的最後決定者不是北京市中級法院和高級法院的法官，而是中共最高當局，即中共中央政治局。如此重大的案件，非九常委開會討論、胡親自拍板不可。從二〇〇八年十二月八日劉曉波被刑事拘留，到二〇〇九年六月二十四日被正式逮捕；從二〇〇九年十二月二十五日一審宣判，到二〇一〇年二月九日二審維持原判，拖延的時間跨越了三個年度。

當局關得住劉曉波的身體，關不住他的靈魂。劉霞透露說，在二〇〇九年十二月二十五日判決作出之後，當局安排她與劉曉波在法庭旁邊的房間裡短暫會面。劉霞發現，即便面對十一年重刑，劉曉波仍然展現出泰山崩而不變色的氣慨，夫妻倆笑聲朗朗地談論了二十分鐘，談論的都是家常瑣事。「我們在會議室裡，隔著大桌子見面，最後我要求可否讓我抱抱他，我給了他一個深情的擁抱，感覺他瘦了很多。」一個深情的擁抱，也是十一年分離的開端——「能抱抱他，我已經很滿足，因為以後到監獄，就只能隔著玻璃，拿著話筒，可能十一年都不能再摸到了。」

上訴被駁回之後，劉曉波仍然被羈押在北京市看守所。直到二〇一〇年五月二十四日，才被移送到遼寧錦州監獄服刑。這一過程遠比一般人漫長。當局在將劉曉波送往何處服刑上頗費考量。如果在北京服刑，北京是京畿重地，外國使館和媒體雲集，劉曉波始終是關注的焦點；如果將劉曉波送到其戶籍所在地大連服刑，大連也是國際化的城市，駐有多家外國領館和國際媒體的分支機構。最終，當局不顧現有法律之規定，將劉曉波移送到與之毫無關係的錦州服刑，當年他們便是如此處置「六四」學生領袖王丹的。

錦州監獄是遼寧省的省屬監獄，隸屬於遼寧省監獄管理局，是遼寧省最大的監獄之一。當年曾經關押過日本戰犯，條件相對還好。錦州監獄位於遼寧省錦州市太和區南山里八十六號，主要關押刑期在十年以上的犯人。該監獄下轄兩個工廠：錦州錦開電器集團有限責任公司錦州新生開關廠和錦州新生變壓器有限責任公司。現任監獄長為馬振峰。

直到五月三十日，當局才將劉曉波被移送錦州監獄的消息通知劉霞。六月二日，劉霞第一次獲准到錦州監獄探望丈夫，送去一些食品、衣物和書籍。在一間接待室中，他們可以不必隔著玻璃交談半小時左右。劉曉波告訴劉霞，他每天上午放風一個小時，作為政治犯可以不用勞動。六人一間囚室，他與其他五名囚徒相處良好，生活規律，情緒平和。

劉曉波被捕和被判重刑之後，中國民間社會反應強烈。參與連署《零八憲章》的數百人發表了名為〈我們和劉曉波不可分割〉的公開信，該公開信指出：「因為分享著共同的思想和理想，我們與劉曉波先生有著不可分割的關係。憲章如同我們的靈魂，我們每一個人都是憲章的肌體，我們互相之間是一個整體。如果劉曉波先生因為簽署憲章而遭到傷害，那麼也是對我們每一個人的傷害。如果劉曉波先生不能自由，那麼我們每一個人也同被囚禁。」

由於劉曉波案的判決過於拙劣，數十多位中共開明派老幹部，如前《人民日報》社長胡績偉、前新華社副社長李普、新華社老記者戴煌、前人大委員長萬里的祕書吳象、中國社科院榮譽學部委員何方等人，隨即發表了一份連署的公開信，以聲援劉曉波和譴責此判決。他們不一定認同劉曉波的觀點，但從中共黨史的角度，對劉曉波被定罪的合法性提出質疑，並呼籲當局重新審查此案。

當局重判劉曉波，不僅沒有嚇退劉曉波的朋友們，反而喚醒了更多國人的權利意識。劉曉波被重判，也成為中國民眾更加知道劉曉波的契機。民眾覺醒的標誌之一便是：數以萬計的網友通過網路投票的方式，推動劉曉波入選《時代週刊》「影響世界的一百人」。在劉曉波受審的那幾天，網路上到處是網友精心製作的「黃絲帶」的圖片。「請給我簽名，請列入聲援劉曉波的陣列裡。我和他，還有所有同道人站在一起。」這樣的言論更比比皆是。

尤其在新興媒介「推特」上，滿眼都是黃絲帶，滿眼都是劉曉波的頭像。在網路時代，追求民主的意願滲入了文化和藝術創意的成分，故而更受年輕人群的歡迎與追捧。其中，有不少推友是十六、七歲的中學生、大學新生以及年輕白領，他們如饑似渴地翻牆尋找劉曉波的資訊，尋找「六四」和《零八憲章》的信息。

劉曉波被重判，不僅在國內引發民眾之憤怒，在海外也激起巨大反響。各國政府紛紛發表聲明譴責這一判決。大赦國際、人權觀察、記者無國界和國際筆會等機構，也紛紛呼籲中國政府釋放劉曉波。

在香港，各界民眾包圍中聯辦遞交抗議信，在受到保安的粗暴對待之後，人們闖入中聯辦的院子，在門口懸掛寓意讓曉波回家的黃絲帶。泛民主派議員多次在立法會提出呼籲北京釋放劉曉波的動議。天主教香港教區前主教陳日君樞機形容劉曉波是「用良心及和平方式講真話的人」。更有數十位八〇後參與簽署《零八憲章》的香港青年，赴深圳「投案自首」，要求與劉曉波一起坐牢，而被內地警方遣返。香港的支聯會、教協、記協及中國維權律師關注組等民間團體，發起了「釋放劉曉波」簽明信片行動，這些團體一共印製三款合共六萬張明信片，待收集市民簽名及留言後，一併寄給被囚禁在錦州監獄的劉曉波。

在台灣，劉曉波案成為近年來最受關注的中國人權事件。中研院教授錢永祥、導演侯孝賢、作家朱天文和朱天心姐妹等四十一人發表連署聲明。聲明質問：中國公民是否有權利對政治社會的體制發表不同構想？是否有權利對於執政者的施政方針提出批評？參與連署的台灣清華大學社會所教授李丁讚表示，這不僅是聲援劉曉波，也希望透過兩岸知識界的聯繫，有助於未來大陸思想進步人士對台灣的支持。

由三十六個國家的八百多名學者組成的歐洲漢學學會，發表了一封致胡錦濤之公開信：「如果對《零八憲章》所提出的問題和解決方案，不去討論，反而治罪，那麼長遠而言，這將妨礙國家的健康發展。……我們敦促閣下，再次斟酌您作為中華人民共和國最高領導人在這一問題上的立場，並利用您的權威，務必重新考慮劉曉波案件，釋放劉曉波。」

二〇一〇年三月十日，全球一百五十多名學者、作家、律師和人權倡議者發表了一封致中國全國人大委員長吳邦國的公開信。該信函指出：「我們相信，劉曉波博士僅僅因為行使了中國憲法和國際法保護的言論自由權而身陷囹圄……中國現在定義的顛覆國家政權罪違反國際人權標準。」簽署者呼籲作為中國最高權力機關的全國人大，以推動釋放劉曉波，來表明中國將以認真的態度實現法治的目標。簽名者包括英國作家薩爾曼・魯西迪（Salman Rushdie）、南非諾貝爾文學獎得主娜丁・葛蒂瑪（Nadine Gordimer）等人。

四、「我沒有敵人」

劉曉波在法庭的最後陳述提到：「我堅守著二十年前我在〈「六二」絕食宣言〉中所表達的信念——我沒有敵人，也沒有仇恨。」

這段話發布後，在國內外引發了各種爭議。劉曉波對獄中受到某些善待的正面評價，尤其讓那些遭受酷刑和虐待的人士不能認同。有人認為，在其他維權人士遭遇警察和獄卒殘暴對待的同時，劉曉波讚揚中共的監獄制度和司法制度取得的微不足道的「進步」，殊為不當。他在本該大聲抗議的時刻，說這些「很肉麻」的話，不正表明他向強權低頭，試圖通過說共產黨的好話來降低刑期嗎？這種批評貌似有理，卻是對劉曉波的文字和思想的誤讀。

首先，對這份文本應當有「處境化」的理解。劉曉波在這裡描述的，只是他個人經歷和他所觀察到的司法和監獄系統中有限的一部分。關押他的北京市看守所，是中共當局向聯合國人權專員等西方司法界人士開放的模範和樣板看守所，其硬體和軟體都遠非普通看守所可比擬。劉曉波所講的是他個人親身體驗，他並沒有說謊或者刻意美化中國的監獄。

而這樣的表達，背後確實有劉曉波的一片苦心：那就是他希望以這樣的善意讓當局不至於把事情做絕，能夠讓他在北京的監獄服刑，這樣妻子劉霞在以後漫長的十一年裡，就可以就近探監了。否則，如果在外地服刑，舟車勞頓的探監，對身體衰弱的劉霞來說是很大的負擔。為了妻子而在表達上有所妥協，這也是人之常情，劉曉波並非鋼鐵打造的「鐵人」。然而，中共當局並未接受這樣的善意，仍然用非常惡劣的方式對待劉曉波：將其安排到遙遠的錦州監獄服刑。

其次，相對於自己得到還算人道的待遇，劉曉波從未否認過其他政治犯遭受酷刑和虐待的事實。曾經有朋友詢問過劉曉波，為什麼你不將以前幾次坐牢的經歷都寫出來呢？很多著名的政治犯都寫過獄中回憶錄。他回答說，正因為我是一個比較「特殊」的犯人，處境比一般的囚犯好，才忍住沒有寫獄中回憶錄。劉曉波在給廖亦武的一封信中說：「與你四年的牢獄相比，我的三次坐牢都稱不上真正的災難，第一次在秦城是單人牢房，除了一個人有時感到死寂外，生活上要比你好多了。第二次八個月在香山腳下的一個大院中，就更是特殊待遇了，除了沒有自由，其他什麼都有。第三次在大連教養院，也是獨處一地。我這個監獄中的貴族無法面對你所遭受的一切，甚至都不敢聲稱自己三進三出地坐過牢。」在這封信中，劉曉波還寫道：「我一直知道『六四』後有太多的被捕者判得比我這樣的風雲人物重，獄中的條件之惡劣，非常人所能想像。……我的羞愧是無法形諸於文字的，所以，在我的後半生，只能為亡靈，為那些無名的受難者活著。什麼都可以過去，但無辜者的血淚是我心中永遠的石頭。沉重，冰涼，有尖利的稜角。」

劉曉波當然知道若干不夠有名的異議人士以及普通訪民的悲慘遭遇，而且一直在向他們及其家屬提供力所能及的幫助。高智晟、滕彪、李和平等維權律師受到酷刑和毒打的消息傳出之後，他都在第一時間撰文聲援；法輪功成員、基督教家庭教會信徒等群體遭到各種形式的殘酷迫害，他也嚴厲譴責中共之暴行。

對於劉曉波的最後陳述，還有一種頗具代表性的看法是：你都被人家投進監獄了，人家就是把你當作敵人，你卻仍然標榜不將人家當作敵人，這不是掩耳盜鈴、自欺欺人嗎？撇開某些惡意的攻擊不論，從旅美政論家曹長青到近年來積極參與維權活動的藝術家艾未未等人，這些與劉曉波有過或多或少交往的朋友，都對其「我沒有敵人」的宣告持否定性的看法。其實，這些批評者既不清楚這一觀點的上下文和具體語境，也對劉曉波二十年來思路和理念缺乏瞭解。

對於劉曉波的「無敵論」，評論家一平闡發說：「要理解劉曉波的這句話，需要完整地理解他的非暴力、非敵人、非仇恨的政治理念，『我沒有敵人』是『三非』理念的簡練表達。……面對暴虐的政權，他始終倡導和平轉型，堅持理性、非暴力；他寄希望於民間，但是告誡反對派面對暴虐，要有超常的勇氣，要承擔磨難，要仁愛、尊嚴、寬容。『我沒有敵人』是他面臨暴虐權力施加的重刑，對他二十年來所堅持的信念的再次表達。」換言之，劉曉波說「我沒有敵人」，並非一時心血來潮或惺惺作態，背後是他長期一以貫之的價值立場。

在「八九」學運中，劉曉波張貼的第一張大字報名為〈我們的要求：校園內的自由論壇〉，其中就寫道：「中國的民主，必須以消除『敵人意識』為前提，因為在一個民主政體，沒有敵人，只有不同利益集團的制衡。……一切為爭取民主而奮鬥的人士，莫讓仇恨毒化了你的智慧。」在六月二日發布的〈「六二」絕食宣言〉中，他更是反覆強調「放棄敵人意識」：「我們絕食，呼籲中國人從現在開始逐漸廢棄和消除敵人意識和仇恨心理，徹底放棄『階級鬥爭』式的政治文化，因為仇恨只能產生暴力和專制。我們必須以一種民主式的寬容精神和協作意識來開始中國的民主建設。」這使得該文本具有了「不僅是為此次運動而寫」的歷史超越性。

即便放在二十多年之後的今天，這樣的呼籲仍未過時，甚至更加重要和緊迫。當下中國社會的暴戾之氣比起上個世紀八〇年代來有增無減。放棄暴力比施行暴力需要更大的勇氣，宣稱「我沒有敵人」比宣稱「我有敵人」需要更強大的精神力量。

劉曉波「我沒有敵人」的宣告，源於他內心深處深沉博大的宗教情懷，尤其是長期以來基督教信仰對他的影響。早在上世紀八〇年代中期，他就對基督教文化有了廣泛的涉獵和深入的思考，在嚴厲批判中國傳統文化的同時，他找到了一劑讓中國起死回生的解藥：「中國人的悲劇，是沒有上帝的悲劇。」他在梳理西方思想史時發現，基督教因素始終是一條主線：「對十字架的信仰中，有一種純粹的超越性追求，對上帝的懺悔中，有一種絕對的忠誠。正是天堂使人類意識到了人世的庸俗、懦弱。對人自身的否定和批判，是基督教貢獻給人類的最寶貴財富。……西方的近現代人所具有的職業精神、超越精神和自我批判精神，都來自基督教神學。」劉曉波在「八九」前夕出版的最後一本書，書名就叫《赤身裸體，走向上帝》。此書還未上市就被收回銷毀，未能對中國文化界產生正面影響。

在「八九」民運中，劉曉波多次提及，他發起絕食乃是為了「走向上帝」。他說：「八〇年代，聖・奧古斯丁（St. Augustine）的《懺悔錄》（*Confessions*）是我最喜歡的經典之一，讀過多遍，使我生命中追隨聖跡的衝動變成了自覺的信仰欲望。」然而，他卻未能真正走向十字架。劉曉波的老朋友、澳洲學者白傑明一針見血地指出：「中國的菁英們都想當殉難的耶穌，成為舉世矚目的大英雄。但是他們不願被永遠釘在十字架上，而是釘了一會兒就要被扶下來，在人們的歡呼聲中走下十字架。這就是中國特有的或叫有中國特色的走下十字架的殉難者。」

由此，劉曉波意識到，沒有上帝的人不可避免地會造成「自我無限化」及「缺乏對人內在限制的覺醒」兩大致命的後果。由於對人的局限性缺乏警醒，中國缺乏原罪觀念，中國人缺乏懺悔精神。「我相信，懺悔和認罪之時的人是最虔誠、最透明、最富於生命力和激情的。」中國人則相反，他們滿足於今世。他們尋求物質上的滿足；無需求助於上帝，從而無需求助於饒恕或救贖。

二○一○年二月二十六日，尚寶軍律師到北京第一看守所內探望劉曉波。在會面中，對於「我沒有敵人」的最後陳述，劉曉波提出三點闡釋：第一，強調沒有敵人，是廣義的，不是指個人的敵人，而是要從人性的角度消滅、化解仇恨，以此降低以暴易暴的風險。因為縱觀歷史，通常是暴力革命的成功必然會帶來下一次的暴政。第二，就個人幾次坐牢的經歷來看，從以前的監獄（主要是一九八九年至一九九一年的監獄生涯和一九九六年至一九九九年被勞教）到現在的監獄，作一個縱向的比較，不管從司法上、還是從監獄的待遇及管理上都有進步。這只是個人的體驗，並沒有代表其他方面和個人。第三，無論法庭怎樣判決，自始至終都強調自己是無罪的，不管怎麼樣都會堅持這一觀點。

在這次會面中，劉曉波還表示，如果有機會要特別感謝羅馬尼亞籍的德國女作家、二○○九年諾貝爾文學獎得主荷塔・慕勒（Herta Müller）女士，因為在看守所內偶然看到了《北京日報》上對這位女作家的介紹文章，這讓他感到很親切。

劉曉波不知道的是，慕勒女士後來強烈支持將諾貝爾和平獎頒發給他。在齊奧塞斯庫（Nicolae Ceauşescu）政權下生活多年的慕勒，比西方人甚至大部分劉曉波的同胞都更瞭解劉曉波的苦難與信念。荷塔・慕勒發表題為〈當第二隻鞋落下時〉的文章聲援劉曉波。這個典故來自於劉霞對他們的生活狀況的描述：長期以來她都處於失眠狀態，就好像聽到樓上的人扔了一隻鞋子的聲音之後，一直都在等待第二隻鞋落下的聲音。當劉曉波被捕之後，第二隻鞋落下了，她總算可以安睡了。

慕勒認為，自由運動的首領後來被稱作自由鬥士，這些自由鬥士可以分為兩個基本類型：過於高估計自己者一類和自我懷疑者一類。通常二者不可相容。但是，在劉曉波那裡，二者融於一身，這就使他如此地真實。慕勒生動地描述說：「我嘗試著去想像：曉波是如此孤獨和壓抑，就好像光著腳從一個鬢角到另一個鬢角，上千遍穿過自己的前額。」

對於劉曉波二十年來的精神蛻變，學者蘇曉康說：「從『中國要當三百年殖民地』，到『我沒有敵人』，此間距離多少、又如何丈量？這既是從文化到政治的距離，從尼采到甘地的距離，也是從叛逆、狂妄、目空一切，到自省、謙卑、甘下地獄的距離。」是的，唯有「我沒有敵人」之理念，才能讓暴力之後正義與和解得以實現。在全球範圍內，這一價值已獲得越來越廣泛的接受和認同。而在中國，它還是空谷回音。不過，隨著劉曉波的倡導，它將如春雨一般，「隨風潛入夜，潤物細無聲」。

第七章
劉霞：從灰燼中打造的幸福

你一無所有，只能
和家裡的灰塵一起等我
它們一層層
積滿了所有角落
你不願拉開窗簾
讓陽光驚擾它們的安寧

——劉曉波，〈和灰塵一起等我——給終日等待的妻〉

一、詩歌競技，飲食男女

早在八〇年代中期，劉曉波便與劉霞認識。那時，他們各自有自己的家庭，是對文學和詩歌的熱愛，特別是對卡夫卡和杜斯妥也夫斯基的喜愛，讓他們成為好朋友。他們經常在同一個文藝圈子裡碰面。

當時，劉霞還在國家稅務局工作，那是一份眾所周知的「美差」，享有相當優越的物質待遇。劉霞在海淀區雙榆樹附近分到了一套小小的兩居室，那個年代的年輕人很少有屬於自己的套間，作為北師大教師的劉曉波也不得不蝸居在筒子樓裡。於是，劉霞的家成為北京一個有名的文藝沙龍。

關於與劉曉波的相識經過，劉霞回憶說：「我們當時都在中國銀行食堂吃飯，我先認識他一個大學同學，叫鄒進，也寫詩。就在那個食堂裡，那些同學，王小妮呀什麼的，都是在那個食堂裡認識的，曉波也是。我是屬於朋友裡頭自己有房子比較早的，所以，大家都喜歡到我們家去吃飯、聊天兒。他就非常、非常喜歡我寫的詩，喜歡吃我做的飯。」劉霞是中國銀行的幹部子弟，常常通過「走後門」的方式帶一些朋友到食堂蹭飯吃。那個時候，知識分子大都手頭拮据，下館子的時候並不多，到朋友所在單位的食堂蹭飯吃就成了一個解饞的好機會。他們享受了計劃經濟時代的最後一輪美餐。

那個年代，詩人是大眾的寵兒。詩人和作家廖亦武回憶說，在《星星》詩刊上讀到劉霞的詩歌，很喜歡，就給劉霞寫信，就這樣認識了。後來廖到北京，在劉霞家中結識了不少作家和評論家。圈子裡，大家公認劉霞的詩歌最好。有時，劉曉波也寫詩湊熱鬧，卻被大家諷刺說，寫得太臭。劉曉波好鬥，不服氣，跟其他人爭論。

劉霞當時的丈夫是作家兼編輯吳濱。有一次，劉霞與吳濱鬧彆扭，獨自去西藏玩，途經廖亦武在四川涪陵的家，與廖亦武夫妻一起玩了幾天。劉霞既抽煙又喝酒，酒量極大，能喝一斤白酒，天天吃麻辣火鍋，也不怕辣。活脫脫就是一個美國六〇年代「垮掉的一代」的文學青年。在八〇年代中期相對保守的內地縣城裡，人們都沒有見過這樣的女子。劉霞出格的言行讓廖的家人感到十分詫異。

「八九」以後，劉霞和吳濱又到四川旅遊。兩人的婚姻已經出現了危機。廖亦武在寫紀念「六四」的長詩《大屠殺》，還計畫拍電影《安魂曲》。一張無形的網已經張開。劉霞對危險有一種天生的直覺，便對廖亦武說：「鬍子，你現在很危險，趕緊逃亡吧。」她還幫廖設計逃亡計畫，給他介紹深圳的朋友，說可以從深圳跑到香港。但計畫尚未實施，廖就被捕了。

那時，劉霞與廖談到他們共同的朋友：還在獄中的劉曉波。劉霞說，「六四」之前的天安門廣場非常紛亂，她無法接近曉波，只能在人群中看到一個小小的影子，把脖子都望瘦了。這一場景，後來劉霞寫了一首詩：「我沒有來得及和你說上一句話／你成了新聞人物／和眾人一起仰視你／使我很疲倦／只好躲到人群外面／抽支煙／望著天。」

✣

八〇年代最後的那幾年裡，劉曉波名滿天下，身邊簇擁著不少年輕漂亮的女孩子。對於女孩子的投懷送抱，他並不拒絕。「八九」學生領袖張伯笠，如此描述第一次見到劉曉波的場景：「一九八九年五月三日，在北大二十八樓開會研究『五四宣言』時，劉曉波要求見各位學生領袖，那是我第一次見劉曉波，他身後跟了一位打扮入時的女人。」後來，劉曉波承認，即便在天安門廣場，他還忙裡偷閒地與外國女記者和其他女朋友調情。

在八〇年代，最漂亮的女孩喜歡的往往是詩人和作家，詩人和作家也以擁有諸多異性的愛慕者和追隨者為驕傲。劉曉波喜歡談論性和女人，將性當作挑戰傳統文化與爭取個體自由的標誌。八〇年代便認識劉曉波的女作家孟濤兒寫道：「在紐約，在夏威夷，在歐洲，都聽到有關劉曉波的風流趣事。他調情的女人都是白種女人。……我非常明瞭一個人渴望更大的文明，靈魂要掙脫舊的身體，那樣一種痛苦是中國人，一種與世隔絕了很久的民族才能感受到的。」也許在禁欲主義的毛澤東時代被壓抑得太久，中國知識分子中的叛逆者們認為，要解放靈魂，首先從解放身體開始。

那時，劉曉波渾然不覺有一雙在背後默默注視他的眼睛。他說：「八〇年代，我有一種強烈的欲望，要在千百個女人身上發掘出不同的美來。」他對女性的渴望，陷入一種飲鴆止渴的境地。後來，與劉霞相愛，劉曉波才找到永遠的歸宿，他說出了石破天驚的下半句話：「如今，我終於在一個女子身上找到所有的美。」八〇年代的劉曉波，對愛情的態度如同「五四」時期的作家郁達夫那樣——「生怕情多累美人」；九〇年代之後的劉曉波，對愛情的態度則如同《影子大地》（*Shadowlands*）的主角、英國作家路易斯（C. S. Lewis）那樣——「從許諾的灰燼中打造幸福」。

當九〇年代初倆人再次相遇時，劉曉波是一個婚姻破裂、一無所有、剛剛被釋放的囚犯；劉霞剛剛進入單身狀態，一時間還沒有找到人生的方向與真愛。小說家古龍說過：「愛情本身就是種奇妙的情感，既沒有人能瞭解，更沒有人能控制，它不像友情，友情由積累而深厚，愛情卻是突發的。它要麼就不來，要來，就來得猛烈，令人完全無法抗拒。」人生充滿變數，愛與被愛也是如此。多年以後，曾經積極支援「八九」學運的四通公司總裁萬潤南感歎說：「後來曉波和陶力離異，我心裡對他頗有點不原諒。不自覺地，我把自己當成陶力的娘家人了。後來讀到曉波給劉霞寫的那些情詩，又有些動搖了。唉，感情這種東西，很難說得清楚，也是勉強不來的。」

他們在熱戀中，宛如不更事的少男少女。劉霞曾向朋友講述了一個劉曉波向她示愛的細節：「一九九六年，我不是去了趟美國嗎，一個月後，我回來的時候，一出機場，他來接我，他手裡攥著一把花兒。他攥著時間可能太久了，飛機可能晚點，花兒的花莖都已經讓他攥得有點兒變軟了。我到現在都能記得他那手感。然後，一回到家，滿屋子到處都是花兒，我以為我進了花市了。」可見，看似粗獷的劉曉波也有細膩而浪漫的一面。

劉霞出身於高幹家庭，父親是財經系統的副部級高官，在中國銀行擔任要職，擔任過中央財經大學的黨委書記。毛澤東時代，劉霞的父母對體制忠心耿耿，跟劉曉波的父母一樣，並未給孩子太多愛與溫暖。劉霞記得，她小時候，有一段時間父親在香港工作，給她帶回一件花裙子。哪有小女孩不喜歡花裙子的？但像馬列主義老太太的母親卻把它收進箱子裡，小女孩整夜哭泣也打動不了母親。

劉霞經常給劉曉波講述外公的故事。她的外公早年在北京高師讀書，參加過「五四」運動，是被逮捕的學生之一。民國時代，當過縣長，辦過農場和學校。一九四九年後，外公被打成「歷史反革命」，五〇年代初孤獨地死在紅色監獄裡。外公有四個女兒和一個兒子，可他們不敢表達對父親的愛，也不跟晚輩講述這件事情。劉霞時常悄悄追問：母親的冷漠與刻板，是外公悲慘地死去的原因之一嗎？

劉霞很聰明，卻不愛上學，對高考無動於衷，只考上了一所大專。畢業後，先後到國家稅務局及金融出版社工作，但天生就不是當循規蹈矩公務員的料，這兩份別人垂涎三尺的崗位，她都忍受不了，遂辭職做了自由人。她辭職不是為了掙錢，而是為了擁有自由之身。她最害怕的就是錢和數字，跟劉曉波在一起外出，身上從不帶錢包。

與劉曉波墜入愛河之後，劉霞的父母並沒有因劉曉波的特殊身分而加以反對，反倒是全力支持。兩位老人雖然是體制內的受益者，但十分開明，很喜歡劉曉波這個直率真誠的小夥子，將他當作親生兒子看待。由於劉曉波的兄弟都不在身邊，來往最多的反倒是劉霞的弟弟劉暉，劉曉波與劉暉比親兄弟還親。劉曉波在劉霞家中得到的溫暖，比在自己家中得到的更多。

劉霞開玩笑說，她的父母對她說，我們家的孩子都不愛上學，但女兒一下子就找了博士上門，而且還是中國最有名的文學博士，多麼光榮啊！其實，在劉霞的父母眼中，女婿頭上的博士帽子倒是其次，他們看重的還是劉曉波的人品。

二〇〇八年冬天，劉霞年邁的父母移居郊外，將他們居住的那套兩百平方公尺的房子借給女兒女婿居住。這套房子地理位置優越，在中央軍委大樓的北邊。是小高層的建築，在五樓，是一個複式結構，帶有小小的閣樓。從窗口還可以望見玉淵潭公園的樹林和水波。

劉曉波總算有了一個擺得下很多書籍的大書房，但他一天都沒有在這裡居住和工作過。房子剛剛開始裝修，他就被關進了監獄。後來，裝修工作全都是在劉霞的張羅下完成的。以前，劉霞不會管這樣的瑣事，劉曉波被捕後，她不得不親力親為。

✣

劉霞做得一手好菜，尤其擅長做西餐。這正好滿足了喜歡吃西餐的劉曉波的胃口。劉曉波是少有的真心喜歡西餐的中國人，從法國鵝肝到義大利海鮮，從俄國紅菜湯到美國牛排，從日本壽司到韓國烤肉，他樣樣都愛吃。甚至連麥當勞、肯德基這種美式的「垃圾速食」，他都說：「我每隔一、兩個星期就會饞得想去吃一次。」朋友們都笑他說，他不僅主張「全盤西化」，連胃也變成了「西方胃」。

劉霞在家中儲備了一般中國人家中少有的各種做西餐的配料。為了找到這些配料，她甚至跑大半個北京城，去專門賣進口食品的超市購買。對於每一種獨特的食材和配料，她無不如數家珍，娓娓道來。劉霞不時親自下廚，為丈夫做出一大桌子美味的法式或義式大餐。如果有國外朋友帶來鵝肝醬、紅酒、乳酪、香腸等，便對這些食材精心烹飪，讓劉曉波大快朵頤。而劉曉波很少下廚，至多會做「東北亂燉」。

即便在強權的監控和暴力的騷擾之下，這對夫婦的日常生活仍然溫馨、浪漫、樸素。劉曉波常說，熱愛生活，先從熱愛飲食開始。晚上，很多時候都有飯局，劉曉波喜歡跟朋友們一起在外面吃飯。劉曉波對菜品本身的重視，勝過對餐館的環境和檔次的重視。他既願意接受朋友的邀請，到豪華的餐廳吃飯，也樂於去嘗試那些設施簡陋、更有民間風味的「私房菜」。比如，蔣宅口附近有一間名為「重慶燒雞公」的小餐館，面積只有二、三十平方公尺，由老闆夫婦倆打理，小平房歪歪倒倒，座椅滿是油污，但那裡的雞絲涼麵、涼拌肚絲和燒雞公等，堪稱絕冠京城。有時，劉曉波專程跑去吃飯，還要打包幾份回家，一連吃好幾天。

他們最常去的，是好朋友周忠陵開的、位於海淀區塔院的那家名叫「食盅湯」的川菜館。這家店是劉曉波夫婦和包遵信幫周忠陵策劃開張的，店裡懸掛的題詞大都出自包遵信的手筆。特色菜是牛肚火鍋、牛蛙火鍋、雞火鍋等，堪稱北京最辣的川菜館之一。劉曉波不怕辣，經常滿頭大汗仍然戰鬥不止。另外，劉曉波家附近有一家名叫金山城川菜館，那裡的回鍋肉和麻婆豆腐等經典川菜，也讓他百吃不厭。

劉曉波還喜歡吃精緻的淮揚菜。丁子霖老師家旁邊有一家西湖船菜館，是劉曉波夫婦和朋友每次看望完丁、蔣之後，請二老吃飯的地方。劉曉波喜歡吃那裡的肝尖、醬鴨、香乾馬蘭頭等特色菜。還有，西四環的新開元、北三環的張生記等有名的江浙菜館，也是劉曉波、劉霞和朋友們常去的餐館。如果將劉曉波夫婦去過的餐廳一一記載下來，就是一張北京城的美食地圖了。劉曉波吃肉雖多，但晚上幾大杯濃茶下肚，就將油脂全部「刮」走，所以也沒有「三高」的問題。

記者高渝回憶說，有一次香港朋友蔡秀霞小姐請一群朋友吃飯，由高渝點菜。她一邊點菜，一邊計算著菜價，大家談興方濃，沒人管她，只有對面坐的劉曉波朝她喊：「螃蟹！螃蟹！」而且眼鏡後邊閃動的目光很急切。高渝想，若一人一隻，菜價肯定翻倍。她便要了一盤炒螃蟹，告訴服務員炒兩隻。劉曉波不喝酒，飯桌上除了高談闊論，就是猛吃，「他吃起來，就不挑剔了，無論對擺在他面前的那盤炒螃蟹，還是鹹魚貼餅子，一視

＊編注：「東北亂燉」，亦即東北大雜燴，將豆子、茄子、青椒、蕃茄等蔬菜，與排骨一同燉熟。這是一種中國東北地區常見的家常菜，也是東北人過年時愛吃的年菜之一。

同仁。多出來的兩個海蠣子蘿蔔餡的包子都夾給他，只要吃得下去，也就不推讓，沒有絲毫的酸文假醋，只是對海鮮情有獨鐘，是個地道的海蠣子（大連人），也是個絲毫不掖不藏的真正男人。」

到外邊吃飯，大部分的時候劉曉波與劉霞都同行，劉霞也樂於參與曉波的飯局。劉曉波的吃相不雅，速度很快；劉霞則慢條斯理，一直吃到最後。兩人形成有趣的對比。吃飯的時候，劉曉波最喜歡喝可樂，而且必須是可口可樂；劉霞則是無酒不歡，對紅酒尤其有品鑑能力。

在少數劉霞身體不適的時候，劉曉波只好一個人出席飯局。如果吃到好吃的菜品，他就會馬上掏出手機，給劉霞打電話說：「這裡有個什麼菜太好吃了，我給你打包一份回來！」打完電話，他便對請客的主人說，再要一份這個菜吧，我給劉霞打包回去。他從不表示虛假的客氣，直率而真實。

劉霞對自己的廚藝頗為得意。她說，自己的詩歌比小說好，畫比詩好，攝影比畫好，廚藝比攝影好。劉曉波被捕之後，劉霞說：「在日常生活中，我最想念他的時候是，比如去市場買東西，我會問他喜歡吃什麼東西。」那個時刻，劉曉波會說，肉，肉，肉。是不是劉曉波知道，這是監獄裡最缺乏的東西，所以趁還沒有坐牢的時候，要多吃一點？對此，劉霞帶著淡淡的哀傷說：「他走了以後，作為廚師的我，也就失業了。」

二、「我就是要嫁給那個國家的敵人！」

劉霞選擇了劉曉波，也就選擇了一種非正常的生活。一九九五年五月十八日，劉曉波因參與起草「六四」六週年的呼籲書，被北京市公安局軟禁在西山的一個祕密地點，失去人身自由八個月。劉霞被允許每半個月去探訪一次，可以帶些食品和書籍去。那時，他們還沒有真正的「名份」。

一九九六年十月八日清晨，劉曉波被警察從家中帶走，然後是長達三年的勞動教養。後來，劉曉波在給劉霞的信裡描述了當時的場景：「那個離別的早晨，陽光燦爛，對於慣於熬夜、中午才起床的我來說，顯得陌生而怪誕。在沒有任何準備的空白中，敲門聲驚醒了我們，兩個熟悉的片警出現在門口：儘管你早有心裡準備，但災難突然攪碎晨夢，恐慌和劇痛使你無力揮手告別，只能在漫長的煎熬中守候、等待。」

不久，劉曉波被移送到大連勞教所。由於劉曉波和劉霞還沒有正式登記結婚，只是「戀人」關係，當局借此阻止他們會面。在劉曉波被勞動教養的三年裡，前一年半時間，劉霞只能給劉曉波送去食品、日用品和書籍，這些東西必須通過門房送進去，她不能踏進去勞教院半步。

當局企圖通過這樣的刁難讓劉霞知難而退，沒有想到反倒堅定了他們結婚的決心、加快了他們結婚的步伐。劉霞向有關部門提出結婚申請，「我就是要嫁給那個國家的敵人！」在她那像壓傷的蘆葦般羸弱的身體中，隱藏著怎樣倔強的靈魂啊！

結婚本來是天賦人權的一部分，中國的憲法和婚姻法都有明確規定。然而，劉曉波不是普通人，不能像普通人那樣順利地辦理結婚手續。經過曠日持久的申請，層層手續的審批，由朋友找到陶斯亮幫忙。陶斯亮是中共開國元勳陶鑄的女兒，曾經擔任統戰部第六局副局長。她思想開明，在「八九」學運中對學生頗為同情，「六四」後被免職。陶斯亮在高層人脈較廣，找到公安部的一名副部長疏通此事，由該副部長親筆批示，劉曉波和劉霞才獲得「結婚權」。

劉曉波和劉霞的這張結婚證書是在大連教養院中領取的。那天的情形特別詭異，勞教院方面說，與當地民政部門聯繫好了，將派一名專職攝影師來給他們拍攝一張結婚照，然後現場辦證。然而，當這名攝影師來到勞教院為他們拍攝合影時，突然發現照相機無法按下快門。攝影師驚訝地說，這部機器用了多年，從來沒有出現過這樣的問題。攝影師滿頭大汗地擺弄了半天，始終無法修好。這不像是當局故意搗鬼。

怎麼辦呢？幸虧劉霞事先攜帶了她和曉波的兩張單人照。她臨時決定，將兩張單人照拼合在一起，貼在結婚證上，然後請辦事員蓋上大印。這時，也顧不上吉利不吉利了。就這樣，他們成了一對合法夫妻。這恐怕是一份前無古人、後無來者的，用兩張單人照拼合在一起的結婚照。

接著，是一頓簡單的慶賀午餐——無非是勞教院的食堂為他們炒了兩個菜，但對他們來說，卻是天上的美味。在這三年裡，這是他們唯一一次同桌吃飯。劉霞會做很多拿手好菜，可惜此刻她不能為劉曉波做菜。劉曉波喜歡吃肉，可是監獄中肉食奇缺。看著劉曉波狼吞虎嚥的模樣，劉霞感到陣陣辛酸，可還是強作笑顏，這畢竟是他們結婚的時刻啊！

飯後，劉霞回家了，劉曉波繼續接受勞動教養。聽起來，這不太像是一場婚禮。後來，當他們談起這段往事時，語氣平和，不乏幽默，像是在說別人的故事。劉霞幸福地笑了。她說：「一旦結婚，我就可以合法地去看望他了。」

在那段時間裡，劉霞每天都要寫一張卡片，掛在自家的牆上。三年，積攢了一千多張卡片。這一千多張卡片，就是劉霞對劉曉波愛的定格。

劉霞想，在曉波出來之前，一定要把房子好好布置一下，以便迎接曉波回家。但是，那時她辭職在家，並無固定收入，也沒有積蓄，拿不出這筆裝修的錢來。她又不願跟家人要錢，便去問周忠陵有沒有錢。周拿了一筆錢出來，劉霞這才將房子布置一新。

對於劉霞的愛，劉曉波無比珍惜。九〇年代以來，劉曉波強調責任倫理，其中很重要的一環就是家庭倫理。他對過去自己家庭倫理的缺乏作出了懺悔：「我很少關心每天生活在自己身邊的具體的人，而只關心崇高而抽象的正義、人權、自由。我把親人們整日為我的安全而心驚肉跳視為世俗的懦弱。」他反問說，那種對「革命事業」的自我神聖化以及對身邊親人感受的輕視，與共產黨有什麼差別呢？

劉曉波對愛和責任的認識，是從第一次婚姻的失敗中汲取的沉痛教訓，也是從「六四」受難家屬群體那裡學到的真諦。丁子霖如此回憶第一次與劉霞見面的場景：一九九九年的世紀末之夜，這是劉曉波此番重獲自由後與他們的首次見面，也是他們第一次見到劉霞。劉霞給他們的印象是一個單純、瘦弱的女子，不多說話。「她只是依傍在曉波身邊聽我們談論，不時呵呵地輕聲微笑。那時劉霞還留著齊耳的短髮，不到四十的年紀，已隱隱有了些許白髮。」兩位老人與劉霞一見如故，從此將她當作女兒來看待，「雖是與她初次見面，但我們想到她一個弱女子，沒有妻子的合法身分，這些年來每月往返於北京與大連之間，這份忍辱負重遠非常人所能承受。我們對劉霞的愛憐之情即始於那初次見面，這也許就是一種緣分吧！」

對於這次見面，劉曉波也有過一段描述：「臨走前，丁老師反覆叮囑我好好對待劉霞，不能再鹵莽行事，把劉霞一個人留在有形監獄裡的『心牢』裡。我很感動，這才是對我們倆口子的真正關心，做政治犯的妻子之難，一點也不次於政治犯本身，甚至有過之而無不及。有時我想，丁老師之所以關心劉霞勝過關心我，肯定來自她這些年的親歷，她太瞭解失去最親愛的人的遺屬們的艱難：殘暴制度的迫害和良知匱乏的社會，使獨裁制度反抗者的親人承受著巨大的壓力，不僅是隨時可能與親人被迫分離的焦慮，還是被監視、失去隱私的煩惱，更有官方刻意洗腦所造成的遺忘和冷漠。」

在劉曉波的人生座標中，最重要的不是中國民主化的願景，也不是諾貝爾和平獎的桂冠，而是與劉霞相知相愛，「執子之手，與子偕老」。

三、人間一場危險的遊戲

劉霞的光頭和裹著一副長披肩的打扮，讓很多第一次見面的朋友大吃一驚：難怪劉曉波是學美學的，找了一個打扮如此前衛的妻子！

她身上有一種波西米亞人的氣質：窮困潦倒、漂泊不定，卻充滿反傳統的創作活力。劉霞就是一個希望擺脫一切束縛的波西米亞人，她甚至對劉曉波追求的民主亦不抱太高的期待。基於對人性敗壞的深刻體認，對於現實政治，她更多持一種無政府主義立場。法國知名經濟學家、劉曉波夫婦好友索爾孟（Guy Sorman）教授則將劉霞形容為「中國的猶太人」。「猶太人」在這裡不是一個種族意義上的概念，它涵蓋了所有被壓迫、被凌辱的人群，如聖經〈耶利米哀歌〉（Eikha）中說：「現在他們的面貌比煤炭更黑，以致在街上無人認識；他們的皮膚緊貼骨頭，枯乾如槁木。」劉霞的瘦，以及她那蒼涼的眼神，看上去就像是一名剛剛從納粹集中營裡被解救出來的猶太女子。

「中國的波西米亞人」跟「中國的猶太人」剛好構成劉霞的兩面，正像她在詩句中描述的：「我看到另一個自己／在人間玩一場危險的遊戲。」

劉霞熱愛攝影、繪畫、詩歌、美食、美酒、香煙、旅行和優雅的生活。她本人不從事政治活動，也很少公開發言，只因為嫁給「那個國家的敵人」，政治開始如影隨形，成為日常生活揮之不去的夢魘。她自己說過：「我對政治不是很有興趣，我也對改變社會不抱什麼希望。我很少讀劉曉波寫的東西。但是當你跟這樣的一個人住在一起，即使你不關心政治，政治會關心你。」

不過，她也有自己的政治觀點。她是受西單民主牆啟迪的一代人，劉曉波在一篇文章中寫道：「當時，家在北京的年輕人當然比外省人幸運，只要有意願，他們就可以去西單看『民主牆』。我的妻子劉霞就曾是無數位『民主牆』的熱心讀者之一。」那時，剛剛年滿十八歲的劉霞，每天步行到西單，在人頭攢動的民主牆前駐足。為了抄幾段民主牆的文字，她總要想方設法地擠到前排。無奈她身體瘦弱，鑽到前排的成功概率很低。

劉霞的心中有源源不斷的溫情，更有毫不含糊的是非判斷。因「八九」而被整肅的出版人李貴仁回憶說，他與劉霞唯一的一次見面是在八〇年代中期新聞出版界的一個會議上，劉霞還在一家出版社做編輯。那時正是「清除精神污染」時期，新聞出版署的一名副署長在講話中要求編輯們嚴格審稿，李貴仁當場提出不同意見。中午吃飯時，劉霞特意坐在李貴仁旁邊，向他表示支持。會議結束後，在機場，劉霞從相隔十多公尺的柵欄外邊大步向李貴仁走過去，把他的手緊緊抓住，一邊握一邊說：「你是一個大寫的人！」在「六四」之後，李貴仁被捕入獄。有一天，他突然收到了劉霞的一封信。「她沒有提及政治，也沒有說到我被捕的事情，只是問：你那邊的天氣好嗎？信末則是詩一樣的語言：明天，太陽照樣升起，霞妹依然年輕！」

如果劉霞不認同劉曉波持守的價值，就不會選擇跟曉波結婚，並分擔曉波身上的擔子。在朋友圈子中，大家都把劉霞看作大姐姐。劉曉波入獄之後，她仍然堅持劉曉波在家時他們夫妻恪守的一個生活習慣：定期請一些良心犯家屬吃飯。雖然她自己也是一名良心犯家屬，卻念念不忘去關心和安慰別人。

剛接觸劉霞的人，會覺得她很怪、很冷，在劉曉波眼中，她是一塊透明的冰。「親愛的，你端坐在盛夏的黃昏中，我卻看見你身體裡的冰，你一直很冷，出生時手指尖冰涼。」但這塊透明的冰，卻照出人性的本質。劉霞比劉曉波對人更有判斷力。劉曉波表面說話尖刻，其實骨子裡溫暖而寬厚，對那些居心叵測的人缺乏防範，常常被人利用。劉霞往往在旁邊給他建議，譬如，此人可交，或此人不可交。事後證明，劉霞的建議十有八九都正確。

長期在「老大哥」眼睛的注視下，過著如履薄冰的生活，劉霞經常內分泌失調，皮膚過敏，還患上嚴重的失眠症，需要服用安眠藥，或者晚上喝一整瓶紅酒，才能入睡。朋友們都很擔心劉霞的身體狀況，很多朋友向她推薦治療失眠的密方，還買過據說療效極佳的特型枕頭送給她。但她一一嘗試之後說，這些東西沒有什麼效果，還得靠安眠藥。失眠，大概是作為劉曉波的妻子，且生活在這個扭曲悖謬的時代，必須付出的代價。

劉曉波被捕之後，有朋友詢問劉霞的睡眠狀況如何。她說，這些天來，劉曉波不在身邊，反倒能睡得安穩了。「天花板上早已掉下來一隻鞋子。多年來，我就像在等候著另一隻鞋子掉下來的那個人一樣。如今，這只鞋子終於落下來，我這才感到安心了。這就是我們自己選擇的命運。」

✣

「笑」是劉霞標誌性的表情，即便沒有什麼理由，她也會「無緣無故」地笑起來，如果是跟她不熟的人，見到這種肆無忌憚的笑，會感到詫異。在這種笑的後面，是對自由的堅守、對愛的執著、對浪漫的不可救藥的渴求，以及對苦難和邪惡的輕蔑。劉霞是劉曉波靈魂深處那根穩如磐石的「定海神針」，與劉曉波在一起，她有幸福，也有痛苦，有快樂，也有憂傷，所有這一切，都凝聚在她的「笑」裡。

關於劉霞的笑，她的好友廖亦武曾寫道：「（對劉霞）所能記起的，就是笑。笑得幾近白癡。……我與劉霞的共同點是：學歷低，自學沒成才；不同點是：她貪酒，我貪吃。不曉得這種女人嫁給劉曉波後，還傻笑不？」

而這個原來愛笑的女人，嫁給曉波、中國的頭號政治犯、共產黨最不想見的人之後，終究還是被逼哭了。一九九六年劉曉波被警方抓走後，杳無消息。劉霞把這一情況告訴好友周忠陵，周自告奮勇地說，要陪同劉霞去找曉波。劉霞說，劉曉波有可能被關在香山植物園附近的一處公安管轄的院子，以前劉曉波曾被短暫拘押在那裡。於是，他們就打了個面的去找。還真的找到那個院子，敲門卻無人應答。他們圍繞著院子的高牆走了好幾圈，大聲叫喊劉曉波的名字，直到嗓子沙啞，喊不出聲音來。劉霞希望曉波聽到她的聲音，心中至少得到幾分安慰。但是，裡面始終沒有任何動靜。後來他們才知道，劉曉波並沒有關在那裡。

回家之後，遠在四川的廖亦武打電話給劉霞，劉霞平常都在笑，但那一次剛說了一句「他們不讓我見……」，就從頭哭到尾，持續了二十多分鐘。廖亦武只能沉默地聽著劉霞的哭泣，找不出一句話來安慰。「是的，丈夫失蹤了，一個妻子內心的歡笑永遠失去了，可往後的日子，她還得笑下去。」

二〇〇九年，劉曉波被判處十一年有期徒刑後，作家唯色寫到一些小細節：「得知判了十一年，短信給劉霞。很晚的時候，快十二點了，才收到她的回覆：『我還好。一直笑著和曉波說了十分鐘呀。』……過了一會兒，劉霞說，我回到家後才崩潰。『崩潰』兩個字太刺眼了。……她很快回覆：『我晚上還出去吃喝了。』我想像得出她生怕相煩旁人，又沒心沒肺地笑呵呵的樣子，但有一個晚上，她在電話中對力雄泣訴，每天笑得很累。」

然而，與一次接一次的、一次比一次更大的苦難迎面相遇，劉霞沒有被擊垮。劉霞說：「曉波數次入獄，在家的時間也多半不自由。作為妻子，我別無選擇地成了丈夫不幸命運的一部分。」她看透了中共政權最隱祕的本質，當邪惡撲面而來，她見怪不怪。劉霞平靜地說：「在日常生活中，我都是永遠把事情往最壞那方面想。外面當然會笑著過日子。我有朋友說我屬於天生抑鬱的那樣的人。我太消極了，太不願意跟這個社會有任何關係。在內心折磨自己。而相反，事情真的發生了以後，我突然發現，我現在眼前出現的，都變成那種美好的畫面了。」

二〇〇八年劉曉波再度被補之初，朋友們都樂觀地估計他很快就會被放出來，劉霞卻悲觀地估計，這一次劉曉波大概會被判十年。朋友們都不敢相信。結果，刑期是十一年，比劉霞的估計多一年！劉霞這時才笑著對朋友們說：「既然我原來的估計是十年，現在是十一年，那我就當作是他只被判了一年吧。」

一個人可以只追求民主，而放棄愛情嗎？劉曉波的答案是否定的，劉霞的答案也是否定的。劉曉波在法庭上所作的最後陳述，以一段情深似海、義薄雲天的話作為結尾：「如果讓我說出這二十年來最幸運的經歷，那就是得到了我的妻子劉霞無私的愛。今天，我妻子無法到庭旁聽，但我還是要對你說，親愛的，我堅信你對我的愛將一如既往。」是劉霞一往情深的愛，讓劉曉波變得更加堅強、寬廣和仁慈。

在這篇嚴肅而厚重的法庭陳述的最後一段，劉曉波突然轉換為情深意重的語調，好像是夫妻之間的竊竊私語。正如不說出來的正義不是正義，不說出來的愛也不是愛。在中國人當中，劉曉波是一個罕見的真性情的人，他從不隱諱在公開場合禮讚愛人。劉曉波與劉霞的愛情，是這個不相信愛情的時代的奇跡。

劉曉波是二〇一〇年諾貝爾和平獎得主，他的獲獎使得中國社會轉型得到了強大的著力點，也讓所有關心中國前途的人，對未來充滿想像、拭目以待。（REUTERS／Handout／達志影像提供授權）

一九八〇年七月，劉曉波與「赤子心」詩社的朋友們。（作者提供）

劉曉波的大學畢業照，吉林大學中文系七七級。（作者提供）

劉曉波的父親劉伶。（作者提供）

八九學運期間，劉曉波在天安門廣場前。（作者提供）

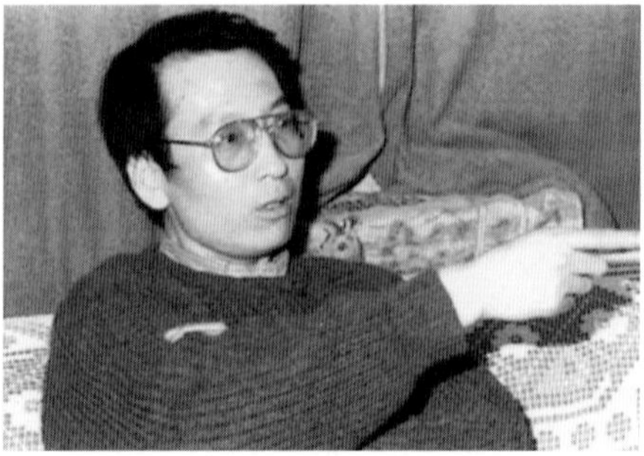

八○年代的劉曉波，乃是備受矚目的文壇黑馬。（作者提供）

八九學運時，「四君子絕食」點燃最後一把火。左起：周舵、劉曉波、侯德健、高新。（新世紀出版社提供）

「六四」之後的二十年裡，劉曉波最關切的是以丁子霖為代表的「天安門母親」群體。
（AP Photo／Greg Baker／達志影像提供授權）

二○一○年六月，捷克前總統哈維爾前往中國大使館遞交聲援劉曉波的請願書。
（REUTERS／David W. Cerny／達志影像提供授權）

二○一○年諾貝爾和平獎頒獎典禮，劉曉波無法出席，典禮現場仍然擺放了他的椅子。（REUTERS／Toby Melville／達志影像提供授權）

諾貝爾和平獎頒獎儀式後，群眾舉著火炬到格蘭德飯店前，按慣例此時和平獎的得主會站在飯店陽台上向大家揮手，接受大家的祝賀；但因劉曉波無法出席，主辦單位便在酒店外牆上投影一張劉曉波的巨幅畫像，供人致意。（REUTERS／Toby Melville／達志影像提供授權）

劉曉波的第二任妻子劉霞起初是因為好玩而開始接觸攝影，她以一種非職業化、不為發表也不為掙錢的自由心態拍照，使其攝影作品具有獨特的靈氣。（REUTERS／Petar Kujundzic／達志影像提供授權）

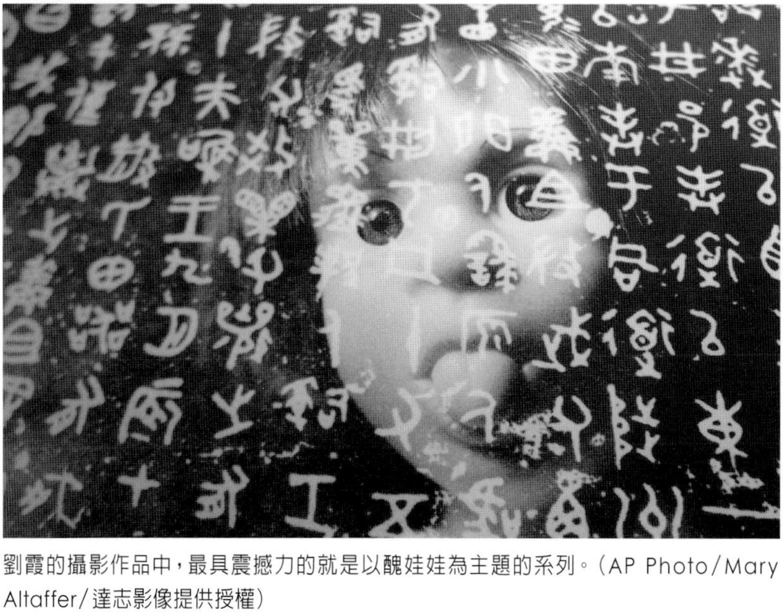

劉霞的攝影作品中，最具震撼力的就是以醜娃娃為主題的系列。（AP Photo／Mary Altaffer／達志影像提供授權）

在劉曉波的生命中，最重要的事或許不見得是追求民主的願景，或得到諾貝爾和平獎的殊榮，而是和劉霞的相知相愛，「執子之手，與子偕老」。（REUTERS/Handout/達志影像提供授權）

四、在藝術中獲得自由

劉霞熱愛攝影、繪畫和詩歌。朋友們聚在一起吃飯時，劉曉波通常高談闊論近期的時事，劉霞則在一旁跟女朋友或藝術家們談攝影、繪畫和詩歌。她多次說：「我不是劉曉波的附庸，我酷愛詩歌和繪畫。」

與樂觀開朗的劉曉波不同，劉霞心靈深處充滿帶有形而上意味的悲觀主義。對於人生，雖悲觀卻不虛無，因為她還有熱愛的領域——攝影、繪畫和詩歌。有一位作家說過：「有時我奇怪，所有那些不寫作、譜曲或畫畫的人，是怎樣做到得以逃避發瘋、憂鬱、驚恐這些人類境遇中總是存在的東西。」劉霞的攝影、繪畫和詩歌，都被動地具有了自我療傷的功能。

劉霞做攝影純粹是為了「好玩」，她將攝影當作名副其實的「愛好」，從未想過成為職業攝影家——對她來說，一旦什麼事情變成「職業」，就索然無味。劉霞的思維方式和生活方式都是非職業化的。在這一點上，她比大部分中國藝術家都「先知先覺」。正是這種非職業化的、不為發表也不為掙錢的自由心態，讓其攝影作品具有獨特的靈氣。

劉霞使用的相機等設備也是業餘的，她在操作機械方面，近乎於「白癡」。因此，連劉曉波都感到奇怪：怎麼突然有一天，連傻瓜相機都不會使用的妻子，居然拍出一張張好照片？從為丈夫拍攝的肖像到隨意拍攝的風景和靜物，都打上了一種揮之不去的「劉霞烙印」。

多年來與劉曉波夫婦有密切聯繫的美國學者林培瑞（Perry Link）注意到，劉霞的照片全是正方形和黑白的。古代中國的城牆呈矩形，紫禁城，天安門，無不如是。在中國，矩形代表秩序、規律、莊嚴與封閉。中國傳統的國畫間或有彩色，但最純粹的藝術如書法，則一律是黑、白兩色。劉霞的這些照片，可以看成是對晚近數十年中國的評語，它們彷彿在自己說話：「看！歷史在這裡！」

在劉霞的攝影作品中，最具震撼力的就是「醜娃娃系列」。劉霞拍攝的對象大都是破舊、變形、殘缺的洋娃娃。一般的洋娃娃都美麗而鮮豔，如公主般嬌美；劉霞拍攝的洋娃娃則醜陋而痛苦，如恐怖電影中讓人毛骨悚然的玩偶。有時，劉霞委託朋友幫助搜集洋娃娃，有朋友專門從國外帶回漂亮的洋娃娃，才發現她要的根本不是此類小女生的玩具。

劉霞鏡頭下的洋娃娃，是一群怪異的小傢伙，僅有嬰兒大，卻長著成人的臉孔，表情或痛楚，或恐怖，有的吶喊到一半僵住了，模樣都有點病懨懨的。林培瑞評論說：「看著並不好受，我們卻還要看。要說這些是幼兒，臉上卻已經打下印子，銘記著令人不忍卒睹的未來；要算是大人，又不知什麼原因未曾發育。洋娃娃也沒有性別，它們就是我們大家。」

劉霞將一幅醜娃娃作品送給了丁子霖。丁子霖說，這是她收到最珍貴的禮物：「他們夫婦倆給我們抱來了一幅黑白大照片，畫面上兩個洋娃娃面對一大堆點燃著的蠟台，一個娃娃低垂著頭，一個瞪大了眼睛，張開了嘴，彷彿在吶喊或哭嚎，那悲憤得扭曲的表情揪人心扉。這顯然是為『六四』而拍的。曉波告訴我，這是劉霞的攝影作品，是他坐牢期間在家拍攝的。」兩位痛失愛子的老人從劉霞的醜娃娃那裡聽到孩子童稚的嗓音對暴力無盡的控訴。

二○○○年初，劉曉波第三次出獄後，為劉霞辦了一個攝影展。有位美國老太太一見到這幅照片就感動得流淚，並買去了這幅大照片。劉曉波和劉霞送給丁老師和蔣老師的是小一些的一幅。丁子霖夫婦一直將這幅照片掛在罹難兒子的遺照旁邊。它像一條無形的絲帶，把天安門的亡靈、繫獄者以及他們的親人們緊緊連接在一起。丁子霖說：「我們要感謝心靈敏感縝密的劉霞，也要感謝那位素不相識、讀懂了這幅照片的美國老太太。」

劉曉波用筆來描繪劉霞的外貌：「頭髮剪得再短，痛苦卻不會有絲毫縮短；白髮再多，青春卻絲毫不會減損。你有魚的舌頭和雨的皮膚，在海中品嘗蔚藍的陽光，味道怪異。」劉霞也不甘示弱，用鏡頭來定格劉曉波的思想。在劉曉波被捕前不久，劉霞把劉曉波當作模特兒，拍攝了一組劉曉波與各種醜娃娃在一起的照片。那組照片，比任何一個攝影家的作品都更深刻地闡釋了劉曉波波濤洶湧、激盪奔流的內心世界。

劉霞的繪畫與攝影一樣，是「野路子」，她從未在美院之類的學府裡系統地學習過繪畫方面的技巧，也沒有跟某個著名畫家拜師學藝。劉霞差不多是在某一天突然有所感悟，就拿起畫筆來直抒胸臆。二十世紀八〇年代，劉霞寫過不少讓圈內人讚許不已的小說和詩歌；九〇年代之後，她基本放棄了寫小說，偶爾還寫一點詩，繪畫則成為她「揮霍才華」的又一個「出口」。劉曉波很支持劉霞畫畫，當他發現劉霞有繪畫天賦之後，立即幫妻子買來最好的畫框、畫布、油料和畫筆。劉曉波也是劉霞畫作的第一個欣賞者和品鑑者。

多年來，劉霞創作了數百件畫作。這些畫作沒有對外展示過，也從未上市賣過。她將這些畫看作生命的一部分，只有在極少的情形下，她才會送幾幅給親密的朋友；也只有極少數的朋友，到他們家中做客時，才會被邀請觀賞這些畫作。每當這個時候，劉曉波會表現得異常激動，在劉霞狹小的畫室內，親自搬動和擺放劉霞一幅幅的作品，並像博物館講解員一樣，滔滔不絕地給朋友解說。劉霞經常打斷他說，你這樣稱讚自己的老婆，讓我都不好意思了。

他們在花園路七賢村那棟兩房的家，面積不足一百平方公尺。劉曉波沒有書房，讓客廳兼具書房的功能。平時，他的寫作都在書房的一個角落裡進行，那裡擺放了一台小小的電腦桌，旁邊是整面牆的書架。但是，劉曉波仍然為劉霞留出一個小小的畫室，讓劉霞至少有獨立的創作空間。即便如此，劉曉波仍然對妻子充滿愧疚。勤奮寫作的稿費收入，足以讓他們在居之不易的北京過上衣食無憂的小康生活，卻難以承受北京高昂的房價，無力購買一棟更加寬大的房子。

劉霞的畫大都是在這間斗室裡創作出來的。畫大幅的油畫是一種體力活，體質羸弱的劉霞畫得很慢、很辛苦。畫完一幅之後，筋疲力盡，要休息好幾天才能恢復過來。她偏向於使用陰冷、肅穆的色調，幾乎不使用大紅大綠的鮮豔顏色。就連筆下的花朵，大都是黑色和深藍色的，線條沒有柔軟的弧線，像鋼鐵一般堅硬與鋒利。除了極少數人物肖像之外，劉霞畫的內容大都是經過抽象處理的風景，多為樹木、花朵和曠野。這些物體折射出作者特殊的心緒和情感。

劉霞的畫風跟挪威表現主義大師孟克（Edvard Munch）很相似，有一種北歐式的陰冷、輕靈、詭異和神經質。她有一顆極度敏感的心靈，這顆心以不同的象徵出現在每一幅作品當中。有了這顆心的存在，才使得即便在無邊的晦暗中，仍然有一絲光亮滲透出來；即便在驚恐與哭泣中，仍然有對幸福的盼望。劉霞的作品比最有名的中國當代藝術家方力鈞、岳敏君等人頗具「中國特色」的人物構圖更深入當代中國的核心——這是一個陰森恐怖的國家，天空一無所有，大地空洞骯髒。但是，仍然有人掙扎著在這裡生活，他們像樹和草一樣堅守，永不放棄。

在劉曉波與挪威結緣之前，劉霞就用她的畫向孟克及其祖國致敬。如果有一天劉霞能踏上挪威的大地，親臨孟克生活和創作過的地方，一定會激發出更多的靈感。如果劉霞的作品有機會在挪威展出，挪威的藝術家和公眾也有可能將劉霞這個來自東方的神祕女子當作他們的畫家，因為劉霞在某種意義上就是孟克的精神傳人。

二〇一〇年秋，劉曉波案件終審定讞，塵埃落定。劉霞轉回個人的天地之中，繼續畫畫、攝影、讀書、寫詩。同時，也開始在她最喜歡的兩個歐洲城市——巴黎和布拉格——策劃她個人的畫展。一切都已準備就緒，她即將成行——在捷克，哈維爾已經答應出席畫展的開幕式。就在此時，劉曉波獲得諾貝爾獎的消息傳來。劉霞再也不能出境了。作為藝術家的劉霞，被政治殃及，為了丈夫的諾貝爾獎，她的畫展再次成為「和諧社會」的犧牲品。

倘若孟克復生，知道有這麼一位東方女子，知道有這麼一些與他作品神似的繪畫，知道有此次被外力強迫取消的畫展，當作何感想呢？

✣

比起攝影和繪畫來，劉霞寫詩的歷史更長。早在八〇年代中期，她就是一名在圈內被肯定的詩人，她曾經在《詩刊》、《人民文學》、《中國》等雜誌上發表過作品（她的詩歌與劉曉波的評論曾經刊登在前後兩期的《中國》雜誌上）。在家國情懷濃重的八〇年代，劉霞的詩歌很早便脫離了宏大的敘事模式，而具備純粹的個體性。在專制主義和男權文化的雙重壓迫之下，她在詩歌中苦苦尋求女性身分和自我身分的認同：「我這個場外觀察家／躲在情節之外的角落／在幕布的陰影裡／用笨拙的手／縫補著一塊床單／似乎我的舞台／和生命所餘的所有時間／全在這塊僅僅能／包裹住我的床單裡／沒有人聽到／一個靈魂／在針腳裡哭泣。」廖亦武評價說：「在詩歌娼妓氾濫成災的上個世紀中國，詩圈外的劉霞是倖存下來唯一的女詩人。」

「六四」之後，作為一種個人性的抗議方式，劉霞不再給國內的任何刊物投稿。她的詩歌要麼是寫給自己的，要麼是寫給曉波的。劉曉波的詩歌也是如此，林培瑞的評論一語中的：「於人生，於藝術，她給他滋養、啟發與靈感，正如他於她。俗語說一對愛侶『合而為一』通常作不得真，他倆卻當之無愧。……曉波有不少詩題給『霞』、『給霞妹』、『給我的妻子』，可是她通常並非主題，詩句取材相當廣泛——『六四』屠殺、康德、伽利略、一隻沒來得及道別的小狗。但若說這些詩作均為『霞』所作，也無不可，因為劉霞是他長相左右的伴侶。兩位藝術家並肩觀看、感受、擔憂。」

劉霞最喜歡的詩人是美國女詩人普拉斯（Sylvia Plath），八〇年代初期，劉霞將普拉斯的肖像貼到床頭，壓在書桌的玻璃板下。普拉斯沒有劉霞那麼幸運——劉霞遇到了愛她一生的劉曉波，而普拉斯的丈夫詩人休斯（Edward James Hughes）後來背叛了她。

劉霞並未單獨出版過詩集。直到劉曉波第三次出獄後不久，才著手編輯《劉曉波劉霞詩集》，算是給妻子的一份禮物。這樣的書不可能在中國大陸出版，只能送到海外出版。詩集不會有好的銷量，很難找到願意接受的出版社。香港《前哨》雜誌的主編、夏菲爾出版社的老闆劉達文遂拔刀相助，接下這本書稿。劉達文回憶說：「友人謝平和貝嶺不約而同地為劉曉波的事找我。劉曉波剛出獄，想出一本詩集『沖喜』，順便向中共『示威』。這種事過往都是田園書屋的黃老闆在幫忙，他幫過太多這種忙，這次不好意思再麻煩他。

既然這樣，我就接下了這個『政治任務』。於是，就有了二〇〇〇年的《劉曉波劉霞詩選》。」

《劉曉波劉霞詩選》在香港出版十年以來，並未引起太多讀者的關注。熱愛純文學的人嫌它太沉重，喜歡政論的人認為詩歌不夠直抒胸臆。其實，這本書中收錄的數百首詩歌，堪稱劉曉波與劉霞濃縮的愛情史和心靈史，正如劉曉波所說：「這三年我妻子為我吃了特別多的苦，這本詩集的出版主要就是為了紀念我們兩個結婚、相愛，然後共同經歷過這三年的苦難。」許多詩歌都是他們被迫分離時寫的，劉曉波在監獄裡，劉霞在心牢裡，詩歌成為他們之間唯一的聯繫紐帶。

劉霞在詩歌中常常自比為小鳥，與著名導演吳宇森在電影中常常使用雪白的鴿子鏡頭一樣，小鳥在劉霞的詩歌中也有一種宗教和形而上的意義。「我真想把你放飛／趁現在天黑趁小雨迷離／飛吧／回到你的黑麥田／千萬不要醒來。」廖亦武寫到一段往事：「我恍惚記得劉霞有過一篇小說，寫一個女孩用她的小手沿著街邊的櫥窗『走路』，陽光折射之中，小手印就逐漸變成了小麻雀。」這是宿命嗎，夢想變成鳥的女孩，卻成了囚徒劉曉波的妻子？

五、探監的路何時才是盡頭？

時間與品質相關。就政治立場而言，做一天的反對派很容易，很多人如流星般升起又落下，無影無蹤；而做二十年如一日的反對派很困難，劉曉波堅守在中國本土成為中共「眼中的一根刺」，二十年如一日，有幾個人做到？從愛情到婚姻也是如此，做一天的恩愛夫妻容易，哪對新婚夫妻不是如膠似漆？做二十年如一日的恩愛夫妻則非常艱難，尤其是像劉曉波和劉霞這樣在逆境中相濡以沫的夫妻，在中國確實屈指可數。

劉曉波遇到劉霞，一匹桀驁不馴的「黑馬」，終於找到自己的軌道，從此沿著這條軌道穩穩前行，正如劉曉波在給劉霞的詩歌〈一封信就夠了〉中所說的：「兩條鐵軌突然重疊／撲向燈光的飛蛾／以永恆的姿態／跟隨你的影子。」

一個女人的愛，足以讓一個男人的性格為之改變。有了劉霞的愛，劉曉波浪子回頭金不換：在朋友圈子中，若說劉曉波是排名第二的好丈夫，沒有人敢說自己排名第一。劉霞常在朋友面前打趣說「我們家的傻博士」，劉曉波在一旁嘿嘿傻笑。作家孟濤兒感歎說：「當初他在女人方面放蕩，現在他忠實於自己的妻子、唯一的情侶。他變得徹底，從為了虛榮的自我而奮鬥，變成放棄了自我，為了某些其他的東西，或者完全利他而做。……真實之後，就自由了。他擁有了真正的力量，愛的能力。」

劉霞和劉曉波結婚多年，一直沒有孩子。劉霞說：「很早以前，我們倆人就商定不生孩子，不論是男孩女孩，父親被投入監獄對於他們來說總是件十分殘酷的事。所以，我們現在還是頂客族。」他們決定不要孩子，還有一個原因是，劉霞覺得做母親過於沉重，她小時候就沒有享受過母愛，她不願讓這個詛咒遺傳下去。

沒有孩子，這對夫妻便彼此擁抱取暖。家，總是一個最溫暖的地方，因為有愛人在。晚上，劉曉波和劉霞跟朋友們吃完飯，盡興而歸，差不多是十點左右。這個時間對一般人來說，稍稍休息一下，就要準備上床睡覺了；而對劉曉波和劉霞來說，才是一天工作的開始。劉曉波和劉霞都是「夜貓子」，喜歡晚上工作。

劉曉波在客廳兼書房裡面，泡上一壺濃得看不出顏色來的茶，打開電腦寫作，或者在電話上跟朋友們聊天。劉霞則在那小小的畫室裡畫畫、寫詩、讀書，或者擺弄攝影作品。他們自得其樂，各不干擾，一直工作到凌晨四、五點才上床睡覺。第二天中午一點左右才起床。誰要是上午給他們家打電話，包準找不到人。

他們家裡有一台電視機，一般情況下沒有人打開看。除非有精彩的足球賽，劉曉波這個鐵杆球迷才會被吸引到電視機前。曾擔任筆會祕書長的趙達功回憶說：「劉曉波的電腦就在客廳裡，書房也在客廳裡，客廳裡有電視機。他可以一邊看電視球賽，一邊與我聊天……即時繪聲繪色談論球賽現場情景。」就像不讀中國當代的小說一樣，劉曉波也不看中國足球隊比賽。對他來說，足球就是足球，體育就是體育，是力量與技巧之美，與民族主義無關。在錦州監獄，二〇一〇年世界盃足球賽期間，劉曉波和獄友們被允許觀看了大部分比賽——他全身心地沉浸在精彩的球賽中，幾乎忘記了身在監獄。

在適應這個世界的能力上，劉霞比劉曉波弱。劉霞是個「不適應的女孩」。劉曉波在家時，她是「笨孩子」，不敢獨自過馬路，看到車水馬龍的街道就發怵。過馬路時，總要劉曉波牽著她的手才安心。很多年來，她不會使用手機和電腦，用手機打電話時，都是劉曉波或朋友幫她撥好號之後，再將手機遞到她手中。

二〇〇八年十二月八日晚上，劉霞回到家，看見劉曉波正在電腦前忙著發《零八憲章》的電郵。大約十一點，外邊響起急促的敲門聲，這聲音一聽就是警察。劉曉波喊劉霞：「趕緊用手機打電話！」劉霞就待在那裡——她從來沒有用過手機，也不知道怎麼尋找手機中的電話簿給朋友們撥電話。結果，當警察衝進來抓走曉波時，她一個電話也沒有打出去。在劉曉波跟警察一起出門之前，劉霞向劉曉波揮了揮手機說：「不用打了。」

那一幕，如同卡夫卡小說中的情節。劉霞說：「我覺得卡夫卡是在寫我們的生活。通過閱讀，我可以經歷別人的生活，更加極端的經歷。比如『大屠殺』（Holocaust）中的猶太人。我在別人的生活中目睹到了失蹤、焦慮和痛苦。當這樣的事情發生時，我權當是在讀另外一本書。」

劉曉波被捕之後，劉霞迫不得已學習使用手機，甚至學會了發短信——雖然不會發標點符號，收信人需要自己斷句。她還學會了使用電腦，輸入文字，發送電郵，以及語音聊天。

與性格外向爽朗、喜歡結交朋友的丈夫不同，劉霞性格內向而靦腆，是一個習慣於過「內在生活」的人，並不喜歡跟陌生人，特別是外國記者和外國使館的外交官打交道，更不願意曝光在媒體的閃光燈之下，她不願個人的生活具有「公共性」。曉波被捕之後，她不得不「敞開自己」：去跟許多外國記者和外國使館的外交官見面，講述丈夫的案件，尋求呼籲和幫助。這些事情對她來說，比攝影、繪畫和寫詩難度大多了。

劉霞對人生的看法是悲觀的，卻不絕望。劉霞對生活，對周圍的人，包括那些傷害他們的人，都有一種悲天憫人的愛。即便是那些負責監視她、身穿警服或便衣的人，口是心非地叫她「姐」的時候，她都含笑接受，不帶一絲的輕蔑與怨恨。

從與劉曉波結婚開始，劉霞就奔波在探監的路上。劉曉波第三次出獄之後，細細數算劉霞前來探監的次數：「我入獄三年，妻子往返於北京與大連之間三十八次，其中還有十八次不能與我見面，只是留下送給我的東西就孤零零地走了。在被冷酷所包圍的孤獨之中，在連一點點隱私都無法保留的被跟蹤與被監視之下，她苦苦等待著掙扎著，彷彿一夜之間就白髮早生。我坐極權制度有形監牢，親人們坐我為他們建造的無形心牢。」

那時，劉霞每月從北京去大連探望劉曉波一次，兩地之間的來回，差不多是近兩千公里的路程。大多數時候沒有人陪伴她，那時敢於幫助她的朋友並不多。她一個人奔波在擁擠而骯髒的火車上，吃力地搬運著大包小包的食品和書籍。那是一段怎樣痛楚而艱辛的旅途啊。更讓劉霞痛苦的是，劉曉波的父母並不接受她，不讓她上門，她與劉曉波的母親甚至發生了激烈的衝突。

苦難還在繼續。二〇一〇年五月，劉曉波被移送錦州監獄，從同年六月起，劉霞獲准每月可以探監一次。一般的刑事犯，家屬每週可探監一次；像劉曉波這樣的政治犯，家屬只能每月探監一次。如果劉曉波坐滿刑期，劉霞將在北京與錦州之間往返一百多次。北京到錦州大約五百公里，如果坐火車，夜車大約為六個小時；如果開車走高速，大約花費六到八個小時。那樣的話，加起來將是六萬公里的路途！

當年，劉霞在北京與大連之間奔波了三年多；如今，她又將在北京與錦州之間奔波十一年。劉霞知道，妻子的探監是丈夫在獄中最大的盼望，劉曉波上次坐牢時在信中說：「越是困頓就越要樂觀，外面越黑暗內心越明亮，比如，你的微笑，就是陰雨連綿中的一柄紅傘。」所以，無論如何她也要堅持下去，並且把燦爛的微笑留給丈夫。

十一年時間如大山一般橫亙在劉霞面前。她說：「首先我要告訴曉波：每個月到探監的那個日子，我都會出現，我會給他寫信，我會給他送書。只要我走得動，我起得來，我肯定會月月不落地去看他。然後呢，我肯定要調整我自己，我必須得回到我自己的生活裡來，我不能只是一個探監的妻子，我得做我自己的事情。我盡可能地把非常的日子過得日常。……我該讀書就讀書，該畫畫就畫畫，該拍照就拍照，該寫詩就寫詩。我不能就做一個整天訴苦的人，整天除了劉曉波，我就再沒有什麼可說的事，沒有什麼可做的事，如果我這麼過十一年的話，曉波出來，也會非常悲哀。」劉霞知道，這是她等候與守望曉波的最好方式。曉波歸來時，她不再年輕，卻依然神采飛揚。

此時的劉霞，身體已不如當年。眼疾、內分泌失調、失眠、神經衰弱等疾病時常折磨著她。但是，有越來越多的朋友站出來，陪她去探監、幫她搬運食品和書籍。大家還列出一張表格，每次安排兩、三個朋友陪她去，很快，一年的表格就排滿了。

在劉曉波獲諾貝爾獎之前，劉霞前去探監了三次。最後一次，原計畫是劉霞和朋友坐火車，其他一些朋友開車運東西，大家在錦州會合。劉曉波的哥哥劉曉光和弟弟劉曉暄都會去，他們先到大連看望父親，再從大連去錦州。事先，大連警方說安排一輛警車送他們到錦州。誰知，東北突發大水，警車得在原地待命。兄弟倆只得臨時買到錦州的火車票，已經沒有座位了，在車上站了一個晚上。

北京這邊，由一位朋友陪同劉霞坐火車前往錦州。他們是在凌晨一點左右上火車的。進站的過程很順利，他們進了一間軟臥包廂。然而，剛剛坐定，立即有乘警過來查身分證，沒有查旁邊那位朋友的，專門查劉霞的。劉霞與朋友聊了陣天，喝了點酒，凌晨兩、三點左右小睡一會兒。七點左右，火車到達錦州站。

探監的時間是下午，他們先找到一家酒店安頓下來。飯後，大家包了一輛計程車去監獄。天下著雨，車開了二十多分鐘。不是直系親屬不能入內，陪同的朋友只好在車上等待，劉霞和劉曉光、劉曉暄一起進去。會面時間比上一次長，差不多兩個小時。出來時，劉霞的心情很好，臉上帶著笑容。她說，他們是在一個房間裡會見的，中間沒有隔著玻璃，三人都跟劉曉波擁抱了。告別時，大家都有些激動，都落淚了。帶去的黃油、醬肘子、水果等食品都送進去了，還有很多書籍，其中有幾本是友人余世存、劉檸寫的，劉曉波看到之後很高興。

然後，他們坐計程車到火車站，劉霞和陪同的朋友坐當晚的火車返回北京，兄弟倆與他們在火車站告別。後來，劉霞在火車上說，這次三個親人一起去探監，讓劉曉波深感很欣慰。他跟大哥來往很少，多年沒有見面了，沒想到這次大哥也來探監。劉霞還談到劉曉波獄中的生活情況，主要的難題是伙食太差，早上吃硬米飯，劉曉波有胃病，多次提出能不能換成柔軟的食物，比如稀粥，但一直沒有實現。

劉曉波獲得諾貝爾獎消息傳出之後第二天，劉霞被帶到錦州監獄與劉曉波會面。按原來的計畫，探監的時間是下一週。這次，當局沒有限定他們談話的內容。劉曉波說，如果劉霞能代表他去挪威領獎，一定要用他在法庭上所作的最後陳述中獻給她的那段話作為領獎致辭。劉霞說：「我答應了他，但這對我太有難度了！」在那篇二千多字的最後陳述中，劉曉波用了三百多字表達對愛妻的深情：「親愛的，我堅信你對我的愛將一如既往。……我在有形的監獄中服刑，你在無形的心獄中等待；你的愛，就是超越高牆、穿透鐵窗的陽光，撫摸我的每寸皮膚，溫暖我的每個細胞，讓我始終保有內心的平和、坦蕩與明亮，讓獄中的每分鐘都充滿意義。……而我對你的愛，充滿了負疚和歉意，有時沉重得讓我腳步蹣跚。我的愛是堅硬的、鋒利的，可以穿透任何阻礙。即使我被碾成粉末，我也會用灰燼擁抱你。親愛的，有你的愛，我就會坦然面對即將到來的審判，無悔於自己的選擇，樂觀地期待著明天。」

劉霞透露，劉曉波身體不錯，每天上下午各有一個鐘頭放風，可在院子裡跑步曬太陽。牢房裡有電視，可看遼寧台和中央台綜合頻道，但沒有報紙。劉曉波在家從不看電視，「所以看到那些節目他覺得怪怪的，跟現實生活完全不一樣！」

此前，牢房是六個人一個房間，跟劉曉波關在一起的其他五人全是刑事犯，他們不瞭解劉曉波的背景。不過，劉曉波說，他們相處得不錯。對獄中看守公安的評價，劉霞說「都很客氣」，由於是政治犯，劉曉波不必參加體力勞動。

這一天正好是週日，錦州監獄方面不想安排會面，但北京非要這一天，要避開別人，搞得當地很緊張，監獄方面都沒法休息。劉霞說：「甚至錦州公安對北京公安都有意見了！」

當時，劉霞問到劉曉波的身體情況，劉曉波說胃不好。站在旁邊的隊長馬上說，下午就改善伙食，還會給他一個電磁爐，讓他隨時可以熱東西吃。劉曉波也能吃到盒飯，帶有葷素搭配的菜，雖然品質不太高，但比起一般囚犯的食物（如煮白菜幫）已算不錯了。

然而，這段時期他們的通信仍然存在問題。獄方頻頻扣押劉曉波與劉霞的通信。上次坐牢的時候，劉曉波給劉霞寫了這樣幾句詩：「你身體中的冰／融化成火的神話／劊子手的目光中／憤怒變成石頭。」這首詩名為〈一封信就夠了〉。難道監獄管理方完全讀不懂詩歌，真的以為一封信就夠了？劉霞說：「自從他被送到錦州監獄，我們沒有停過寫信，大概五至八天可以收到一封，如果當局審查嚴點，十天左右可收到，至今我已收到約二十封他的信。」當他們見面時，核對所寫的信件，發現各自少收了一封，細想才知道，那兩封信是情詩，劉霞給劉曉波的是詩，劉曉波給劉霞的也是詩，但彼此都沒收到。不涉國事的情詩，為什麼警察如此在意呢？難道他們是一些從未體驗過愛情滋味的木頭人？或者他們嫉妒這對身體被鐵柵欄隔開卻心靈息息相通的恩愛夫妻？劉霞笑道：「可能是獄方覺得，詩的內容不利於讓曉波情緒穩定地服刑吧！」

這次探監，劉霞給丈夫帶去十幾本外國文學作品，包括作家納博科夫（Vladimir V. Nabokov）的小說《羅莉塔》（*Lolita*），以及沙林傑（Jerome D. Salinger）的中英對照本短篇小說《九個故事》（*Nine Stories*）。劉霞還說：「我們只看外國小說，不看中國小說。」而劉曉波最喜歡的是德國猶太詩人保羅．策蘭（Paul Celan）的詩集和傳記。那本書他看了好幾遍，還跟劉霞說要寫感想。

此後，諾貝爾獎衝擊波繼續發酵。劉霞被中共當局軟禁在家，是否如期探望劉曉波，外界亦不得而知。在頒獎典禮前的那兩個月，劉霞獲准坐警察的車出門買菜。她描述說：「他們用車把我兜得暈頭轉向，在一個我完全不知道什麼地方的超市下車，然後跟著我，幫我提菜籃，買菜。我買了茭白，雞腿菇，還有大白菜，晚上準備做肉炒茭白。」警察沒要求她「遮頭遮腦」，「反正那地方，我不熟，也沒人認識我，超市人不多，都忙著買東西，沒人注意我這麼特殊，有四個保鏢。」後來，由於與一名熟人偶然碰見，到超市買菜也被中止了。

在軟禁之中，劉霞本來就很簡單的生活，變得更加簡單。差不多一天一頓，起床後一杯牛奶，一片麵包。「現在抽煙少了，每天兩包，是愛喜（ESSE，韓國煙），小細的。我囤有大量的煙，不用公安代買。」除了她的父母和弟弟之外，其他人都不能來看她。至於生活費，她母親把存有退休金的銀行卡給她，每月幾千元，足夠用了。他們原來有一些積蓄，是劉曉波積攢的稿費。在一次探監中，劉曉波對劉霞說：「現在最好不要動那些錢，十一年坐牢出來後，年紀大了，寫東西太累，要省著那個時候用。」

二〇一一年十月二十日，劉霞在網上發表了〈給曉波朋友們的公開邀請函〉。這封信描述了自己目前的處境：「從十月八日開始，我就處在軟禁當中，行動沒有自由，和外界通信也極為困難，我不知道對我的這種非法軟禁還要延續多久，我對此表示嚴重抗議，我呼籲官方遵守法律，立即停止對我正常生活的干擾，尊重國內和國際社會的正當要求，儘快恢復曉波的自由，讓我們得以進行正常的生活。」那時，劉霞就預料到，她和丈夫前往奧斯陸領獎的可能性微乎其微。她在這封信中並公開邀請一百多位在國內的友人參加在挪威奧斯陸舉行的頒獎典禮。

然而，這受邀的一百多人，包括他們的家人，在頒獎典禮之前都被嚴禁出國。參加劉曉波頒獎典禮的，沒有一個來自中國本土的朋友。

諾貝爾獎頒獎典禮之後，中共當局惱羞成怒，將怨恨發洩到劉霞身上。劉霞的待遇升級到不能走出家門一步。家中的電話和網路等所有通訊手段都被切斷，宛如人間蒸發一樣。如此對待諾貝爾獎得主的妻子，連希特勒和史達林都自歎不如。

二〇一一年元宵節晚上，劉霞偶爾借用鄰居家無線網路信號，跟朋友在網上通了幾句話。她告訴朋友：「我都快要瘋了，我們全家都成了這個政權的人質。」由於外邊有密集的鞭炮聲，她轉而改用中文拼音發送了幾條簡短的訊息，這些訊息顯得語無倫次。這是幾個月以來，劉霞唯一一次成功地向外界發出求救信號。

二〇一一年三月，聯合國任意羈押工作小組就劉曉波、劉霞案件出具意見書，分別為十五／二〇一一號和十六／二〇一一號。意見書敘述了劉曉波及劉霞的個人情況及目前遭遇，認為中國政府對劉曉波和劉霞人身自由的剝奪屬任意羈押，要求中國政府釋放劉曉波，停止對劉霞的軟禁，並對他們予以賠償。

三月二十九日，中國政府就劉霞一案答覆聯合國任意羈押工作小組。回覆函稱，中華人民共和國政府已就信中所提的內容進行認真調查，並謊稱：劉霞，五十歲，漢族，大學專科畢業，中國沒有針對劉霞的任何法律強制手段。四月十三日又回覆劉曉波一案，稱中國公民享有言論自由權利，包括批評政府的權利，中國政府尊重法治，劉曉波是因為煽動顛覆國家政權而被判刑。中國政府在回信中還說，希望回覆內容被列入聯合國有關文件。

如今，劉曉波失去了自由，劉霞也失去了自由。他在一個島上，她在另一個島上。中共當局以為關押劉曉波和劉霞，就勝券在握。他們錯了，而且大大地錯了。劉曉波經常說，與中共對抗，乃是一場耐力比賽，不能著急，誰先著急誰就敗了。這是一場愚公移山、精衛填海、薛西弗斯推石頭上山般的競賽，這場競賽只有劉曉波與劉霞互相支持才能走下去。

第八章
諾貝爾和平獎：是桂冠，更是荊冠

將和平獎授予一個捍衛政治權利和公民權利的人，反對非法和專橫行為的人，這意味著對原則性的肯定，這原則在決定人類的未來中起著如此重要的作用。成千上萬的人，我認識或不認識的，他們之中的許多人為捍衛這同樣的原則付出了高昂的代價——這代價是喪失自由、失業、貧困、迫害、被逐出自己的國家，對於他們，你們的決定是一個巨大的個人性的歡樂和禮物。

——沙卡洛夫

一、遲到二十一年的獎項

二〇一〇年十月八日，挪威諾貝爾委員會宣布，二〇一〇年的諾貝爾和平獎頒發給劉曉波，以表彰他在中國長期和非暴力地為爭取基本人權所做的貢獻。

諾委會的頒獎聲明高度評價劉曉波的工作及價值：「過去二十年來，劉曉波已成為要求在中國同樣要實現基本人權的堅強發言人。……在中國，在海外，許多中國人正致力於在中國實現普世人權的運動。經歷了加之於身的嚴厲懲罰，劉曉波已成為在中國的人權鬥爭中最顯著的代表。」

劉曉波獲得諾貝爾和平獎的消息傳出之後，國際社會迅速作出回應。除了古巴和委內瑞拉的少數媒體為討好中國而發表攻擊性的言論之外，世界各大媒體基本都是肯定性的評論。《紐約時報》指出：「劉曉波獲得諾貝爾獎無疑是對中國改革運動的一個強有力的推動，同時也是對其二十年來面對中共的高壓，持續倡導和平政治改革的一個肯定。」《華盛頓郵報》（*Washington Post*）認為：「從長遠的角度來講，劉曉波獲獎在中國國內引起的反響恐怕會超過多年來任何類似的事件。」奧地利《新聞報》（*Die Presse*）讚揚說：「評委們擊中了靶心：多年來，劉曉波為民主鬥爭著，為此付出了自身的自由作為代價。」波蘭《選舉報》（*Gazeta wyborcza*）評論說：「這是中華民族一個偉大的日子，就像索忍尼辛（Aleksandr I. Solzhenitsyn）和沙卡洛夫獲得諾貝爾獎對自由的俄羅斯來說是偉大的日子，授獎給華勒沙對波蘭是個偉大的日子一樣。這對各大洲所有熱愛自由並立志捍衛自由的人來說是個偉大的日子。這對全世界所有在押政治犯來說也是個偉大的日子。」

諸多國際組織和各國政府首腦均發表了熱情洋溢的談話。聯合國祕書長潘基文指出：「劉曉波獲得諾貝爾和平獎顯示國際間對改善人權的實踐和文化日趨一致的看法。」歐盟主席巴羅佐（José Barroso）說：「劉曉波獲獎向世界各地為自由和人權做出重大犧牲的人們發出強烈的訊息，這些價值觀正是歐盟的核心所在。」國際筆會會長約翰・拉爾森頓・索爾（John R. Saul）說：「授予劉曉波諾貝爾和平獎，是肯定言論自由對每個人至關重要，而他正是言論自由的勇氣指數。」前德國總統沃爾夫（Christian Wulff）在給劉曉波的賀電中寫道：「尊敬的劉曉波先生，我對您的勇氣，以及您以和平方式為中國人權付出的努力，表示最高的敬意。」挪威首相斯托爾滕貝格（Jens Stoltenberg）說：「劉曉波因捍衛言論自由與民主而獲得這一獎項。他以一種值得關注和尊敬的方式去實踐他的理念。」美國總統歐巴馬（Barack Obama）在聲明中說：「我對諾貝爾委員會把諾貝爾和平獎授予劉曉波先生表示歡迎。……諾貝爾委員會挑選了一位通過和平與非暴力途徑，來促進普世價值觀，既雄辯又勇敢的代言人。」

十月二十五日，十五位諾貝爾和平獎得主發表一份連署的公開信，信中向聯合國祕書長潘基文以及G20成員國領袖呼籲，希望他們在G20韓國首爾高峰會期間，向中國國家主席胡錦濤提出釋放劉曉波與解除對劉霞的軟禁。公開信寫道：「我們強烈地呼籲你們親自向中國國家主席胡錦濤表明，釋放劉曉波博士將不僅受到歡迎，而且是必需的。」簽名者包括南非大主教圖圖（Desmond Tutu）、南非前總統戴克拉克（Frederik de Klerk）、達賴喇嘛、波蘭前總統華勒沙等人。

對於中國和劉曉波來說，這都是一個晚到的獎項。在一九八九年的大屠殺之後，本來該有一位這場雖敗猶榮的運動領袖成為諾貝爾獎得主，但是，趙紫陽的沉默，方勵之的避入美國使館，知識分子群體性的潰敗，學生領袖的輕佻，使得無人擔得起這一獎項。趙紫陽離戈巴契夫有很大距離，方勵之離沙卡洛夫也有很大距離，工人當中沒有湧現出華勒沙式的人物，「天安門母親」群體也還沒有出現。直到二十一年之後，諾貝爾和平獎的桂冠才落在劉曉波頭上。

劉曉波本人從未主動去追求諾貝爾獎。他說，這個獎是給「六四」亡靈的，但死者顯然不能獲獎。其實，劉曉波一直認為，中國最有資格獲獎的，是以丁子霖為代表的「天安門母親」群體。早在二〇〇二年一月十日，全美中國學生學者自治聯合會便應「天安門母親」支持者的要求，發起為「天安門母親」爭取二〇〇二年度諾貝爾和平獎提名的活動。

這項活動得到劉曉波的全力支持。次日，他便撰文為「天安門母親」大聲疾呼：「我以謙卑的敬意，全力支持『天安門母親運動』角逐二〇〇二年諾貝爾和平獎。」他列出的原因是：「她們有勇敢和智慧，更有愛心、耐心和信心，與威嚇、監控、跟蹤、拘留、查扣人道捐款……相周旋、相抗爭。她們一個個尋訪，一點點積累，不放過每一點線索，讓血的事實變成活生生的具體細節，讓這些血淋淋的細節變成人們的記憶，見證『八九』運動，見證『六四』大屠殺，見證這個社會的靈魂，見證這十二年來中共政權的種種倒行逆施。『六四』後，母親們在恐怖政治中所進行的人道救助，是大陸民間最具道義感召力和最有成效的人權事業，並得到了國際社會的廣泛的支持和讚譽。」

劉曉波認為，中國人權狀況的改善，中國社會的民主轉型，「六四」是一個不能繞開的結。因此，他呼籲說：「把諾貝爾和平獎授予『天安門母親運動』，就是對中國人民爭取人權、自由和民主的最大國際支持。」他還邀集國內八位學者寫文章支持提名「天安門母親」獲諾貝爾獎。

「六四」是劉曉波心中永遠的痛，對丁子霖等「天安門母親」，他付出了滿腔的愛。二〇〇六年，在他的倡議下，經過獨立中文筆會理事會投票決定，將本年度「自由寫作獎」授予丁子霖。

劉曉波竭盡所能地幫助「天安門母親」群體，成為丁子霖夫婦等受難家屬最忠誠的支持者。二〇〇八年十二月七日下午，蔣培坤病重住在北醫三院，半身不遂，講話都很困難。丁子霖不讓親友去看望，可劉曉波夫婦執意要去，彷彿冥冥之中他預感到第二天會被投入鐵牢。那天他們夫婦倆在蔣的病床邊坐了半個多小時。

探視結束走出病房前，劉曉波突然告訴丁子霖：《零八憲章》的事情可以告一段落，他正聯絡國際上的一些漢學家連署提名「天安門母親」為諾貝爾和平獎候選人。他認為這是為明年紀念「六四」二十週年所要做的最重要事情。

旅居紐約的政論家胡平也在文章中證實了劉曉波在這一事件上的不懈努力：「就在被捕的幾天前，他和我在Skype上通話，還特地叮囑我轉告中國人權，繼續為『天安門母親』爭取諾貝爾獎。」

第二天，劉曉波被警察從家中帶走，無法親自推動提名「天安門母親」為諾貝爾獎候選人這件事。正如作家孟濤兒所說，一個人進出牢獄，要麼變成病人、失落者，要麼脫胎換骨成為一個硬骨頭——還有第三種可能，就是成為一名「諾貝爾和平獎得主」。一年十個月後，劉曉波成了諾貝爾獎得主。

流淚撒種的，必定歡呼收割。冥冥之中，有一雙看不見的造物主的手在操縱著這一切。

二〇一〇年十月八日下午五點，是一個足以寫進歷史的時刻；而史書裡的這一頁，奇異得又彷彿像是一部小說，甚至一個預言。這個獎遲到了整整二十一年。一九八九年六月四日，雖然數以千計的無辜者遭到中共軍隊屠殺，中國夭折的民主運動受到全世界的關注與同情，但在漢人當中確實找不出一個有資格獲得這個獎的人，所以諾貝爾獎委員會將和平獎頒發給了藏人的精神領袖達賴喇嘛。

中國人習慣了暴政的統治，逆來順受是其生存的本能。二〇〇〇年，劉曉波在給好友廖亦武的一封信中寫道：「與其他共產黑幕中的人物相比，我們都稱不上真正的硬漢子。這麼多年的大悲劇，我們仍然沒有一個道義巨人，類似哈維爾。」既然他人退避三舍，那麼他就挺身而出。那時，他是否隱約意識到了自己的歷史使命？

從「六四」到《零八憲章》，二十年的路有多長？二十年足以讓一個人變老，二十年足以讓一個孩子長大。許多人在網路上、在電話裡聽到那個名字，痛哭失聲。他們之中，有學者，有企業家，有自由職業者，也有官員。他們中的許多人，和劉曉波一樣，經歷過廣場上幻滅的青春期，從此隱入人群，沉默不語。但他們的血並沒有完全冷卻。

✣

當天晚上，從北京大學、山東大學傳出「不明真相」的鞭炮聲。北京師範大學研究生樓小規模地慶祝校友劉曉波獲獎。有師大的學生對外國記者表示，未來師大一定會給劉曉波這位最傑出的校友豎立起一座紀念碑。中央美術學院學生魏強掛起橫幅，告訴人們諾貝爾和平獎得主還在監獄裡。維權律師許志永和朋友們來到公園裡，打出「祝賀劉曉波榮獲諾貝爾和平獎」的橫幅，立即遭到警方的驅趕和拘押。

很多慶祝的飯局遭到警察的騷擾。人們給這樣的經歷起了一個網路時代的名字——「飯醉」（「犯罪」之諧音）。詩人、財經評論家蘇小和寫了一首題為〈十月八日之夜，大家都高興得哭了〉的短詩，這首詩一改此前溫文爾雅的風格，詩句粗狂而放肆：「上半夜喝酒／下半夜做愛／不舍晝夜／直到天明／中途一哥們對著夜色豎起了中指／一個哥們被警察請到了派出所／丫的顯然喝多了／他說，難道我高興也犯法麼？」

這天晚上，支持劉曉波的人和反對劉曉波的人都徹夜無眠。因為當局嚴控傳統媒體，好消息只能在網路上流傳。一場沒有硝煙的戰爭打響了。中關村的幾層辦公室，到夜半三更還燈火通明。新浪、搜狐、網易等幾大門戶網站，接到網管辦的指令撤去了整個諾貝爾獎的新聞專題，可謂「城門失火，殃及池魚」。

一名內部人士描述了幾十人挑燈夜戰微博的盛況：「我們網站的整個審核部門幾乎都出動了，至少五十人，從晚上開始逐條審核、刪帖，有些人忙到半夜三、四點才回家，第二天一早七、八點繼續回來刪。」但是，發帖的速度總是比刪帖的速度快。

劉曉波獲獎，對那些「被代表」的無權者而言，是讓他們開懷暢飲的「好消息」；對那些不經授權就「代表」別人的掌權者來說，則是讓他們坐立不安的「壞消息」。

玉淵潭南路九號院，一道警戒線，數十名遠遠近近的警察、便衣及保安，隔開了已經沸騰的百餘名境外記者。錄影、攝像、長焦、短焦，各種鏡頭在警戒線前密密鋪開。等候在這裡的全世界各大新聞媒體記者拿起麥克風，將鏡頭對準那棟無法接近的十七號樓，做起現場連線。然而，從當天下午開始，劉霞便被軟禁在家，手機、電話和網路全部被切斷。沒有人可以採訪到她。

這裡不是一條繁華的馬路，前面幾百公尺遠處就是中央軍委宏大的院落和大樓。來往路人不明白這裡發生了什麼，停下詢問。於是就會看到總有一個人在跟另一個人解釋，誰是劉曉波，他做了什麼，今天晚上發生了什麼。在現場圍觀的一名年輕人告訴記者，他已經向五個人解釋劉曉波是誰，並教他們「翻牆」上網查看新聞。

比在街上執勤的警察和在機房裡監控的網警更加惶恐的是另外一些人，是中南海裡的那些位高權重的人，是黨政機構中大大小小的官員。一向如殭屍般面無表情、喜怒哀樂深藏不露的胡錦濤，心中有何感觸，恐怕只有他自己知道；一向喜歡引經據典、流淚作秀的溫家寶，正在訪問美國的路上，對此消息必定瞠目結舌、無言以對。皇帝和宰相很久沒有聽到這樣的「壞消息」了，這個「壞消息」甚至比四川大地震還要讓他們緊張。他們以為重判劉曉波便高枕無憂了，此刻只得吞下自己釀造的苦果。

二、為什麼頒獎給劉曉波？

阿爾弗雷德．諾貝爾（Alfred B. Nobel），瑞典化學家、工程師和實業家，是黃色炸藥和引爆裝置在宣傳、生產、銷售方面最早和最傑出的組織管理者。諾貝爾一生沒有子嗣，他留下了一份遺囑，決定將全部財產用作科學文化獎勵基金。這就是舉世聞名的諾貝爾獎金。

諾貝爾基金會委託相應機構向諾貝爾獎得主頒發三項獎勵：金質獎章一枚、獎狀一份、獎金一筆。獎金的數量視基金會的收入而定。一個多世紀以來，由於基金會經營得當，基金不斷增值，使獎金的單項金額增加到一百多萬美元。

一百多年來，諾貝爾獎被認為是全球範圍內最權威的獎項。而和平獎的地位又比其他的科學、文學、經濟學的獎項更為崇高。人類有史以來還沒有哪個榮譽，像諾貝爾和平獎那樣，自從頒發以來，逐漸建立起近乎「上帝般」令人敬畏和仰望的權威。

諾貝爾獎的其他獎項都在瑞典首都斯德哥爾摩頒布並舉行頒獎儀式，唯有和平獎在挪威首都奧斯陸頒布和舉行頒獎典禮。和平獎由挪威議會委託的一個五人評委會評選，該委員會的決定不受任何政府、財團和組織的干預和影響。

頒獎儀式安排大約為九十五分鐘。每位獲獎者有十五到二十分鐘致答辭暨諾貝爾演說，但常常超時。這些演講無一不成為重要的歷史文獻，「這是一類無與倫比的文獻，由它可以看到我們這個時代中一些最高貴的靈魂在今日人類所面臨的最關鍵、最嚴酷的問題上所做的許多工作，看到對暴力的遏制，看到在人類的團結一致上對和平的創建。」

劉曉波的獲獎，再一次彰顯出「和平獎」與「人權獎」如同一枚硬幣的兩面一樣密不可分。頒獎聲明指出，挪威諾貝爾委員會一貫相信，人權與和平是緊密相聯的，而這些權利正是諾貝爾在其遺囑中的「促進國與國之間和睦相處」的先決條件。頒獎聲明罕見地嚴厲譴責中共惡劣的人權記錄：「中國現在已違反了其所簽署的多項國際協議，也違反了中國自己的保障政治權利的憲法。」

經歷了兩次慘絕人寰的世界大戰之後，隨著「和平」的內涵與外延的不斷拓展，「和平」與「人權」兩大價值變得緊密聯繫、不可分割。二十世紀後半葉以來，「和平獎」逐漸向「人權獎」傾斜，獲獎者中的許多都是人權事業的先鋒：一九六四年的和平獎得主為美國民權運動領袖馬丁．路德．金恩（Martin Luther King, Jr），一九七五年的和平獎得主為蘇聯人權活動家沙卡洛夫，一九八〇年的和平獎得主為阿根廷人權活動家埃斯基維爾（Adolfo Pérez Esquivel），一九八三年的和平獎得主為波蘭團結工會領袖華勒沙，一九八四年的和平獎得主為南非宗教領袖圖圖大主教，一九八六年的和平獎得主為猶太作家維瑟爾（Elie Wiesel），一九八九年的和平獎得主為西藏精神領袖達賴喇嘛，一九九一年的和平獎得主為緬甸民主運動領導人翁山蘇姬，一九九二年的和平獎得主為瓜地馬拉人權活動家曼朱（Rigoberta Menchu Tum），一九九三年的和平獎得主為南非黑人領袖曼德拉，二〇〇〇年的和平獎得主為韓國政治家金大中，二〇〇三年的和平獎得主為伊朗人權律師伊巴迪（Shirin Ebadi），二〇〇四年的和平獎得主為肯亞社會活動家旺加里．馬塔伊（Wangari Muta Maathai）……從這張名單中可以看到，諾貝爾和平獎已經成為推動全球人權進步的推手。

這種變遷符合諾貝爾的遺願。二十世紀九〇年代曾擔任諾委會主席的弗朗西茨．瑟耶爾斯蒂德（Francis Sejersted）寫道，持久的和平必須建立在對個體人權的尊重之上，諾貝爾獎對於勇敢捍衛人權的立場必須給予支持。他以二十世紀人類經歷的獨裁政權和種族清洗為例指出，一九四八年的《人權宣言》加強了國家的人權義務。此後人權義務也成為國際法中的一部分。所以，諾委會將維護人權列入評選標準是大勢所趨。

一般而言，即便公共輿論對頒獎結果存在不同看法，諾委會也不會發表後續的評論。但這一次，面對惱羞成怒的中共當局的惡意攻擊，諾貝爾委員會祕書長倫德斯塔德（Geir Lundestad）以接受「德國之聲」訪問的方式正面駁斥之。

中共當局攻擊說，「諾貝爾和平獎已經政治化了」，倫德斯塔德指出：「和平本身就和政治緊密相關，我們今年關注的焦點是人權、民主和和平之間的關聯。諾委會多年來一直首肯這樣一種關聯。」他進而聯繫諾貝爾獎之歷史論述表示：「有些政府說諾委會在干擾和平。我們頒獎給奧斯茨基（Carl von Ossietzky）的時候，希特勒就這樣講；我們頒獎給沙卡洛夫或華勒沙的時候，克里姆林宮的主人們也這樣講。這樣講的還有當年的南非、緬甸和伊朗。但從長遠看，和平與人權與民主之間有著必然的聯繫。假如政府在國內或多或少系統地鎮壓自己的民眾的話，你將無法長期保持這個社會的和平。」

樹欲靜而風不止，隨著頒獎典禮的接近，中共當局對諾貝爾獎的攻擊也日漸升溫。倫德斯塔德隨即在《紐約時報》發表題為〈我們為什麼頒獎給劉曉波？〉的文章，再度回應中共當局的批評。文章指出，中國對諾貝爾委員會選擇被監禁的人權活動家劉曉波為和平獎得主的譴責，無意中說明了為什麼值得捍衛人權。「中國當局聲稱，任何人都無權干涉中國的內部事務。但他們錯了：國際人權法和標準高於民族國家，而且國際社會有責任確保它們得到尊重。聯合國讓會員國承諾通過和平手段解決爭端，並在《世界人權宣言》中確定全體人民的基本權利。宣言中說，民族國家將不再有最終的、無限的權力。」

倫德斯塔德繼而指出，即使中國不是憲政民主政體，它也是聯合國的會員國。各國政府有義務確保自由表達意見的權利──即使說話者主張不同的社會制度。這些權利也是諾貝爾委員會捍衛已久的。一個人僅僅因為表達自己的意見而被監禁十一年，這是一個悲劇。「如果要走向諾貝爾所說的國家的博愛，那麼普遍人權必須成為試金石。」

那麼，為什麼諾貝爾和平獎會頒發給劉曉波而不是其他的中國人？在當代中國人權捍衛者的名單中，有比劉曉波資格更老的民運人士，有比劉曉波遭受過更長久的關押和更殘酷的刑罰的良心犯，也有在「反共」上表現得比劉曉波更「堅決」和「徹底」的異議人士。近年來，曾被提名為候選人、且有一定呼聲的中國人和組織，有魏京生、吳宏達、「天安門母親」、胡佳、高智晟、陳光誠等。那麼，為什麼這頂桂冠最後落到劉曉波頭上？

從「八九」民運開始，作為「絕食四君子」之一的劉曉波逐漸為世界所知。但他在西方的知名度遠不如曼德拉、沙卡洛夫、金大中等人。政論家胡平發現，劉曉波雖然著作等身，但翻譯成西文的很少。劉曉波認識不少西方漢學家和記者，和很多流亡異議人士是朋友，但他並沒花什麼功夫託人把自己的著述翻譯成西文。

雖然此次推薦劉曉波為諾貝爾獎候選人的推薦者當中有多名諾貝爾獎得主，但劉曉波在入獄前從未主動尋求過他們的支持。劉曉波曾因為在西藏問題上仗義執言，贏得了達賴喇嘛的尊敬；他敬重放棄個人權力的戈巴契夫，並獲贈過一本戈氏親筆簽名的自傳。但他與這個「群星璀璨」的群體在個人層面的聯繫並不多。

儘管如此，劉曉波獲獎絕非偶然。諾貝爾委員會的五名評委並非盲人，他們有準確而全面的資訊搜集系統，以及多年傳承下來的評判標準。頒獎典禮前夕，挪威保守黨在其黨部舉行媒體見面會。諾委會祕書長倫德斯塔德在會上解釋了諾委會為何作出此選擇。倫德斯塔德指出，挪威諾貝爾和平獎評委會考慮獎勵一名中國異議人士已經多年。但是，諾委會面對很多困難的問題。

首先，是否應當向一名中國異議人士頒發和平獎。因為變化中的中國情況非常複雜，變化是多方向的。諾委會已經向緬甸等國家的活動人士頒發了和平獎，應當可以用同樣的方式，像對其他國家一樣，批評在中國發生的侵犯人權的事件。這個問題諾貝爾委員會已經找到了答案：必須關注中國問題。

其次，是選擇哪一位異議人士。劉曉波是近年來影響逐漸擴大的人權活動家。在諾委會看來，他的所說所做已經變得非常有意義。此外，中國政府也在一定程度上促成了諾委會的選擇。中國政府判處劉曉波十一年徒刑，劉曉波從一個中國人權活動的代表人物變成了得到普遍認同的爭取人權努力的象徵。諾委會知道中國異議人士非常分裂，但非常高興地注意到，將和平獎頒發給劉曉波得到廣泛的支持。雖然不是全部，卻是這個群體中的絕大部分。

諾委會面對的第三個問題是，頒獎給劉曉波是否會給中國異議人士帶來更大的麻煩。劉曉波早已經入獄，他被判處十一年徒刑。諾委會當時知道——大家都知道——如果諾貝爾獎頒給他，短期內會帶來什麼樣的後果。這也正是人們今天所看到的：他的妻子劉霞和上百名友人遭到軟禁和酷刑。

如果進一步分析倫德斯塔德的解釋，還可以找到解釋劉曉波為何獲獎的、更多的「蛛絲馬跡」。

首先，諾委會在頒獎給那些專制國家的人權活動人士時，會優先選擇留守在國內的反抗者，因為他們在最艱難的時刻陪伴同胞，感受並參與社會變化的每一點脈動；而那些自願或被迫流亡海外的人士，即便在西方仍然發揮相當的影響力，但砝碼就顯得輕了一些。所以，儘管魏京生等人從事民主運動和坐牢的歷史比劉曉波長，但已移居海外多年，對國內的情形比較有隔閡，影響力也有所下降，獲獎的可能性自然沒有劉曉波大。

其次，諾委會優先選擇有長期抗爭經歷的人。以劉曉波的經歷而論，他與中共政權抗爭的時間長達二十多年，從「八九」民運到《零八憲章》，在每一波爭取民主人權的活動中，他都不曾缺席，而且大部分時候，他都身處於最中心的「風暴眼」的位置。對比「四君子」中其他三位的淡出或「轉行」，儘管各自都有選擇自己人生道路的權利，此種差異卻可以反襯出，劉曉波走的是一條「少有人走的路」，付出的犧牲更大，也更值得敬重。

第三，諾委會優先選擇具有多重身分和廣泛代表性的「多面手」，比如兼有活躍的人權活動家和著作等身的思想家身分之「跨界人士」。如果只是單純的行動者，或者只是單純的寫作者，其豐富性就顯得不足。而劉曉波「集思想者、實踐者與受難者於一身，是中國新政治文明的開拓者和人格化代表」，長期以來，他對獨立作家、人權律師、草根維權人士等各個群體都有無可替代的影響力和號召力。他既是中國民主化理論的貢獻者，也是異議運動的主要組織者，他成為不同「圈子」之間的聯接紐帶。

第四，諾委會也會考慮候選人對普世人權價值的尊重與堅持。有一些中國民運人士，雖然參與反對共產黨政權的活動，卻存在著根深蒂固的大一統觀念和大漢族主義情結，並不關注中國境內少數族裔的困境，對台灣、香港民眾選擇自己生活方式的權利也不予理睬。而劉曉波不僅推動中國的民主化，還關切西藏、新疆、內蒙等地少數族裔的處境，反對中央集權，贊同地方自治，支持香港民眾的民主訴求，對台灣未來的地位亦持開放態度。這些理念即便在中國的異議人士中也是超前的，使他贏得了華人世界中不同族裔和不同地域人士的尊敬。

第五，諾貝爾和平獎既是「行動獎」，也是「精神獎」。大多數獲獎者，不單是身體力行的行動者，更是偉大的精神和價值的倡導者。比如，沙卡洛夫的著作中便充滿了「對真理所承擔的義務，對人類不可侵犯性的堅定信念，對暴力和野蠻的鬥爭，對精神自由的堅定捍衛，利他主義和強烈的人道主義信念」，從而「使得他成為我們這個時代良心所急需的發言人。他對正義、真理和愛的呼籲是傳給這個世界所有民族的一個信息」。比如，金大中即便在被軍政權判處死刑的時候，仍然在法庭上宣告：「八〇年代，民主化一定會到來，帶著希望和勇氣戰鬥吧！但是諸位在勝利之時，請遵守我的遺言，不要進行任何政治報復。」劉曉波也是如此，他所倡導的非暴力、去仇恨、去敵人意識等理念，正是中國和平轉型必不可少的精神資源。

第六，諾委會優先選擇正在遭受獨裁政府迫害的對象，尤其是身在獄中的人，又特別是被判處重刑的人。委員會希望頒獎能夠促進他們的早日獲釋，或者至少讓他們在獄中的境遇有所改善。在獲得諾貝爾獎的時候，本人身在獄中或被剝奪了相當一部分自由的，有沙卡洛夫、華勒沙、翁山蘇姬等人。劉曉波更是如此：一九八九年以來，他先後四度失去自由，第四次被判處十一年重刑，先後四次的刑期加起來長達十七年。在諾貝爾獎得主中，失去自由的時間僅次於曼德拉和翁山蘇姬。劉曉波把坐牢看作是異議人士的「本職工作」，這一姿態謙卑而樸素。而其觀點之溫和與獲刑之重形成強烈對比，讓人震驚，更讓人同情與支持。

第七，諾委會相當重視推薦者名單。推薦者的份量越重，便說明被推薦人非同尋常。據媒體報導，二〇一〇年，諾貝爾獎提名者的人數達到兩百餘人這一空前的數字。但是，很少有人能像劉曉波這樣，擁有一張份量如此之重的推薦者名單：此次強烈推薦劉曉波的，有諾貝爾和平獎得主圖圖大主教、達賴喇嘛、華勒沙以及哈維爾等國際知名人士，還有國際筆會及其下屬的一百多個分會等影響力巨大的國際組織，以及德國作家荷塔・慕勒等諾貝爾文學獎得主和數百位國際知名作家、學者。他們對劉曉波的強烈推薦，必然引發委員會的高度重視。

第八，諾委會在諾貝爾獎得主的政治傾向上會有一定的平衡。五人委員會成員身在挪威，其立場大都偏向於北歐式的社會民主主義，在西方的政治光譜中屬於自由左派，近年來的諾貝爾獎得主多屬此一序列。諾貝爾獎為了對世界政局產生更大的影響和觸動，一直以來就存在以歐洲式的自由派批判英美式的保守派之考量。比如，獲得過諾貝爾獎的美國政治人物，從卡特（James Earl Carter）、高爾（Al Gore）到歐巴馬，無不是民主黨人。二〇〇九年，頒獎給剛剛上台的美國總統歐巴馬，更是被視為「反布希獎」，此一決定讓諾貝爾獎的權威性受損。（二〇一〇年，諾貝爾獎頒獎典禮前夕，歐巴馬發表聲明說：「劉曉波先生遠遠比我更值得獲此殊榮。……他信奉的價值觀是普世的，他的鬥爭是和平的，他應該被儘快釋放。」）由於前幾年的頒獎被批評為往左方向偏得太多，委員會不得不考慮下一次向右偏一些，以獲得一種相對的平衡。而劉曉波的思想傾向正是信奉英美保守主義價值的「自由右派」，正好可以將諾貝爾獎的鐘擺往右邊拉動一些。

綜合以上因素，劉曉波的思想、言論和行動，他在中國民主人士中無可取代的地位，以及中國問題在當下的重要性，促成了二〇一〇年的諾貝爾獎「花落劉家」。劉曉波代表了世界和平需要的現代政治文明理念和改造中國舊政治文明所需要的反思能力和實踐勇氣。中國能否建設現代的政治文明，不僅將決定十幾億中國人的命運，也關係到世界幾十億人口的福祉。

✣

劉曉波堅稱「我沒有敵人」，即便中共當局將他視為「頭號國家公敵」。此前，這一名號屬於達賴喇嘛，如今這頂帽子轉到劉曉波頭上。

劉曉波獲獎的消息公布之後，中共對諾貝爾委員會及背後的「西方反華勢力」發起猛烈攻擊，其猛烈程度甚至超過一九八九年諾貝爾和平獎頒發給達賴喇嘛的那一次——那時，中共還沒有來得及擦乾手上的血跡，在全球譴責和制裁之下，只是忙於「安內」；這一次，中共有了「大國崛起」的本錢，挾奧運會和世博會之風頭，調動憤青焚燒日本作家村上春樹寫的名為《挪威的森林》的小說，停止進口挪威的鮭魚（不過那些富人們照樣有的吃），並居高臨下地教訓挪威這個小國以及那幾個不識時務的老傢伙。

挪威方面剛剛宣布劉曉波獲獎的時候，中共如同吃了一記悶棍，這是天安門屠殺遭到全世界「千夫所指」之後，中共在國際社會受到的最大羞辱。不過，愚蠢的胡錦濤和溫家寶，在重判劉曉波的時候，就該預料這樣的結果。經過幾天的沉默之後，中共遂全力開動宣傳機器反撲。中共靠宣傳起家，當然知道如何顛倒黑白、指鹿為馬。

《中國青年報》發表了一篇題為〈諾貝爾和平獎究竟唱的是哪出戲：首都大學生質疑二〇一〇年度諾貝爾和平獎〉的報導。這篇署名為宋廣輝、沈夢菲的報導稱，記者採訪了「中央民族大學新聞學專業大三郭瑤、清華大學材料學專業寧星之、中國人民大學新聞學院謝麗莎、中國青年政治學院鄭澤豪、外交學院二〇〇八級本科生楊亞薇、北京大學新聞專業謝思楠」等人，這些大學生紛紛痛批諾貝爾獎委員會，及「煽動顛覆國家政權的服刑人員、主張走西方政治道路」的劉曉波。報導寫得有鼻子有眼睛，好像當今的大學生個個都忠黨愛國。然而，多名被訪人隨即在微博上表示，他們並未說過報導中的那些話。對於如此肆無忌憚地編造假新聞的做法，讓一名《中國青年報》資深記者感歎說：「震驚，無恥，過分！」

接著，《環球時報》發表了題為〈諾貝爾和平獎又砸了自己的牌子〉的社論。社論說：「通過頒獎否定現代中國，成為諾貝爾和平獎新的偏執狂般的追求。中國迄今兩人獲獎，一人是達賴，一人就是劉曉波。前者是中國民族分離主義的代表人物，後者是鼓動把西方政治制度照搬到中國，並抵制中國現行法律的人。……把以『和平』命名的獎項頒給他們，是對大多數中國人的不尊重，是西方意識形態在中國人面前的一次傲慢展示。」奇怪的是，中共奉行的馬克思主義，不正是從西方照搬過來的嗎？中共有照搬馬列主義的特權，卻不准人民有追求民主自由的權利，這是什麼邏輯？社論不得不承認諾貝爾獎之「舉世矚目」，卻又自命不凡地「代表」中國人民否定該獎，其進退失據、張惶失措的心態暴露無遺。

一向不憚於在全世界面前展露最兇狠臉龐的外交部發言人姜瑜，在例行記者會上譴責諾貝爾和平獎得主劉曉波的支持者是「一些反華小丑」。她說，「國際社會多數」成員都不會出席頒獎禮，全球已有一百多個國家和國際組織明確支援中方的立場。「中國堅決反對任何人利用諾貝爾和平獎干涉中國內政，侵犯中國司法主權。……諾貝爾和平獎頒給劉曉波是一場鬧劇，不能代表世界大多數人，偏見和謊言站不住腳，冷戰思維不得人心。」其尖刻的言辭與憤怒的表情，有幾分「文革」高潮時期江青同志的神韻。

對於中共發起的這場拙劣的宣傳戰，德國《世界報》（*Die Welt*）評論說：「中國共產黨在劉曉波事件上錯過了一次顯示某種成熟的機會——與不同聲音打交道就是一種成熟，也錯過了能夠容納不同聲音的體現靈活的機會。非但如此，他們使用特別殘忍的行為，緊緊抱住強大權力製造的假象，他們在西方也留下了製造恐嚇的印象。」

除了中共的攻擊之外，海內外各界對劉曉波的獲獎確實存在著不同意見。在歷史上，若干年度的諾貝爾和平獎頒獎，也出現過不同的聲音。比如，在波蘭的反對運動群體中，就有許多人不認同團結工會的領導人華勒沙。而劉曉波從八〇年代起就是一個充滿爭議的人物，他獲得諾貝爾獎自然會將這些爭議放大。

中國老資格的民運人士魏京生認為，劉曉波在「六四」被捕之後寫過悔過書，在官方媒體上說沒有看到軍隊在天安門廣場上殺人，以及「用比共產黨劊子手還要惡毒的語言詆毀那場運動」。因此，魏評論說，「他已經成了劊子手們的幫兇」。其次，劉曉波不贊同楊佳式以暴易暴的反抗。所以，他認為劉曉波「脫離群眾」。魏京生進而指出，這次頒獎是「共產黨用商業機會收買全世界資產階級」的結果。然而，稍有常識的人不難判斷：既然劉曉波是共產黨的「幫兇」，為什麼共產黨要判處其十一年重刑呢？既然頒獎給劉曉波是共產黨所喜聞樂見，甚至一手操作的事件，共產黨媒體為什麼不大肆報導並大加讚揚？

曾獲諾貝爾文學獎的華裔法籍作家高行健則對媒體說，他對此事「不予置評」——也許因為劉曉波對其作品評價不高，認為其沿襲西方多而創新少，而讓高行健陷入「文人相輕」之心態。

早在哈維爾、圖圖大主教等國際友人推薦劉曉波為諾貝爾獎候選人之時，十多名居住在海外的中國異議人士發表了一封題為〈我們不認為劉曉波先生是二〇一〇年諾貝爾和平獎的合格候選人〉的公開信，這封公開信指出：「如果把諾貝爾和平獎授予給劉曉波這樣形象有缺陷的『合作派』代表人物，這將對中國人民爭取人權、自由和民主的事業帶來負面影響。」信中還引述捷克作家米蘭・昆德拉（Milan Kundera）曾經與捷克共產黨安全部門合作的例子，暗示劉曉波也有同樣的嫌疑。在諾貝爾獎頒布前四天，這些人士又發布了第二封信件，再次強調：「劉曉波這樣一個有極大爭議性的人物已經不具備諾貝爾和平獎得主應有的道德形象和感召力。」然而，這兩封信件中對劉曉波的批評，大都來自捕風捉影的流言，其中的辱罵與誹謗更是與「文革」一脈相承。

劉曉波不是不可以批評，包括劉曉波在內的每一個諾貝爾和平獎得主，仍然需要被放在聚光燈下被公眾審視。四川作家冉雲飛說：「我從來不認為任何人有免受批評的豁免權，劉曉波也不例外。」作家李劼也說：「對諾貝爾獎得主有些非議，應該歸入各抒己見和言論自由的範疇。」劉曉波本人有面對批評的雅量。他在被重判之後與律師第一次會面，談及監獄外面的情況，對於某些海外異議人士反對他提名諾貝爾和平獎的公開信處之泰然，認為有不同的聲音是很正常的。

但是，辱罵和誹謗不是批評，尤其是某些生活在自由而安全的海外的人，攻擊在國內坐牢的人「不夠革命」，實在滑稽可笑。這些言行背後折射出一種值得關注的傾向：某些反對中共的人，在精神結構上與中共是同構的。

在這場爭論中，也許旁觀者清。諾貝爾文學獎得主、積極推動劉曉波獲獎的德國作家荷塔．慕勒，直言不諱地談到某些中國流亡人士對劉曉波的攻擊，以及因為她支持劉曉波而受到的攻擊：「我對哈維爾提名劉曉波為諾貝爾和平獎候選人的建議表示支持，接著就收到了來自中國流亡者一些極不道德的電子郵件，其內容是對劉曉波的誹謗中傷、檢舉揭發、無所顧忌的詆毀。或許流亡陣營被中國的特工所滲透，或許是精神錯亂的流亡者失去了理性，這些人在遠離家鄉的流亡地推行紙上革命，用文字卑鄙地搗亂。」慕勒因為不認同那些人士對劉曉波的攻擊，他們將槍口也指向她——甚至辱罵她是羅馬尼亞共產黨政權的線人。

這從另一個角度看出中共制度之邪惡，這套邪惡的制度將人性扭曲到何等可怕的程度，即便受害者移居海外多年亦不能康復。對此，香港學者梁文道指出：「一個威權政府不只限制了人民的種種權利，它還會塑造出一種偏狹的心靈。威權本身已經夠可怕了，但它更可悲的地方是連它的反對者也變得和它很像。」

三、「在此我將等候你，不見不散」

二〇一〇年十二月十日，是諾貝爾的忌日，也是國際人權日，諾貝爾和平獎頒獎典禮在奧斯陸市政廳舉行。和平獎得主的座椅空著，劉曉波的肖像被放置在主席台上。諾委會祕書長倫德斯塔德將這次頒獎稱為「和平獎一百零九年歷史以來最重要的決定之一」。這一次的諾貝爾獎，在賦予獲獎者應有榮譽的同時，也讓諾貝爾獎本身的聲譽獲得了重大的提升。

與往年一樣，奧斯陸的警察樂隊正在市政廳入口迎接抵達的嘉賓。挪威議會議長、挪威首相、外交大臣都來到現場，還有高等法院首席法官，數名內閣成員，以及八十名國會議員，也有地方議會的主席和許多官方機構負責人。

市政廳外，每個人都在等待國王哈拉爾五世（Harald V）和王后宋雅（Queen Sonja

of Norway）從王宮抵達。他們由諾貝爾委員會主席亞格蘭（Thorbjørn Jagland）和諾委會祕書長倫德斯塔德迎接。國王和王后入場後，典禮正式開始。

首先是挪威著名女高音歌唱家索柏格（Aria Kvaring Solberg）和鋼琴家金姆斯（Havard Gimse）的表演。兩人聯手奏唱易卜生（Henrik Johan Ibsen）的作品《培爾金特》（*Peer Gynt*）中，由挪威作曲家葛利格（Edvard Grieg）譜曲的《索爾維格之歌》（*Solveig's Song*）。當詠唱到「願神引導你，保護你，無論你去何方，賜予你的是他的祝福和憐憫。在此我將等候你，不見不散」的時候，大廳裡彌漫著讓人傷感的氣息。

接著是諾貝爾委員會主席亞格蘭宣讀頒獎辭。他說：「我們深感遺憾的是，和平獎得主劉曉波正被隔離監禁在中國東北的一個監獄裡，不能親自出席今天的儀式。他的妻子劉霞和其他親屬也不能前來。因此，我們今天不會頒發和平獎的獎章和證書。這一事實本身就說明，授予劉曉波這項獎是必要以及適當的。我們對他榮獲本年度諾貝爾和平獎表示衷心祝賀。」全場一千多名嘉賓起立鼓掌，長達九十秒，場面熱烈感人。

在簡要介紹了劉曉波生平和事蹟之後，亞格蘭稱讚說：「中國的人權活動家們所捍衛的是國際秩序和國際社會的主流。如此看來，他們不是什麼異議分子，他們所代表的是今日世界的普世價值和標準。劉曉波否認對中國共產黨的批評等同於對中國和中華民族的侮辱。他堅稱，『共產黨』即便是執政黨，也不能等同於國家，更不能等同於民族及其文化。」

最後，亞格蘭說：「在當今社會不少人忙於點數鈔票，很多國家只顧及眼前的本國民族利益，或對劉曉波的倡議和努力置若罔聞時，挪威諾貝爾和平獎委員會再一次決定通過和平獎的頒發，來支持為我們全人類利益而奮鬥的人們。」在他結束演講的時候，是長達六十秒的全場全體起立鼓掌。

亞格蘭宣讀的這封頒獎辭，打動了會場內外無數人的心。參加頒獎儀式的一群華人與會者，在隨後發表的〈奧斯陸宣言〉中指出：「諾貝爾委會員主席亞格蘭德在儀式上致辭，作為諾貝爾和平獎頒發給劉曉波而闡述的正義之論：持守原則，情詞懇切，雄辯、溫和、清正、典雅，足以傳世。」

然後是音樂節目。由美籍華裔小提琴家張萬鈞演奏中國傳統音樂《茉莉花》、《彩雲追月》和西方樂曲《愛的禮讚》（*Salut d'Amour*）。張萬鈞曾榮獲帕格尼尼小提琴大賽金獎，在美國波士頓演出多年。張萬鈞此前對媒體說，決定出席頒獎禮並不容易。「我也想到，這獎項的爭議性可能帶來的後果，我要求多些時間考慮，要確保不會遭到報復，我在中國還有親戚。」他還說，選擇兩首中國曲子是因為它們深入中國人的心靈；選擇埃爾加（Edward Elgar）的《愛的禮讚》，則是受劉曉波去年在法庭上的最後陳述的啟發，劉曉波在陳述的結尾處對妻子表達了永遠的愛意。

其實，這兩首中國傳統的曲子，劉曉波本人未必喜歡。《茉莉花》家喻戶曉，是中國官方時常利用的「中國元素」，在奧運會開幕式上也被張藝謀所用。儘管同一曲子在不同音樂家的演奏中可以呈現迥異的意味，奧運會上的《茉莉花》充滿庸俗的喜氣，諾貝爾獎典禮上的《茉莉花》則憂傷而沉重；但是，劉曉波並不欣賞此類「過於中國」的傳統音樂。他心中有更加喜歡的音樂，那就是與「六四」有關的音樂。比如，被譽為「中國的蕭斯塔科維奇（Dmitry Shostakovich）」的王西麟創作的《第四交響曲》，王西麟曾私下告訴朋友，這是為「六四」而寫的。再比如，香港音樂家林思聰為天安門死難者和天安門母親譜寫的《安魂曲》，其中有一段是用哭腔喊出一個個死難者的名字。還有劉曉波的好朋友、作家廖亦武創作的詩歌與音樂《大屠殺》，曾在獨立中文筆會的頒獎典禮上演出過，讓包括劉曉波在內的眾人潸然淚下。如果在典禮上選擇以上三者之一，效果必定更好。它們悲愴而深沉，可以同《辛德勒名單》（*Schindler's List*）和《戰地情人》（*The Pianist*）等電影的主題音樂相媲美。不過，在當時中共當局的嚴密控制和封鎖之下，組委會很難獲得更多的資料，以策劃更好的、更符合劉曉波心意的音樂節目。

張萬鈞的演奏之後，是國際知名演員和電影製片人麗芙・烏曼（Liv Johanne Ullmann）用英文朗誦二〇〇九年十二月二十三日劉曉波在法庭上所作的題為〈我沒有敵人〉最後陳述。烏曼幾度哽咽中斷、淚流滿面，台下嘉賓神情凝重、陷入沉思。

烏曼的誦讀之後，是來自挪威國家歌劇院合唱團孩子們的合唱，由派德森（Edle Stray Pedersen）指揮。據張萬鈞透露，原計畫是由一個美國的華裔兒童合唱團來演出，但很多孩子的家長都不同意，他們擔心回到中國遭到中國政府的報復。組委會這才改用這群挪威孩子來表演。在赫姆辛（Ragnhild Hemsing）的小提琴伴奏下，身著鮮豔民族服裝的孩子們翩然進場。他們天真無邪，無憂無慮，象徵著挪威社會的祥和安寧，與中國的灰暗、殘暴與畸形形成強烈的對比。孩子們詠唱了歡快的挪威民謠《婚禮進行曲》等，讓這場過於沉重的頒獎典禮以亮色結束。

在十月九日與劉霞的會面中，劉曉波告訴劉霞，他希望在頒獎典禮上有童聲合唱。他特別喜歡童聲合唱，原因是孩子們象徵著希望、和平與未來。劉曉波有過一個心愛的兒子，卻未能承擔父親的職責。為了為中國謀求自由與幸福，他付出了不能得到孩子的愛的無比痛苦犧牲。如果有一天，劉曉波能親自聆聽到這稚氣而歡快的童聲合唱，他該倍感安慰吧？

童聲合唱之後，本該有國王和王后上台與獲獎者擁抱祝賀，但由於劉曉波無法蒞臨現場，這個環節不得不取消。

當日晚間，來自挪威和世界各地的一千五百人，在奧斯陸街頭舉行火炬遊行，他們用中文和英文高呼「釋放劉曉波、中國要人權」的口號。火炬遊行是每年諾貝爾和平獎頒獎活動的傳統內容。民眾手持火炬，步行至和平獎得主下榻的格蘭德飯店（Grand Hotel），向他表示祝賀。通常情況下，諾貝爾獎得主會在陽台上向大家致意。然而，劉曉波無法出現在陽台上。於是，酒店的陽台全部關閉，一張劉曉波的巨幅畫像投影在酒店外牆上。人們對著劉曉波的照片，用挪威語朗誦劉曉波寫給妻子的一首詩，希望劉曉波可以通過詩歌跟大家在一起。

按照傳統，頒獎儀式第二天的晚上，有一場慶祝音樂會。音樂會由好萊塢影星丹佐．華盛頓（Denzel Washington）和安妮．海瑟威（Anne Hathaway）連袂主持，挪威國王和王后在內的六千名觀眾出席，全球一百多個國家轉播。到場表演的有來自多國的樂壇明星，包括美國的巴瑞．曼尼洛（Barry Manlow）、蔻比．凱蕾（Colbie Caillat）和瑞典的羅本（Robyn）。音樂會上，他們不斷提起劉曉波的名字，發音雖然各不相同，無不對他表達敬意。

晚會以「釋放劉曉波」的呼聲開始。會場兩側的大螢幕播出了過去幾天奧斯陸發生的要求釋放劉曉波的示威活動片段。丹佐．華盛頓一開場就告訴大家，劉曉波因為爭取基本的人權而被判十一年徒刑，不能到場和大家共襄盛舉。這位風度翩翩的明星對在遠方坐牢的劉曉波說：「總有一天，你會看到這個節目的錄影。劉，今夜我們向你致敬！來自世界各地的藝術家來到奧斯陸表演並讚美你的勇氣、你的毅力和你對人權的執著。今夜有六千名觀眾，你可以從他們看到他們對你的仰慕和尊敬，並聽到他們雷鳴般的掌聲。」話音剛落，全場響起了持續一分鐘的熱烈掌聲。

大會接著播放了諾貝爾和平獎得主、緬甸反對派領袖翁山蘇姬發給諾委會的短片。翁山蘇姬說：「作為一個曾經做過良心犯的人，我一直希望所有的良心犯都得到釋放。」她認為，諾貝爾和平獎會對中國的民主進程起積極作用，民主是當今世界的大潮流，不止在緬甸或中國，整個世界都是如此。

大會還特別安排挪威青年弦樂團為劉曉波演奏一曲。大約兩個多鐘頭的音樂會進行到一半的時候，會場中央落下大螢幕，播放劉曉波自「六四」以來的畫面，兩位主持人介紹他做過的事情。海瑟薇和華盛頓又語帶傷感地背誦〈我沒有敵人〉的摘要。英國流行爵士樂團傑米羅奎爾（Jamiroquai）主唱傑．凱（Jay Kay）獻唱完後，特別叮囑了一句：「今晚，當大家就寢的時候，請惦記著這個人。」

十二月十二日，諾貝爾和平獎主題展覽向公眾開放，介紹本屆諾貝爾獎得主的故事。展覽以劉曉波的名言「我沒有敵人」命名。參觀者可以通過各種照片和錄影，瞭解參加「六四」學運、寫作、發布《零八憲章》等劉曉波爭取民主努力的不同面向，也可以從這些圖片中，透視中國經濟發展、人權倒退的強烈反差。

四、「空椅子」揭露中共真面目

一九三五年，德國記者、反戰活動家奧斯茨基被希特勒關入納粹集中營，不能前往奧斯陸領取諾貝爾和平獎。但是，希特勒允許挪威諾委會到監獄中為奧斯茨基頒獎。後來，一名身分不甚明確的律師代表奧斯茨基領取獎金，卻將獎金據為己有。於是，諾委會作出決定，在得獎者本人不能前來，又沒有親屬可以代表領獎時，獎章、證書及獎金均延後再發。這種情況，在以後的七十五年中極為罕見。

一九七五年，沙卡洛夫得獎時，在莫斯科激起驚濤駭浪。蘇聯當局竭盡誹謗攻擊之能事，沙卡洛夫本人被禁止出國領獎。蘇聯擔心激起全世界的公憤，允許沙卡洛夫的夫人前去代夫領獎。一九八三年的和平獎得主華勒沙的境遇相似：由於擔心出國後不被允許回國，他放棄了前去奧斯陸領獎的機會，而由妻子代為領獎。一九九一年，翁山蘇姬的獲獎令緬甸軍政府惱怒不堪，她沒能親臨奧斯陸領獎，但她的丈夫和兒子從英國前往領獎。二〇〇三年，伊朗人權律師伊巴迪榮獲和平獎，伊朗當局的反應強烈，但允許伊巴迪出國領獎，伊朗駐挪威大使甚至出席了頒獎儀式。由此，伊巴迪在不久前接受媒體訪問時表示，中國的人權形勢比伊朗還要糟糕。伊朗當局當年有雅量出席她的頒獎典禮，如今卻在中共的壓力之下拒絕出席劉曉波的頒獎典禮，這本身便是一個非常荒誕的事件。伊巴迪說：「我感到很遺憾，伊朗不假思索地模仿中國。這樣做顯示伊朗在政治上缺乏獨立自主。」

由於劉曉波在獄中，他所有的直系親屬都被禁止出國，頒獎典禮罕有地為劉曉波設置了一把空椅子。諾委會主席亞格蘭親自將獎章和證書放置在這把空椅子上，他說：「國王和王后陛下、閣下們、女士們、先生們，正像你們所知道的那樣，劉曉波和他的親屬都不可能來到奧斯陸領取諾貝爾獎章和證書。在典禮的此刻，我們應該是頒發諾貝爾獎章和證書，就讓我們放置在為劉曉波準備的空椅子上！」話音剛落，繼之而起的是長達五十秒的全體起立鼓掌。

非常神奇的是，早在一九九八年八月，劉霞就寫過一首題為〈空椅子〉的詩，描述她坐在空椅子上的感受，不過那是梵谷（Vincent van Gogh）畫中的空椅子，而不是諾貝爾獎頒獎典禮上的空椅子。她寫道：「空椅子空椅子／如此之多的空椅子／在世界各處／梵谷畫中的空椅子格外誘人／我悄然坐上去／試圖搖晃一下雙腿／椅子裡滲出的氣息／凍僵了它們／一動也不能動／梵谷揮舞著手中的畫筆／離開離開離開／今夜沒有葬禮／梵谷直直逼視我的目光／讓我垂下眼簾／如一只待燒製的陶器／坐在向日葵的烈焰之中。」

中共的宣傳機器不僅竭力妖魔化劉曉波，甚至連這把空椅子都不放過。除了在電視、電台、報刊等傳統媒體上對和平獎頒獎禮進行封殺外，網上也是一片風聲鶴唳。除了再次封鎖了BBC、CNN等一批海外新聞網站外，在一些國內網站、論壇和博客上，亦出現大批不算太知名的網路用戶因為發表了涉及諾貝爾獎的消息而遭到刪除帳戶。被廣泛使用的新浪微博，除了「劉曉波」、「諾貝爾」、「和平獎」等早已被列為敏感字元外，更將「空椅子」新增入敏感名單。唯有敢言的媒體《南方都市報》在十二月十二日當天頭版頭條的位置，刊登了有「鶴」（賀）、「空椅子」的大幅照片。

左派大本營、《人民日報》下屬的《環球時報》將諾貝爾獎頒獎典禮比作「邪教儀式」，稱頒獎典禮是「一場鬧劇」。幾乎要像當年慈禧太后那樣「向萬國宣戰」。對此，法國《解放報》評論說，中國官方連「空椅子」這個詞也在國內網路搜索欄中被封鎖，難道劉曉波和他的諾貝爾獎真的使中國那麼驚恐嗎？

十一月五日，中國外交部副部長崔天凱警告外國不要發表支持劉曉波的聲明，不要出席諾貝爾和平獎頒獎儀式。「如果他們作出了錯誤的選擇，他們就得承擔後果。」一開始拒絕出席頒獎典禮的四個國家——烏克蘭、菲律賓、塞爾維亞和哥倫比亞，後來在國內和國際正義之聲的壓力下，改變初衷，出席了典禮。

最後，有十九個國家駐奧斯陸的使節沒有參加頒獎儀式，其中有俄羅斯、蘇丹、哥倫比亞、伊朗、伊拉克、埃及和阿富汗等國。德國「受威脅民族協會」指出，不參加頒獎典禮的十九個國家都是些在國內粗暴踐踏人權聞名的國家。該組織亞洲事務負責人德柳斯（Ulrich Delius）說，「這一圈子裡的國家還包括國際法院裡大部分的潛在調查對象。」

頒獎典禮當天，還有三、四十個當地華人在會場外舉行反對頒獎的遊行活動。他們打著「反對諾貝爾和平獎授予劉曉波」等標語牌。一位名叫馬列的組織者用擴音器向同伴以及圍觀的媒體闡述立場，稱劉曉波是中國的一個犯罪分子，將和平獎頒發給劉曉波是「絕對，絕對錯誤」的。當他們與支持劉曉波的人群相遇時，甚至使用暴力手段從殘疾人方政手中搶奪「釋放劉曉波百萬人簽名」的橫幅。

然而，大赦國際組織引述「可靠消息來源」指出，過去兩個月以來，中國外交人員持續造訪旅居挪威的中國僑民，對他們施壓，受訪的僑民都感到威脅。中國官員威脅這些僑民，如果不參加抗議活動，未來他們的生活將受到嚴重的影響。

諾委會祕書長倫德斯塔德指出，近日收到奧斯陸華人來電，稱中國使館「鼓勵」他們示威，抗議將和平獎頒給劉曉波。對此，他評論說：「中國使館花了很大力氣來抵制諾貝爾和平獎頒獎典禮並組織華人抗議，當年沙卡洛夫獲獎時，蘇聯大使館也沒像中國使館這樣下功夫。在諾貝爾和平獎一百零九年的歷史上，從來還沒有見過一個駐這裡的大使館去接觸此地所有其他的大使館，勸他們別來，這方面他們成績有限。我們也從來沒有見過一個大使館會去組織本地的某個族裔社區，也就是這次的挪威華人，鼓勵他們舉行反諾貝爾獎的示威。」

頒獎典禮前後，中共大大加強社會控制。劉曉波的親朋好友和數千名人權活動人士、異議知識分子遭到軟禁或「被旅遊」。北京各區公安局召集餐廳、酒吧老闆開會，要求一連三天不得接受六人以上的訂位，若有人帶著大批賓客到餐廳，要以「滿座」為由不予接待，同時也要留意在餐廳內外是否有人故意鬧事或展示標語。警察向老闆們表示，近日舉行慶祝活動的人，可能與慶祝顛覆國家政權罪的人物有關，要他們以全國大局著眼，不要貪圖小利而接待這些人。

在劉曉波北京住所附近的泓灝閣茶館，即劉霞平時見外媒記者和朋友的地方，週五掛上暫停營業的牌子。北京知識界聚會熱點，如海淀區萬聖書園和傳知行研究所，也都被迫停業，據稱是被物業停水電。

這場戰爭，是中共政權與普世價值的戰爭，也是劉曉波與胡錦濤的對峙。二〇一〇年十月八日，劉曉波獲得諾貝爾和平獎；十一月四日，胡錦濤入選美國《富比士》（*Forbes*）雜誌二〇一〇年全球最具影響力人物排行榜第一名，超過了二〇〇九年居於榜首的美國總統歐巴馬。《富比士》雜誌上介紹胡錦濤的文章，題目是〈胡錦濤是世界上最有權力的人嗎？〉，作者發現一個冷冰冰的事實：「在北京，克里姆林宮有另外一個名字——中南海——這是一整套的蘇聯政體。」

在前後不到一個月的時間內的這兩個新聞之間，有著某種內在的聯繫。劉曉波與胡錦濤是對峙的兩極：胡錦濤是掌權者，劉曉波是無權者；胡錦濤在中南海的宮殿中，劉曉波在錦州的監獄裡。但是，劉曉波並不是胡錦濤的囚徒。劉曉波在入獄前不久的一篇文章中寫道：「甚至每天生活在嚴密監控之下的生活，反而對中國的前途抱有樂觀的信心，因為我從和那些警察們打交道的經驗切實感到，這個非人的政權是心虛的，連它的專政工具說起話來都無法理直氣壯。」如果說胡錦濤本人就是讓中國病入膏肓的癌細胞的一部分，那麼劉曉波就是心地無私、宅心仁厚的良醫。即便劉曉波深知諱疾忌醫的胡錦濤會將他送進監獄，仍然要對症下藥、施加拯救，正如傑出的人文學者余英時所說：「二十年來劉曉波不斷發出獅子吼，都是為了挽救一個一天天沉淪下去的大國，希望它有一天回到文明主流。」

✣

也許是歷史給人們的一個警示：劉曉波是第二位在獄中的諾貝爾和平獎得主。第一位獲獎的「囚徒」是揭露納粹德國祕密擴軍、提醒公眾警惕納粹危險的德國記者奧斯茨基。奧斯茨基和劉曉波兩位諾貝爾和平獎得主繫獄的遭遇，深刻表明了納粹與中共之間的相似性。法國思想家雷蒙・阿宏（Raymond Aron）指出：「法西斯主義和共產主義，同樣地排除一切自由。首先是政治自由，其次是個人自由，再就是思想自由、新聞自由、言論自由、科研自由，一切自由都銷聲匿跡。」所以，這兩個政權都將追求自由的公民關進監獄。

一九三三年，奧斯茨基二度遭到納粹蓋世太保的逮捕，直接被關進集中營。納粹威脅挪威說，頒發諾貝爾獎給奧斯茨基是「敵對行為」、「干涉內政」，德國將加快建設波羅地海艦隊。

當時，頒獎給奧斯茨基，在挪威國內亦引發巨大爭議。歐洲主流輿論認為，奧斯茨基是觸犯德國法律、攻擊自己國家的罪犯。正是這種綏靖輿論縱容納粹主義肆虐歐洲，導致人類歷史上空前的大災難席捲全球。劫難過後，國際社會反省綏靖主義的歷史警示，拓展乃至重新定義了對「和平」的理解：不同國家之間或一個國家內部的衝突，只有在保護個人自由的法治框架內解決，才能達到真正的和平。諾貝爾和平獎因而具有了更加寬廣的精神層面。

奧斯茨基於一九三八年因重病去世。去世之後，納粹政府禁止在墓碑上刻寫他的名字，甚至強令他的妻子改姓，希望「歷史永久地忘記這個人」。然而，僅僅七年之後，希特勒便在陰暗的地堡裡自殺，第三帝國灰飛煙滅。奧斯茨基的事蹟卻被寫入戰後德國的教科書之中，在柏林有以他的名字命名的街道，街頭還矗立著他的塑像。

劉曉波的獲獎，也可以同沙卡洛夫的獲獎相提並論。今天中共殘酷對待劉曉波的做法，讓昔日蘇聯對待沙卡洛夫的方式望塵莫及。有遠見的西方人士將今天的中國置於昔日的蘇聯位置上，這並非過時的「冷戰思維」。蘇聯和中國這兩個大國實行的專制制度對世界和平都具有重大威脅，沙卡洛夫和劉曉波這兩名獲獎者都承受著龐大而蠻橫的「蛻變為帝國的祖國」的壓迫，因此沙卡洛夫獲得諾貝爾和平獎時的授獎辭：「獲獎者的思想與官方所打造的大國強國的理念對立。」也適用於劉曉波身上。當年，對沙卡洛夫的頒獎公告指出：「一個基本的前提是：國際和平不會有持久的價值，除非它建立在對社會中個人的尊重之上。」沙卡洛夫認為，當政府違反基本人權時，就對國際間信任的發展埋下隱患。他對建立在幻覺和一廂情願之上的虛假緩和的危險性提出警告。如今，劉曉波發出同樣的警告：他看到的，不是崛起的中國，乃是沉淪的中國；這樣的中國，不是對世界的祝福，乃是對世界的禍害。

沙卡洛夫時代的蘇聯，尚被西方隔絕在冷戰的鐵幕背後，沒有加入到全球化之中，對世界的威脅主要是在軍事領域。而劉曉波時代的中國，已加入世貿組織，成為全球廉價產品的加工廠和西方資本家的投資地。大部分西方政治家和普通人，認為今天的中國共產黨與當年的蘇聯和東歐共產黨不一樣，是「不咬人的老虎」。實際上，老虎哪有不咬人的？

今天的中國對世界的危害甚於昔日的蘇聯。中國以其低人權、高能耗、高污染的發展模式，對自由經濟和民主政治等普世價值構成直接的侵蝕與挑戰。

正如亞格蘭在頒獎演說中所指出的那樣，歷史上恐怕找不出一個民主政權向另一個民主政權發起戰爭的實例。諾貝爾在其遺囑中所提出的更深層的「各國間兄弟般的友情」，即真正實現和平的先決條件，在沒有人權和民主的前提下是無法建立的。具體到中國問題上，中國的經濟發展並沒有改變中共政權的本質，反倒讓這個政權作惡的能力大大提升。如果西方世界「與狼共舞」，後果將極為嚴重。

改變對中共的綏靖外交和經貿外交，而以人權外交為先導，長遠地看，對民主國家陣營是利人利己的做法。許多有良知的偉人已有這樣的預見。諾貝爾和平獎得主、波蘭團結工會領導人華勒沙，獲知劉曉波得獎之後說：「我認為，這是一個對中國和整個世界的挑戰。世界必須表明態度，是否願意幫助中國進入一個尊重民主原則與價值的領域。中國是一個偉大的國家，我們必須尊敬它，但它必須尊重普世價值和理念。」諾貝爾文學獎得主、秘魯作家巴爾加斯．尤薩（Vargas Llosa）在斯德哥爾摩呼籲說，國際社會要毫不遲疑地與獨裁專制進行鬥爭。「遺憾的是，民主國家沒有作出表率，同那些與獨裁鬥爭的人共同奮鬥。民主國家沒有更好地維護和支持古巴的『白衣女士』、委內瑞拉的反對派、緬甸的翁山蘇姬和中國的劉曉波等異議人士，反而去討好那些折磨他們的當權者。」他呼籲國際社會採取包括經濟制裁在內的所有方式打擊獨裁專制政權。

「文明就像一層薄膜，一觸即破」，裂口處便會冒出野蠻行為。任何人都不能低估極權主義的腐蝕性和民主制度的脆弱性。劉曉波的獲獎，不是西方對中國的恩賜，而是西方自救行為的一部分——因為劉曉波的存在，讓西方從對中國海市蜃樓般的幻想中醒過來，讓西方深切地意識到：為中國的民主化過程添把力，也就是讓西方的民主制度更加鞏固。

五、自由之心，重新啟航

劉曉波的獲獎，如同一束光照在黑暗裡，黑暗雖然不接受光，卻無法將光消滅掉，而且，這光還會越來越強烈，直至有一天，將黑夜變成白天。

無論是中國同胞，還是全球民眾，都對劉曉波未來的走向抱以厚望。曼德拉、沙卡洛夫和維瑟爾，代表了三種不同的改變世界的路徑。這三種可能性在劉曉波身上都或多或少地存在著：他會成為「中國的曼德拉」嗎？他會成為「中國的沙卡洛夫」嗎？他會成為「中國的維瑟爾」嗎？在這三者之間，他更像誰？他的事業方向和人生定位與哪位更加接近？

在諾貝爾獎頒獎演說中，諾委會主席亞格蘭說，對劉曉波的頒獎讓他想到了曼德拉。他們都是為改變社會作出巨大犧牲的普通人，他們因為巨大的犧牲而成為傳奇人物。

從青年時代開始，曼德拉對自己的定位就是政治家和行動家，以及取消種族隔離制度最前線的鬥士。他毫不畏懼漫長的牢獄之災，在給妻子的信中，他寫道：「肉體的枷鎖常常會成為心靈的翅膀。」他在牢中生活了二十七年，成為南非人民精神和道義的象徵。剛一被釋放，他便馬不停蹄地投入政治活動，足跡遍布全國各地，並出訪數十個國家。一九九三年，曼德拉獲得諾貝爾和平獎時，已經七十五歲了。此後，在諾貝爾獎的光芒之下，他推動起草非種族主義的南非新憲法。一九九四年，南非舉行第一次多種族大選，非洲人國民大會取得決定性勝利。五月十日，曼德拉宣誓就任總統。

在諾貝爾獎的歷史上，與曼德拉相似的人物，從獨裁政權的階下囚成為民主時代的國家元首的，還有華勒沙、金大中等人。他們是所在國家民主化轉型的樞紐。

非常遺憾的是，劉曉波獲獎前後，曼德拉未能對這位跟自己有著相似經歷的人權鬥士表示支持與讚揚。他不可能不知道這一事件——他的密友圖圖大主教就是劉曉波最堅定的支持者之一。也許因為南非與中國之間有密切的貿易關係，曼德拉不得不保持緘默；也許是因為曼德拉年輕時候對共產黨領導的中國革命抱有不切實際的幻想，他的思想中存在著相當的左翼色彩，所以他始終不願公開批評中共政權。

除了諾貝爾獎委員會主席將劉曉波與曼德拉相提並論之外，輿論也多次提及劉曉波與沙卡洛夫之間的相似之處。英國《泰晤士報》（*The Times*）評論說：「作為獲獎者，劉曉波的地位跟沙卡洛夫相似，可以被視為當之無愧的獲獎者。」雖然相隔三十五年，但這兩位得主確實互相輝映，他們背後都有一個「百足之蟲，死而不僵」的邪惡帝國，他們勢單力薄，非常需要外界的支援。

劉曉波獲獎時五十五歲，沙卡洛夫獲獎時五十四歲，他們獲獎時的年齡十分相近，更為接近的還是思想立場和身分定位。沙卡洛夫從六〇年代開始參與反對核武器擴散和捍衛人權的活動，並因反對蘇聯出兵阿富汗，遭到逮捕和流放。他的住所經常被KGB搜查和劫掠。即便如此，他還是竭力幫助蘇聯境內最早的一批獨立政體團體的成立。比起具體的政治議題來，沙卡洛夫更看重道德和價值的議題，他將道德準則和精神自由看得高於一切。連赫魯雪夫（Nikita Khrushchev）也承認，沙卡洛夫是「道德的水晶」、「他是我們科學家之中的聖人」。

在沙卡洛夫生命中的最後幾年，他作為科學院的代表，成為蘇聯最高蘇維埃的一員——他努力讓這個虛有其表的人民代表大會向新型的國會邁出了一大步，他是民主派最強有力的聲音。一九八九年，他突發心臟病逝世。可是，即便沙卡洛夫再多活一些歲月，也不會謀求更高的公職和政治地位。在本質上，他是一名獨立於權力之外的知識分子。

其實，與劉曉波更相似的諾貝爾獎得主，是此次頒獎中不曾被提及的維瑟爾。被視為「在一個世界上充塞著暴力、壓迫和種族主義的時代中最重要的精神領袖和嚮導」的、一九八六年諾貝爾和平獎得主維瑟爾，是更加個人化的知識分子典範。

一九二八年，維瑟爾出生於羅馬尼亞的錫蓋特鎮（Sighet）。當他十四歲時，全家被運到奧斯威辛集中營。他看到母親和妹妹被送進毒氣室，他的父親被轉運到布痕瓦爾德（Buchenwald）集中營並死在那裡。一九四五年，維瑟爾被盟軍解救，此後長期從事新聞報導和寫作，他的所有著作都與一個主題相聯繫：大屠殺。「你可以擺脫奧斯威辛，但奧斯威辛永遠不會擺脫你。」正是通過寫作，他從A7713號囚徒重新成為一個人——一個奉獻給人類的人。維瑟爾擔任過美國大屠殺委員會主席，推動在華盛頓建立一座規模巨大的大屠殺紀念館。他從來都不是活躍的政治活動家，文質彬彬、羞怯內斂，始終保持著作家、記者和學者的本色，他最熱愛的工作是在大學擔任教授，向年輕一代講述歷史和真理。

在這三者之間，劉曉波從本性上來說，最接近於維瑟爾。他是一個具有率真任性的知識分子氣質的人。與維瑟爾捍衛納粹對猶太人大屠殺的歷史與記憶一樣，他是「六四」屠殺的歷史與記憶的捍衛者，他是為「六四」亡靈而活的：「關於死亡，我能說的、寫的、做的，無論如何，決不會多於亡靈臨終前的一瞥，也絕不會多於天安門母親守護遺像的白髮。這俯視所帶來的震撼，不啻於對我這個倖存者的道德審判。這白髮所召喚的明天，就是對我這個倖存者的永遠激勵。」為已經無法言說的亡靈開口，是他一生都不會放棄的事業。

如果中國能順利實現民主化，且又能誕生一批參與實際政治運作的政治家，那麼，劉曉波或許會像維瑟爾致力於建造納粹大屠殺紀念館那樣，將後半生主要的時間、精力和影響力，投入到建立以「六四」屠殺為主體的「共產主義大屠殺紀念館」的事業之中。將毛澤東的屍體從紀念堂中遷出，將其改造為共產黨大屠殺紀念館，這是一個絕佳的創意。劉曉波也會圍繞大屠殺的主題展開寫作和研究，甚至在大學（比如他的母校北京師範大學）擔任教職。他也有可能效仿台灣民主的先驅者林義雄，從事更加草根性的工作：林義雄將老宅改建成台灣民主紀念館，親自為前來參觀的中小學生擔任解說員。這也會是一項劉曉波熱愛的事業。

當然，為呼應時代的需要，劉曉波也許會選擇一些當年沙卡洛夫從事過的工作：首先是在風衰俗怨、價值失序的變革時期，致力於能被民眾所接受的精神價值創建，倡導新道德原則的樹立；進而參與更為實際的政治運作，但不是直接介入具體的行政事務，而是在未來中國的議會中擔任議員之類的角色；甚至當中國的制度轉型進入最艱巨階段的時刻，他當仁不讓地出面扮演民間力量和反對派的精神領袖，與共產黨政權展開艱苦的談判，最終促成官方與民間的諒解與和解。

如果中國在制度轉型的過程中遇到更大的困難，而民間又始終不能湧現出被各階層認可的新一代組織者和領導者，那麼歷史或許就只能要求作為諾貝爾獎得主的劉曉波繼續往前邁進一大步——成為中國的曼德拉，成為民主中國的第一任總統。

✣

諾貝爾和平獎頒發給劉曉波，激發了中共當局的強烈抗議，也有不少西方人認為這一決定缺乏理智，只會助長中國政府內部強硬派的勢力，使中國體制內的開明派受到遏制。事實上，每逢委員會作出此類較為敏感的決定時，總有一些滿足於現狀的人站出來說，「應該採取負責任的態度」，這次也不例外。一九七五年的沙卡洛夫、一九八〇年的埃斯基維爾、一九八四年的圖圖大主教、一九八九年的達賴喇嘛和一九九一年的翁山蘇姬，當他們獲得諾貝爾和平獎時，也有人站出來抗議，聲稱與其刺激專制政府，不如採取懷柔態度。

歷史證明，這樣的說法是錯誤的。上述極權國家，除了緬甸與中國之外，別的政權都已垮台。儘管諾貝爾和平獎的影響因各國的具體情況而不同，但毫無疑問，它使極權政府感到恐慌，使政府內部出現分歧，同時也促使西方民主國家的外交路線不至於過於偏離普世人權的原則。

特別是在面對那些專制國家的時候，諾貝爾委員會選擇獲獎者的目標十分明確：選擇一個帶有象徵意義的人物，以便在將來，即便是在很遙遠的將來，能夠匯聚並且引導變革的運動。一九七五年，沙卡洛夫獲得和平獎的時候，正是在西方同蘇聯簽署《赫爾辛基協定》之後的幾個月。諾貝爾和平獎強調了《赫爾辛基協議》中除了經濟與軍事之外，還應包括人權。同樣，一九八四年，諾貝爾獎評委將和平獎頒發給圖圖主教，也是一石三鳥：首先是批評南非政府用聖經來為種族隔離政策辯護的荒謬性，其次是指出南非國大黨採取暴力抗爭方式的虛幻性，最後也是警告西方政府不要助紂為虐。

南非的和平轉型是一項艱巨的工作。在亞格蘭對劉曉波的頒獎演說中，回顧了諾委會是如何參與南非的和平轉型進程：「諾貝爾和平獎委員會曾向南非人士頒發過四項和平獎。所有四位得主都親臨奧斯陸。但一九六〇年亞伯特．盧圖利（Albert J. Lutuli）和一九八四年圖圖大主教的獲獎，都引起了南非種族隔離政權的強烈不滿。直到一九九三年曼德拉和戴克拉克榮獲和平獎，才終於博得了雷鳴般的掌聲。」如果以這一歷史為參照，南非需要四個諾貝爾獎得主的合力才能實現和平轉型，那麼，「船大掉頭難」的中國，和平轉型的過程更為艱巨，需要的不僅僅是四名諾貝爾獎得主，而是更多的諾貝爾獎得主。所以，在劉曉波之後，還應當有更多的中國人獲得此種殊榮，然後與劉曉波並肩作戰、風雨兼程。如果說劉曉波可以比擬為曼德拉，那麼，在蘊含著未來中國的寬恕與和解信念的中國家庭教會中，應當出現像圖圖大主教那樣的人物；在中國的舊體制內部，也應當出現像戴克拉克那樣順應潮流、以變求存的人物。那一天，還有多遠呢？

榮獲諾貝爾獎之後，儘管劉曉波的身體仍然被關押在獄中，但他的精神已然重新啟航。學者蘇曉康評論說：「劉曉波還在牢裡，已經承荷了國際社會與中國民間的巨大期望，他能做什麼呢？」諾貝爾獎雖然光芒四射，但中國的黑暗積澱得太深了，這光芒真能射穿那如同破絮般的黑暗嗎？

劉曉波就是一縷黑暗最深處的光。歷史已然選中了劉曉波，無論中共當局將如何苛待他、污蔑他、封殺他，他已經與中國的民眾一起踏上了一段新的征程。沒有人能阻擋這披星戴月的腳蹤。任何一個中國的執政者都不能完全無視劉曉波的存在，並將囚禁劉曉波當作其統治固若金湯的標誌。恰恰相反，將劉曉波多關押一天，中共未來轉型為民主體制下合法政黨的可能性就降低一分。中共領導人可曾掂量過這巨大的代價？

諾委會主席亞格蘭在頒獎演說中指出：「歷史經驗告訴我們，要繼續保持快速的經濟增長，就需要有言論自由、研究自由和思想自由作為前提條件。……中國在國際社會中的新地位，意味著必須承擔更大的責任。中國必須做好準備接受批評，並將此視為一種積極的輸入，一種改進的機遇。」擁有十三億人口和GDP躍居世界第二位的中國，只有實現了民主化，尊重每個公民的基本人權，方能成為推動世界和平的正面力量。在這個意義上，頒獎予劉曉波，是諾貝爾獎委員會近年來做得最正確、最勇敢，也可能是最重要的決定。

在頒獎典禮之後的晚宴上，諾委會副主席菲弗（Kaci Kullmann Five）作了一場動人的演講，彷彿是跟獄中的劉曉波面對面的一次交談，她說：「作為諾委會成員，我無權披露我們討論時的詳情，但我願意做個小小的犯規。劉曉波，當我們決定選擇你之後，我們也反詰自己的良知：添加這麼沉重的責任，對你和你的家庭是公平的嗎？你會不會覺得我們授予你和平獎，反而讓你更艱難了？後來看到劉霞興奮不已地對CNN說：『榮獲和平獎是巨大的榮譽，也承擔了更大的責任。』兩天後她去監獄，你喜極而泣說：『我沒想到他們敢於授獎給一個監獄裡的犯人。』聽到你們的反應後，我如釋重負，欣喜於你絕不是一個不情願的獲獎者。」

是的，榮獲諾貝爾獎的劉曉波，已經成為一個匯聚變革力量、並引導變革運動的象徵性人物。今天，有或者沒有這樣的人物，對中國的未來而言，絕對是不一樣的。

一聲驚雷之後，人們期待的春雨必將降臨。

一道閃電之後，人們盼望的黎明終將到來。

附錄一／

看哪，那個口吃的人——我與劉曉波交往的點點滴滴

好人進監獄
酒徒成英雄
這個國家是一台戲
演給魔鬼看。
為那個有些口吃的讀書人晨禱。

——蘇小和，〈無題〉

與馬丁·路德·金恩相遇

二〇一〇年十月一日，我應邀訪問亞特蘭大，當地華人教會的陳雪濤弟兄陪同我去參

觀馬丁．路德．金恩的故居。一如大部分的美國城市，亞特蘭大的老城區衰落而破敗、人口稀少，只有這條「馬丁．路德．金恩之路」上，行走著熙熙攘攘的遊客。這個當年典型的中產階級社區被完整地保留下來，其中有金恩博士出生的那棟房子，也有他侍奉過的那座教堂。在紀念館中，我聽到喇叭中正在播放金恩博士於一九六四年在諾貝爾和平獎頒獎典禮上的演講：「我相信總有一天，人類要躬身在上帝面前，為其制止戰爭和流血的行為得加冕。非暴力的救贖之路在世界各地延伸，直到每個角落。」歷史彷彿凝固，熱情似火的金恩博士似乎依然在場。

那一刻，我想起了獄中的劉曉波，我親愛的師長與友人。金恩博士天生就是一個演說家，他的演說鏗鏘有力、激動人心；劉曉波則是一個口吃的讀書人，柔和而堅韌，如同壓傷的蘆葦卻不折斷。我們與故居的解說員，一個年輕的黑人女孩聊起了劉曉波，我們告訴她，在中國有個名叫劉曉波的作家，正在從事著馬丁．路德．金恩的事業。這個女孩向我們豎起了大拇指。

陳雪濤特意在紀念館中購買了一本金恩的畫冊，託我送給他敬重的劉曉波。我帶著這本書飛越了大半個美國。

一個星期之後的十月八日，我在洛杉磯南加州大學作完一場演講後，在酒店的房間內，等待著諾貝爾和平獎揭曉的消息，徹夜不眠。

凌晨兩點半左右，當電視螢幕上出現劉曉波那張再熟悉不過的照片時，我在黑暗的房間裡跪地祈禱，失聲痛哭。我在成年之後從未如此痛哭過，我將頭埋在枕頭中，任由眼淚汩汩地流淌。是因為等待的時間太久了，還是因為好消息到來時毫無心理準備？

此時此刻，我的身體中，彷彿有一顆二十一年前射入的子彈被取出來，無比疼痛卻又無比舒暢。

我一邊觀看電視上的評論，一邊再次翻看這本馬丁．路德．金恩的畫冊。朦朦朧朧中，劉曉波的臉龐與金恩的臉龐重疊在一起。我認識曉波整整十年了，這十年來的風雨兼程，如電影中的畫面，一幕接一幕地浮現在眼前。所有的孤獨與苦痛，以及被輕蔑與被羞辱的經歷，此時全都得到了安慰。

✣

十月十四日下午，我從舊金山返回北京。在首都機場，海關工作人員有針對性地搜查我的行李，將四件大小箱包翻了個底朝天。一位海關工作人員如獲至寶地發現了這本馬丁．路德．金恩的畫冊，一頁一頁地仔細翻閱了長達十五分鐘左右。我不知道他究竟是真心喜歡讀這本書，還是希望從中找到將其沒收的蛛絲馬跡。最終，他將這本畫冊還給我。

但是，由於監獄規定不能送入中國之外出版的外文書籍，這本書不知道還將在我這裡保留多長時間。什麼時候，一名早已離開人世的諾貝爾和平獎得主的祝福，才能送達另一位在獄中的諾貝爾和平獎得主手上呢？

在匈牙利共產黨執政的時代，作為「中歐最傑出的政治學思想家」的畢波（Bibó

István），成了統計局圖書館的雇員，在他生命的最後十六年中，與學術界失去聯繫，完全生活在孤獨中。如何能分辨出這個按門鈴的人究竟是一個崇拜者，還是政治警察的密探呢？讓畢波最難忍受的，是知識和精神上的孤獨。而連圖書館雇員的身分都不可能擁有的劉曉波，戰勝了孤立與孤獨，與真理為伴，他自足而充實。如王丹所說，當年那些慷慨激昂地追求民主自由的同伴，經過漫長的二十年之後，百分之九十九點九九的人都變了，唯有曉波沒有放棄昔日的理想。

金恩博士說過：「每當有事情發生的時候，懦夫會問：『這麼做，安全嗎？』患得患失的人會問：『這麼做，明智嗎？』虛榮的人會問：『這麼做，受人歡迎嗎？』但是，良知只會問：『這麼做，正確嗎？』」在歷史的轉折關頭，馬丁．路德．金恩和劉曉波都作出了正確的選擇，那就是順應良知的選擇。

「你的問題就是交上了劉曉波這樣的朋友」

此刻，回憶是甜蜜的。

但是，要描述一位如此親密的朋友並不容易。因為劉曉波跟我太近了，像親人一樣，我與他之間沒有一個觀察與審視的距離。

過去十年以來，能夠與劉曉波並肩走在捍衛自由與爭取人權的道路上，是我莫大的幸運與榮耀。上個世紀三〇年代，文化界流行一句名言——「我的朋友胡適之」，當時人人都以能成為胡適之的朋友為榮；而我說「我的朋友劉曉波」的時候，是嚴重而真誠的，因為劉曉波確實是我一生中最敬重、最親密的師長和朋友。

我第一次接到劉曉波的電話，是在一九九九年底的某一天，後來我才知道那是他第三次出獄後不久。那時，少年成名的我有點像八〇年代中期的劉曉波，成為許多大學競相邀請去演講的嘉賓。那一天，我受邀去中國人民警官大學作題為「魯迅與中國文學」的演講。校方派出一輛轎車來接我，隨行的除了學生社團的負責人之外，還有一位是系主任級別的老師，他們都穿著筆挺的警服。我們正在車上聊天，忽然手機響起來。我剛一接，那一頭便傳來結結巴巴的詢問聲：「你、你、你，是余杰嗎？」

我回答說：「我是啊！請問你是哪位？」那邊傳來有濃郁東北味道的普通話：「我是劉曉波啊！」我大吃一驚，他真的是我十六歲時百讀不厭的那本《劉曉波其人其事》的主角嗎？真的是我的啟蒙老師劉曉波嗎？

沒想到，他一句也沒有跟我寒暄，劈頭就說：「我看到你在陝西電視台的那個對話節目中，我不同意你的觀點。」我想了想，確實有這麼一個節目，不久前，陝西電視台的一檔對話節目請我和西安的人文學者尤西林一起討論中國的教育危機。主持人是還在大學念書的郭宇寬，一個思維敏捷的帥小夥子。我想，那次的節目是批評教育腐敗的，難道我說錯了什麼話？

電話的那一邊是直言不諱的批評：「你引用了一句鄧小平的話，鄧小平說，中國最大的失敗是教育。這句話引用不當，你知道鄧小平是在什麼情況下說的嗎？是在八九年，他說教育的失誤是指沒有加強思想政治教育，他嫌當局對大學生的洗腦不夠。你連背景都不弄清楚就在電視上亂說……。」他說話的聲音很大，在轎車狹小的空間裡，我擔心被穿警服的教授和學生聽到，趕緊說：「劉老師，您說得對，好，好，今天先談到這裡，改天有機會面談吧。」

當我掛斷電話時，大概劉曉波認為我是一個年少輕狂的傢伙，不願接受直截了當的批評意見吧。而我也在想，他也真夠直率的，我們連面都沒有見過，第一次通話就是這樣一番猛烈的斥責。不過，不久之後，我們第一次見面時，他沒有提及電話中那尷尬的一幕，我也沒有向他解釋我當時不便在電話中暢談的原因，直到今天。

二〇〇四年十二月十三日下午六點，我與劉曉波同時被北京警方以「涉嫌危害國家安全」的罪名傳喚。此事緣於我與劉曉波計畫寫作一份年度的中國人權狀況報告。每年，美國國務院都會發布一份中國人權狀況報告，中國方面則以一份自我表揚的人權白皮書來應對之。我和劉曉波認為，最有資格撰寫這份報告的，應當是我們這群生活在中國國內的，獨立於任何政治勢力、政府和機構之外的民間知識分子。我們有責任自行撰寫一份更加真實、更加客觀的人權報告。就在我們剛開始商討如何撰寫這份文件時，祕密警察侵入我們的電郵信箱，知曉了這一切，遂對我們發起傳喚，並強行從我們家中抄走電腦，刪去所有資料和文章。

那次，在長達十四個小時的通宵審訊中，警方上演了最為拙劣的一幕劇本是：一名警察從外面拿來幾張小紙條，故作神祕地放在負責審訊我的一名年長的便衣警官桌上。這名主審警官故作驚訝地看了幾分鐘之後，語重心長地對我說：「你還年輕，你的問題只是交友不慎，誰讓你跟劉曉波這樣的漢奸、賣國賊做朋友呢？他誘惑你誤入歧途了，你知道他拿了中央情報局多少的錢嗎？你不知道吧？他沒有分一些給你吧？你沒有拿最好。你看，他在那邊什麼都招供了，他將所有的責任都推卸到你的身上。對你來說，最好的選擇，就是揭發他，跟他劃清界限。這樣，黨和政府就會原諒你的。否則的話，你離監獄就只有一步之遙。」他們以為這樣的把戲就可以欺騙我嗎？不過，他們有一點說對了：若非曉波的引導，這些年來，我不會在反抗專制的道路上走這麼遠。

在五年多之後，這個把戲又故技重施。二〇一〇年七月五日，我因為計畫在香港出版新作《中國影帝溫家寶》，再次遭到北京警方的傳喚。在這次長達四個半小時的審訊中，自稱對我研究了十年之久、手上保存著全世界關於我最完整資料的國保警官朱旭，第一次與我面對面。他煞有其事對我說：「劉曉波是你的老大嗎？你看看他的下場有多慘，要被我們關十一年。那麼多西方國家施加壓力又怎麼樣呢？我們根本不怕。劉曉波的判決書中提及的那六篇文章，在你發表的那些文章中，都可以找到類似的。所以，我們要像判他那樣判你，易如反掌。我勸你立即放棄在香港出版《中國影帝溫家寶》的計畫，否則劉曉波就是你的前車之鑑。」他們以為這樣的恐嚇就能讓我放棄對言論自由的追求，並自動與曉波「劃清界限」嗎？既然劉曉波失去了寫作的自由，他的遭遇不僅不會讓我從此卻步，而只能激勵我承接他的使命，無所畏懼地繼續寫下去。

此種挑撥與威脅，根本無法動搖我與曉波之間的情誼。我們的相交，既是道義之交，亦是友愛之交。不僅我與曉波是最好的朋友，我的妻子與曉波的妻子也是最好的朋友。在一些重大的公共問題上，我們不必互相探問，就明確知道對方會持何種立場。曉波起草的簽名信，我甚至沒有看到文本就會答應簽名；而我起草的簽名信，曉波也是以這樣的態度來支持，這就是「心有靈犀一點通」。

在我們認識之前，劉曉波的妻子劉霞給尚在獄中的丈夫送去過我的處女作《火與冰》以及「黑馬文叢」的其他作品，希望他看到後輩中出現了一批具有批判意識的知識分子，並為此感到欣慰。沒有想到，曉波在這些作品中挑了很多「刺」，後來在與王朔的對話錄《美人贈我蒙汗藥》中，對這幾本書和幾個人提出尖銳的批評。

幸運的是，我很快就結識了曉波，再後來又受洗成為基督徒，將早年那些青春自戀、年少輕狂，以及民族主義和民粹主義的毒素，從生命中一點一點地剝離了出去。不幸的是，早在十年前，曉波對與我一起「出道」的孔慶東和摩羅等人的批判就如此準確——十年後，他們果然淪落到不堪入目的地步，成為專制政權的幫忙和幫閒。我每次聽到他們的名字就要去洗耳朵。

既有俠骨，亦有柔情

我與曉波的友情卻一天天加深。與我一樣，曉波也是一個說話口吃的人。口吃的人對這個世界有一種特殊的敏感。不過，他卻比我健談得多，人越多的場合，談興便越濃；而人少的時候，他的口吃就顯得比我更厲害，尤其是在一對一的電話中，他常常結巴半天都沒有說出一句完整的話來。劉霞打趣我們說：「上帝選擇你們兩個結巴成為說真話的中國人，可真夠幽默的。」

在這些年的交往中，我真切地感受到：在曉波身上，既有俠骨，亦有柔情，柔情甚至重於俠骨。曉波對丁子霖老師等「天安門母親」群體、對許多下獄的政治犯家屬，無不悉心照料、噓寒問暖。雖然他自己長期遭到當局的封殺，不能在國內發表文章和公開授課，只能靠在海外發表文章的稿費維持生活，卻從不吝於幫助那些處境比他更加困難的人士。

曉波曾對我說，他在獄中的時候，深知在外面的劉霞的苦楚。在獄中的人，其實日子好過些，刑期確定了，心情反倒很平靜，每天的生活起居都有規律，時間會過得很快。而獄外親人的生活，才是莫大的煎熬。那種等候與企盼，那種憂傷與絕望，讓人度日如年，不是普通人可以承受得起的。所以，曉波分外珍惜與劉霞一起的日子，對妻子倍加關愛與呵護，他常常對劉霞說：「你去買最漂亮的衣服穿！」也正是這樣的原因，他對許多素不相識的受難家屬無私地伸出援助之手。他經常與劉霞一起陪良心犯的家人吃飯，這甚至成了他生活中的一個習慣。吃的未必是山珍海味，但他的傾聽、安慰與鼓勵，給予許多受難家屬支撐下去的勇氣。受難家屬群體對曉波的尊敬與感激，並不僅僅是他的那些被余英時教授譽為「獅子吼」的、為弱勢群體發聲的文字，更是因為他的慈悲心腸和不求回報的愛。

曉波對作為晚輩的我亦關懷備至。有一次，我爸爸媽媽到北京來玩，他知道之後，說一定要請他們吃一頓飯。他特意訂了一個很好的餐廳，點菜時也專門挑好菜。聽到我爸爸說喜歡吃北京烤鴨，便點了那種最貴的烤鴨。雖然我爸爸媽媽只比曉波年長不到十歲，曉波卻禮貌地稱呼他們「叔叔」、「阿姨」。

曉波說，我知道您們兩位老人很擔心兒子的安全，當年我父母也是如此，但後來他們都想通了，覺得既然阻攔不了兒子，還是尊重兒子選擇的人生道路。所以，您們兩位老人要為孩子感到自豪，他做的這些事情，儘管現在遭到強權的打壓，也不被大多數人所理解，但歷史肯定會有公正的評價。曉波的一番話，讓我爸爸媽媽很受感動，他們在回家的路上反覆說，想不到文章如此凌厲的劉曉波，生活中卻如此體貼和周到。

我們的孩子滿月之後，曉波和劉霞第一個上門來探望。他們帶來一幅劉霞的新作《如花》作為給孩子的禮物，畫面上是一朵深藍色的、幾近於黑色的花朵。是啊，只有如此倔強的花朵，才能在最貧瘠、最荒寒的土地上怒放，如同曉波和劉霞一樣。曉波與前妻有過一個兒子，「六四」之後，曉波被捕入獄，家庭瓦解，前妻赴美定居，孩子由外公、外婆照顧。在多年的交往中，曉波從來沒有提及過孩子的情況。劉霞有一次悄悄告訴我們，他們父子之間聯繫很少。我想，對於孩子來說，他未能盡到一個父親的義務，這一定是曉波心中最深沉的隱痛。

就像曼德拉一樣，當他從監獄裡出來的時候，他的孩子們說：「我們認為我們有父親，並且有一天他將會回來。但是，讓我們失望的是，我們的父親回來後又不和我們一起了，因為他現在成了國父。」曼德拉感歎說：「作為一國之父是莫大的榮譽，但作為一個家庭之父卻是莫大的愉快。然而，這種愉快對我來說實在是太少了。」

劉曉波也是如此，他何嘗不想做一名好父親！一九九六年，當劉曉波與劉霞結婚的時候，他們約定不再要孩子，因為他們的生活狀況不適宜於孩子的成長。這個國家太黑暗、太陰暗、太邪惡，不能讓孩子在這裡受到有形無形的傷害。

雖然劉曉波和劉霞決定不要孩子，但看到我們的孩子的時候，立刻便像寶貝一樣抱在懷裡端詳。曉波眉開眼笑地說，還是跟媽媽長得像。那一刻，我想，如果他們當了爸爸媽媽，該是多好的父母啊。

✣

在日常生活之中，我與曉波都深知對方的嗜好與習慣。既是精神之友，更是「酒肉朋友」。每當發現哪裡開了一家好吃的餐廳，我們都會立即通知對方，約好一起去品嘗。我們都愛吃川菜，作為東北人的曉波的「耐辣力」，居然超過我這個土生土長的四川人。我們常常去的一家餐館，是朋友忠忠開的那家堪稱全北京城最辣的川菜館「食虫湯」。我們在那裡大快朵頤，開心地談天說地。曉波最愛吃的一道菜是麻辣牛蛙，整整一大鍋翻滾著紅油的牛蛙，還有青筍、粉條、泡菜等等。他總是「戰鬥」到最後一刻，吃完火鍋中最後的那點食物，撫摸肚子作意猶未盡狀。我和曉波都好肉而不好酒，劉霞倒是品酒大師，舌尖一舔能品出各種紅酒的優劣來。每次劉霞喝酒時，曉波便在一邊溫情脈脈地看著她，甚至比自己喝酒還要陶醉。

曉波入獄之後，再也吃不到這些好吃的了。劉霞告訴我，獄中的伙食很差，曉波常常吃清水煮的馬鈴薯，胃病又犯了。每次去探監，她都會給曉波帶去真空包裝的醬肘子，大塊的肉才能讓曉波解饞。我和妻子請劉霞吃飯，遇到好菜便會想起曉波狼吞虎嚥的模樣來。曉波，什麼時候，我們才能再一次同桌吃飯呢？這些好吃的，都給你留著，希望你永遠有好胃口。

他眼淚為誰而流？

劉曉波通常笑聲朗朗。在這十年的交往中，我只見過他有兩次大聲哭泣。一次是二〇〇八年十月安葬包先生的骨灰時，他哭泣著宣讀了〈包包，我們愛你〉的短文。再有一次，是二〇〇三年七月，我第一次訪美歸來，約上曉波夫婦，到丁子霖老師家中，播放在紐約舉辦的「萬人傑文化新聞獎」的頒獎典禮錄影帶。

那一年，我和楊逢時同為「萬人傑新聞獎」得主，我們的獲獎都與我們的「六四情結」有關。楊逢時本來是一位單純而高雅的音樂家，「六四」屠殺的時候，她正在準備芝加哥大學音樂系的博士學位畢業公演。從遙遠的故鄉傳出來的槍聲和哭喊聲，讓她從藝術世界回到現實世界。此後，她在芝加哥堅持舉辦一年一度的「紀念六四音樂會」，由此被剝奪了回國探親的權利。楊逢時在獲獎感言中說，她永遠跟天安門的母親和孩子們在一起。我的獲獎感言也圍繞「六四」展開，我說：「天安門的坦克和鮮血是最為直接的啟蒙。我發誓要說真話、要拒絕謊言、要擺脫奴役、要捍衛自由、要過一種有尊嚴的生活。」

聽我講到這裡時，曉波突然從沙發的另一邊走過來，將我緊緊抱在懷裡，嚎啕大哭起來。平時，曉波是我敬重的師長，雖然偶爾也會跟他開一個玩笑，但我對這位精神上的啟蒙者始終懷著深切的敬意。此刻，曉波在我的面前卻像一個委屈的孩子一樣，鬱積已久的哀傷如潮水般湧出。我擁抱著曉波，拍拍他寬闊的背部，能感覺到他身體的顫抖。我也哭了起來。丁老師和蔣老師、劉霞以及我妻子，亦在旁邊抹眼淚。

此刻，我們都是迷路的孩子，被欺騙的孩子，失魂落魄的孩子。多少年了，我們一直在等候公義與慈愛的降臨，公義與慈愛卻長久地在這個國家缺席了。在這破絮般的黑暗中，如何找到腳下的路？

如今，我們的傷痕終於被上帝之手所撫慰。九〇年代以來，曉波如同一塊被時間和苦難淘洗得晶瑩剔透的碧玉，早已去除了當年個人英雄主義和自我中心主義的污垢，他變得越來越溫和、越來越寬容、越來越謙卑，用劉霞的話來說，就是越來越讓人感到「舒服」。他將自己看著是成千上萬、努力有尊嚴地活著的同胞當中的一員，這一群人在自己的一生中，通過採取被華茲華斯（William Wordsworth）稱作是「那些無名的人、被人遺忘的人、善意與愛的小小行動」而證明了和平與公義的存在。

和平與公義確實存在，「有心栽花花不開，無意插柳柳成蔭」的諾貝爾和平獎就是一個例證。據說，中共黨魁胡錦濤誇口說，要拿出幾十億美元阻攔劉曉波獲獎這件事。然而，五個弱小的老人頒獎給一名在獄中的囚徒，這件看上去不可思議的事情，就這樣施施然地發生了。諾委會的那五個挪威平民，終究沒有向那九個中國掌權者低頭。

此刻，我又想起二〇〇五年七月三十日，我們方舟教會舉行的一次戶外洗禮。那天，我邀請曉波同行，他欣然應允。我們選擇的地點是北郊懷柔的一個小水庫，為了避免被遊人打擾，凌晨五點，大家就從城裡出發，六點多到達水邊。在「流不斷的綠水悠悠、遮不住的青山隱隱」之間，我們的洗禮還沒有正式開始，曉波便將外套一脫，縱身躍入湖中。在整個洗禮的過程中，他都如同守護者一般，在周圍游弋和觀禮。他仰泳的時候，宛如與天、地、水融為一體。

是啊，這麼多年了，這個如此熱愛自由的人，卻從未享受過一天自由的生活。曉波累了，曉波也需要放鬆的時刻。當曉波在水中暢快地游泳的時刻，如一條魚一樣靈活而輕盈。他就像回到天父的懷抱一樣，終於自由了。我低頭為他祈禱，願主賜予他從天上而來的力量、智慧與勇氣，願他因真理得自由。

在諾貝爾獎頒布之前幾天，曉波在給劉霞寫的一封信中說，我和妻子托劉霞帶去的兩袋大棗已經收到了。那是我們特意從河南訂購的一種最好的大棗，肉厚而糯軟。曉波說，中秋節的晚上，同一個囚室的六名囚徒，各自拿出一件珍藏的食品來，大家一起分享。曉波拿出我們送去的那包大棗，大家都說，這是他們平生中吃過最好吃的大棗。劉霞告訴我們這個細節之後，我和妻子一起低頭禱告，願曉波早日歸來，帶著天使的翅膀和天使的心靈歸來。

曉波每一次失去自由，都是為了讓更多的國人擁有自由；曉波說過，當所有的中國人都獲得自由之後，他的願望是到卡繆所熱愛的地中海去，沐浴著那無比熾熱的陽光，暢遊一番。

那一天，已經不再遙遠。

二〇一〇年十月十六日

被非法軟禁在北京家中的第三天

附錄二／

劉曉波年表簡編

一九五五年

十二月二十八日，生於吉林省長春市。父親劉伶，為東北師範大學中文系教師；母親張素勤，在東北師範大學保育院工作。家住東北師範大學教師宿舍。

劉曉波是家中的老三。大哥劉曉光，曾任公司經理；二哥劉曉暉，吉林省博物館副館長；四弟劉曉暄，廣東工業大學材料與能源學院工程系教授、系主任；五弟劉曉東，九〇年代初突發心臟病去世。

一九五六年　一歲

父親劉伶被派往蒙古國喬巴桑大學任教，隨父母前往蒙古國。

一九五七年　二歲

與父母、二哥在蒙古國。父親得以避開國內的「反右」運動。入中國使館辦的培才幼稚園。

一九五九年　四歲

全家返回長春，轉入東北師範大學附屬幼稚園。

劉霞出生於北京。

一九六二年　七歲

入東北師範大學附小。

一九六六年　十一歲

東北師範大學附小，讀五年級。

「文革」爆發，學校一度「停課鬧革命」。

一九六七年　十二歲

升入東北師範大學附中，讀初中一年級。

一九六九年　十四歲

「文革」波及社會各階層，毛澤東命令在農村開設「幹校」，讓城市幹部和知識分子到幹校接受「貧下中農再教育」。

隨父母下鄉到內蒙科爾沁右翼前旗大石寨公社接受勞動改造。

一九七一年　十六歲

九月十三日，林彪事件發生，至今事件真相仍然撲朔迷離。「副統帥」背叛「統帥」，使得中國人民對毛澤東崇拜破滅，「文革」逐漸退潮。劉曉波由此看透了中共體制的虛偽與殘暴，邁出了思想叛逆不歸路的第一步。

一九七三年　十八歲

全家返回長春。繼續就讀於東北師範大學附中。與同學陶力戀愛。

一九七四年　十九歲

七月，作為「知識青年」，插隊到吉林省農安縣三崗公社。這是其第二次下鄉。

一九七六年　二十一歲

朱德、周恩來、毛澤東相繼死去，「四人幫」被捕，鄧小平復出，「文革」結束，知青返城。十一月，返回長春，在市建築公司當抹灰工人。一邊工作，一邊複習功課。

一九七七年　二十二歲

參加「文革」後的首次高考，考上吉林大學中文系。

一九七八年　二十三歲

三月十三日，作為七七級新生之一，到吉林大學報到，入住七舍二〇二宿舍。

五月，時任中央黨校副校長的胡耀邦發起「實踐是檢驗真理的唯一標準」大討論，衝破「兩個凡是」的思想禁錮。

十二月，中共十一屆三中全會召開，否定「文革」，否定「以階級鬥爭為綱」的政治路線，將工作重點轉移到經濟建設上。鄧小平架空華國鋒，逐漸取得最高權力。

年底，「北京之春」運動出現，部分覺醒的年輕人提出反對無產階級專政，要求民主和人權。「北京之春」的異端思想，對劉曉波形成了直接的思想啟蒙。

一九七九年　二十四歲

在吉林大學中文系學習。

三月，鄧小平下令逮捕民運人士魏京生等人，發表「四個堅持」。夏天，取締「西單民主牆」。

一九八〇年　二十五歲

在吉林大學中文系學習。

成為吉林大學中文系「赤子心」詩社的第七名成員。參與編輯《赤子心》詩刊。

二月，胡耀邦出任中共總書記。九月，趙紫陽出任國務院總理。

一九八二年　二十七歲

從吉林大學中文系畢業，獲文學學士學位。並考取北京師範大學中文系研究生。

師從名作家、文藝評論家黃藥眠教授，攻讀文藝理論方向的碩士學位。開始在學術刊物發表論文。與青梅竹馬的女友陶力結婚。陶力的父親陶德臻，為北師大中文系副教授；母親浦漫汀，為兒童文學專家。陶力畢業於東北師範大學中文系，畢業後分配到北師大工作。

十月，鄧力群說動鄧小平，發起所謂「清除精神污染」運動。在胡耀邦的扼制下，這場運動僅僅二十七天後便勉強收場。

一九八三年　二十八歲

在北師大中文系攻讀碩士學位。

兒子劉陶出生。

一九八四年　二十九歲

在北師大中文系攻讀碩士學位。

四月，在《國際關係學院學報》上發表處女作〈論藝術直覺〉，後在《社會科學戰線》上發表〈論莊子〉。

獲文學碩士學位。並留校任教。

一九八五年　三十歲

在北師大中文系任教，教授文藝理論方面的課程。

六月，發表論文〈一種新的審美思潮〉。

秋，北京等地的大學生因反對日本首相參拜靖國神社，而走上街頭抗議示威。劉曉波並不支援此類以民族主義為訴求的學生運動。

一九八六年　三十一歲

在北師大中文系在職攻讀博士學位。

四月，在《中國》雜誌發表長篇論文〈無法回避的反思：從幾部有關知識分子的小說談起〉。

九月，中國社會科學院文學研究所召開「新時期十年文學討論會」，到場以「新時期文學面臨危機」為題即興發言，引發巨大爭議。

十月三日，在研討會上的發言由《深圳青年報》整理發表，國內外報刊紛紛轉載，引起更大轟動，由此被稱為「文壇黑馬」。

十月，在《中國》雜誌發表論文〈與李澤厚對話：感性．個人．我的選擇〉。

十二月十二日，在清華大學發表演講，指出：「當代大學生的一個重要任務，就是脫胎換骨，改變從中小學就灌輸給你的僵化思想。」

十二月下旬，因省人大代表選舉不公，安徽合肥中國科技大學的學生上街抗議，各地相繼發生學潮，一百五十多所大學的數十萬學生參加。鄧小平命令展開「反對資產階級自由化」運動。

一九八七年　三十二歲

一月，中共總書記胡耀邦因「反自由化不力」而遭到以鄧小平為首的老人幫非法罷黜。總理趙紫陽接任總書記。

方勵之、劉賓雁、王若望等知識分子受到批判，被開除黨籍。在趙紫陽的努力下，受波及的知識分子人數有限。

九月三日，導師黃藥眠教授去世。此後，由副導師童慶炳教授具體指導其博士學業。同時在中文系任教。

首部重要專著《選擇的批判：與李澤厚對話》由上海人民出版社出版，在高校內外洛陽紙貴。被視為「民族虛無主義」和「全盤西化」的代表人物。

一九八八年　三十三歲

二月，《百家》雜誌開闢「第一百零一家」專欄，發表劉曉波的論文〈論孤獨〉，以及其他學者討論「劉曉波現象」的論文。

六月二十五日，通過博士論文答辯。答辯委員會匯集了包括王元化、謝冕、高爾泰在內多位當時第一流的人文學者。

獲得博士學位後，繼續應聘為北師大中文系講師。

八月二十四日，應邀赴挪威奧斯陸大學講授中國當代文學。

十一月，〈混世魔王毛澤東〉在香港《解放》雜誌（後改名《開放》）十一月號發表，在文章中提出「否定毛是全民族的一次脫胎換骨」。

十一月二十七日，結束奧斯陸大學的訪問學者專案，赴夏威夷大學，講授中國哲學、中國當代政治與知識分子並進行該專題的研究。途經香港，接受《解放》雜誌主編金鐘的專訪，發表備受爭議的「中國民主化需經歷三百年殖民地」的觀點。

博士論文《審美與人的自由》由北京師範大學出版社出版。

一九八九年　三十四歲

二月，結束夏威夷大學的訪問學者專案，赴紐約哥倫比亞大學擔任訪問學者。與紐約的民運人士廣泛接觸，參與《北京之春》雜誌的編輯工作。

四月十五日，胡耀邦去世，引發各地學生遊行抗議。連續發表三篇〈胡耀邦逝世現象評論〉。

四月十八日，與胡平、陳軍等十人共同發表〈改革建言〉，要求中共當局「重新審查一九八三年清除精神污染運動和一九八七年反資產階級自由化運動的有關問題」、「修改憲法」、取消「四項基本原則」、加入保障基本人權的條款、開放民間報刊、禁止因言定罪。

四月二十二日，與胡平等發表〈致中國大學生的公開信〉，提出七條如何開展學生運動的建議。

四月二十六日，鄧小平命令《人民日報》發表妖魔化學生運動的〈「四二六」社論〉。同日，提前結束其在哥倫比亞大學的訪問學者專案，返回北京參加學生運動。

四月二十七日，回到北京，向「北京師範大學學生自治會」轉交王炳章等海外留學生、學者的捐款數千元美金和萬餘元人民幣。

五月十三日，北京大學生到天安門廣場絕食靜坐。次日，到廣場支持和協助學生，參與廣場絕食團的宣傳、撰稿、講演、募捐等活動，應邀負責《北師大絕食團通訊》籌款、組稿、編輯和發行，並參與「首都各界聯合會」的籌建工作。

起草並散發〈致北師大黨委的公開信〉、〈告海外華人以及一切關心中國問題的外國人士書〉、北京師範大學學生自治會的〈我們的建議〉等傳單。

五月十七日，中共總書記趙紫陽因反對武力鎮壓民主運動，而遭到以鄧小平為首的老人幫非法罷黜。

五月十九日，國務院總理李鵬主持召開首都黨政軍幹部大會，宣布從二十日起在北京實施戒嚴。

六月二日，發表〈「六二」絕食宣言〉，與侯德健、周舵、高新開始絕食，世稱「天安門廣場四君子」。

六月三日深夜，中共軍隊包圍天安門廣場，「四君子」勸說學生撤離廣場，並與戒嚴部隊指揮官談判，為廣場上的學生和市民開闢一條和平撤離的通道，從而避免了更大規模的流血犧牲。

六月四日，最後一批撤離廣場，與侯德健一起避入外交公寓。

六月六日，離開外交公寓，騎自行車回家，途中被祕密警察非法綁架。隨後被關押在秦城監獄。中國官方媒體公開指控其為操縱學運的「黑手」。

六月二十四日，《北京日報》發表署名王昭的文章〈抓住劉曉波的黑手〉，此後當局又炮製出一本批判文集《劉曉波其人其事》。

六月，江澤民出任中共總書記。

九月，被開除公職。

首次被提名為諾貝爾和平獎候選人。

專著《形而上學的迷霧》由上海人民出版社出版，「六四」後即被禁。

專著《赤身裸體，走向上帝》由時代文藝出版社出版，「六四」後即被禁。

一九九〇年　三十五歲

被單獨關押在秦城監獄。

八月，與妻子陶力離婚。

專著《中國當代政治與中國知識分子》由台灣唐山出版社出版。

專著《思想之謎與人類之夢》（上下卷）由台灣風雲時代出版公司出版。

獲美國「人權觀察組織」（Human Rights Watch）之「海爾曼人權獎」（Hellman-Hammett Grant）。

一九九一年　三十六歲

一月二十六日，在北京市中級人民法院受審，被判定「反革命宣傳煽動罪」，但因說服學生撤離廣場被作為「重大立功表現」而免予刑事處分釋放。

當天即被押送回大連父母家中。

數月後返回北京，暫住於侯德健的公寓中。

與劉霞陷入熱戀，兩人遷入北京海淀區雙榆樹附近的一所公寓。

一九九二年　三十七歲

鄧小平發表「南巡」講話，重新啟動經濟改革，商業浪潮席捲中國。另一方面，拒絕進行政治改革，繼續對異議人士實行高壓。

專著《現代中國知識人批判》由日本德間書店出版。這是其第一本外文版著作。

一九九三年　三十八歲

一月，應邀出訪澳洲和美國，接受文獻紀錄片《天安門》製作者採訪，並在台灣《聯合報》發表〈我們被我們的「正義」擊倒〉，對「八九民運」進行批判性反省，在海內外異議人士中引發爭議。

四月，在紐約接受《北京之春》雜誌編輯亞衣專訪。

五月，謝絕海外一些朋友留下申請政治庇護的建議，返回中國。

「六四」回憶錄《末日倖存者的獨白》由台灣時報文化出版社出版，其中對自己、學生、知識分子及中國民眾的反思與批判，引發巨大爭論。

一九九四年　三十九歲

與陳小平等人向全國人大提交〈關於廢除勞動教養制度的建議〉。

一九九五年　四十歲

二月二十日，與包遵信、王若水、陳子明、徐文立等十二人連署發表〈反腐敗建議書：致八屆人大三次全會〉，提出了近期改革的八項目標與遠期改革的五項目標。

五月，與陳小平共同起草〈汲取血的教訓，推進民主與法治進程：「六四」六週年呼籲書〉，並與王之虹、王丹、包遵信、劉念春、江棋生等共十四人連署發表。

五月十八日，在呼籲書正式發表前，被北京市公安局從家中帶走，以「監視居住」的形式單獨關押在北京郊區。

一九九六年　四十一歲

一月，被釋放回家。

八月，到廣州與王希哲相見，商定向國共兩黨提出〈對當前我國若干重大國是的意見〉，在兩黨簽署和平協定〈雙十協定〉五十一週年的十月十日發表，也稱〈雙十宣言〉，包括兩岸統一的政治基礎問題、西藏問題、關於健全全國人民代表大會制的問題、釣魚島問題等四項。

十月八日，在該宣言正式發表的前兩天，被北京市公安局拘留，隨後以「擾亂社會秩序罪」被處勞動教養三年。

再次獲美國「人權觀察」組織「海爾曼人權獎」。

一九九七年　四十二歲

一月，被移送大連勞動教養院。

二月十九日，鄧小平去世。因身在獄中，無法撰文評論。多年後，撰文〈老人政治的悲劇：鄧小平時代的中國改革〉等文章評價鄧小平一生的功過。

在被勞動教養期間，與劉霞結婚。

一九九八年　四十三歲

被關押在大連勞動教養院。

一九九九年　四十四歲

十月七日，勞教期滿獲釋，回到北京家中。在被關押的三年間，寫下數十萬字的讀書筆記和書信。母親張素勤去世。

遷入萬壽路中里十八號樓的一套公寓。

二〇〇〇年　四十五歲

七月，參與創立中國獨立作家筆會（後改名為獨立中文筆會），與劉賓雁、鄭義等同為創會會員。《劉曉波劉霞詩選》由香港夏菲爾國際出版公司出版。

以筆名「老俠」與王朔對話，編輯成《美人贈我蒙汗藥》，由長江文藝出版社出版。雖然經過大量刪節，但這是「六四」後唯一在國內出版的著作。

父親劉伶再婚。

二〇〇一年　四十六歲

九月十二日，「九一一」恐怖襲擊次日，發表〈我想為捍衛生命、自由與和平而戰〉一文。並與包遵信等十多名中國知識分子一起發表〈致布希總統和美國人民的公開信〉，公開信寫道：「今夜，我們是美國人。」

十一月，搬離萬壽路中里的居所，遷入西三環外花園路七賢村中國銀行宿舍樓的一套兩居室。劉曉波與劉霞一直在此居住到二〇〇八年，這是他們居住時間最長的一處居所。

二〇〇二年　四十七歲

胡錦濤接替江澤民擔任中共總書記，溫家寶接替朱鎔基出任總理。海外媒體及中國民間對「胡溫新政」充滿憧憬。撰寫多篇文章論述所謂「胡溫新政」不過是空中樓閣。

一月十日，全美中國學生學者自治聯合會應「天安門母親」支持者的要求，發起為「天安門母親」爭取二〇〇二年度諾貝爾和平獎提名的活動。全力支持該活動，次日撰寫題為〈「天安門母親」理應得到的榮譽〉的文章表達聲援。

六月三日，發表〈呼籲中國政府平反「六四」和釋放所有良心犯：給中國政府的公開信〉。

七月二十七日，因中共當局頒布〈網路出版管理暫行規定〉，與十七位作家、學者一起發表〈網路公民權利宣言〉。

與王力雄等二十四名各界知識分子，就活佛阿安紮西及藏人洛讓鄧珠的死刑案，聯名發表〈關於阿安紮西、洛讓鄧珠死刑案上訴審理的建議書：致全國人民代表大會、最高人民法院、四川省高級人民法院〉。這封建議書陸續徵集到一百四十七位簽名者，並籌集資金聘請法律界前輩張思之擔任該案的辯護律師。

專著《向良心說謊的民族》由台灣捷幼出版社出版。

二〇〇三年　四十八歲

四月，與余杰、徐晉如等聯名發表〈我們支援伊拉克戰爭〉的聲明。

十一月二日，與多名知識分子一起發表〈關於網路作家杜導斌因言獲罪一案致溫家寶總理的公開信〉。

十一月二十日，與余杰、王光澤等發表〈呼籲遷移毛澤東遺體的開放式徵集簽名信〉。

十一月二十一日，高票當選獨立中文筆會第二屆會長，在筆會內部論壇發表〈就職說明〉。

獲美國「中國民主教育基金會」第十七屆「傑出民主人士獎」。

二〇〇四年　四十九歲

二月一日，與茅於軾、王怡、余杰等一百多名知識分子共同發表〈要求對「煽動顛覆國家政權罪」作出法律解釋的呼籲信〉，批評刑法中有關條文概念含糊、邏輯模糊，導致許多僅僅是批評性的、非暴力訴求的議政言論被強行定性為「煽動顛覆國家政權」，實際上等於取消了《憲法》所賦予公民的言論自由權利。

「六四」十五週年前夕，丁子霖等「天安門母親」遭到當局非法拘押，發表〈強烈抗議中共公安逮捕「六四」受難家屬丁子霖、張先玲、黃金平〉等文章。

十月三十日，獨立中文筆會第二屆自由寫作獎頒獎儀式在北京郊外舉行，有數十名體制內外的作家、學者、記者、律師與會。在頒獎會上以筆會會長的身分發言。

十二月十三日下午，因醞釀起草中國年度人權報告，與余杰、張祖樺一起被北京警方傳訊。次日早上，三人先後獲釋。

十二月二十一日，獲無國界記者和法蘭西基金會二〇〇四年度「捍衛言論自由獎」。

獲第九屆香港「人權新聞獎優異獎」，獲獎文章為〈「新聞腐敗」不是新聞〉，發表於《開放》雜誌二〇〇四年一月號。

二〇〇五年　五十歲

一月十七日，趙紫陽逝世。在此期間，被軟禁在家中，無法參加有關悼念活動。

二月二十五日，發表〈傾聽突破「資訊柏林牆」的自由聲音：祝賀「德國之聲」開播四十週年〉。

三月二十四日，發表〈就校園BBS被整肅致教育部部長周濟的公開信〉。

十月七日，發表〈就師濤案致雅虎公司董事長楊致遠的公開信〉。

十一月二日，經過獨立中文筆會網路會員大會的選舉，連任獨立中文筆會第三屆會長。

十二月十日，與丁子霖等發表〈關於廣東汕尾市東洲鄉血案的聲明〉。

接替蘇曉康，以化名「何路」擔任美國「民主中國」網站主編。

獲第十屆香港人權新聞獎大獎，獲獎文章為〈權貴的天堂，弱者的地獄〉，發表於《開放》雜誌二〇〇四年九月號。

專著《未來的自由中國在民間》由美國勞改基金會出版。

二〇〇六年　五十一歲

一月二日，獨立中文筆會二〇〇五年度「自由寫作獎」和「林昭紀念獎」頒獎儀式在北京舉行。在頒獎會上以筆會會長的身分發言。

一月十二日，獨立中文筆會和「公民半月談」在北京三味書屋合作舉行「文學與記憶」研討會，發表題為〈沒有歷史，沒有未來：為北京「文學與記憶」研討會而作〉的書面發言。

一月十九日，趙紫陽週年忌辰，與丁子霖一起前往趙紫陽住宅祭拜。

二月二十三日，應台灣中央廣播電台主持人楊憲宏之邀，與台灣陸委會主委吳釗燮在電話中就兩岸問題展開對談。

四月二十九日，為勞改基金會主辦的「蘇聯的古拉格和中國的勞改」國際研討會提交題為〈我的人身自由在十幾分鐘內被剝奪〉的論文。

六月六日，與李健等發表〈呼請中國政府在全球基金國家協調機制上尊重民間權利和文明規則〉的公開信。

十月，接替蘇曉康擔任設在美國的「民主中國」網站主編。

獲第十一屆香港人權新聞獎優異獎，獲獎文章為〈汕尾血案的始末和背景〉，發表於《開放》雜誌二〇〇六年一月號。

專著《單刃毒劍：中國當代民族主義批判》由美國博大出版社出版。

二〇〇七年　五十二歲

一月二十三日，在北京香格里拉飯店與總部設置巴黎的「記者無疆界」組織的代表會面，就中國的言論自由和新聞出版自由等問題交換意見。

八月七日，與丁子霖等發表題為〈「同一個世界，同一個夢想」，同樣的人權：我們對北京奧運的呼籲和建議〉的公開信。

八月，獲「亞太人權基金會」之「良知勇氣獎」。

十一月，卸任獨立中文筆會會長，按照筆會章程，繼續擔任一屆理事，任期至二〇〇九年十月。

十二月六日，發表〈勞教，早該被廢除的惡法：堅決支持茅於軾、賀衛方等人廢止勞教制度的公民建議〉一文。

十二月二十六日，與余杰、王光澤等發表〈再次呼籲在奧運會開幕之前遷移毛澤東遺體〉的公開信。

二〇〇八年　五十三歲

二月十五日，與胡平等海內外人士致函「兩會」，呼籲〈立即廢除城鄉戶籍二元制，讓「農民工」成為歷史名詞〉。

三月二十二日，與王力雄等人聯名發表〈中國部分知識分子關於處理西藏局勢的十二點意見〉。

三月二十九日，應邀參加由「中國和解智庫」召集的、以「衝突與和解」為主題的學術座談會，對中國未來如何實現社會各階層和解的議題作了深入闡發。

五月，發表〈孩子‧母親‧春天：為「天安門母親」網站開通而作〉一文。

獲當代漢語研究所二〇〇八年度「當代漢語貢獻獎」。六月三日，發表答謝辭〈從野草到荒原〉。

六月三日，被北京警方非法限制人身自由，在抗議過程中，遭到多名警察的暴力毆打。江棋生等發表抗議信〈「六四」夜，我們抗議警方對劉曉波先生施暴〉。

十月，開始裝修劉霞父母贈與居住，位於玉淵潭附近的一套寬敞公寓。

十一月二十九日，由郭玉閃和張大軍創辦的「傳知行研究所」邀請劉曉波作「悲劇的文學」講座，遭北京警方破壞而被迫取消。

十二月二日，在「觀察」網站發表其被捕前的最後一篇文章〈打破行政壟斷就是消除「合法搶劫」：向罷運的「的哥」致敬〉。

參與起草並發起《零八憲章》，三百多名中國各界人士一同簽署。該憲章於十二月十日世界人權日、聯合國《世界人權宣言》六十週年時發表。

十二月八日，《零八憲章》發表前夕，被北京警方從家中帶走，被祕密拘押於北京郊外。

二〇〇九年　五十四歲

三月，獲捷克「在困境中的人」（People In Need）救援組織「人與人獎」（Homo Homini Award）。

四月，獲美國筆會「巴巴拉・戈德史密斯自由寫作獎」（Barbara Goldsmith Freedom to Write Award）。

六月二十三日，被祕密拘押半年多後，以「涉嫌煽動顛覆國家政權罪」，經北京檢察機關批准正式逮捕，被關押在北京市看守所。

六月二十五日，北京當局以莫少平律師是《零八憲章》的簽名人為由，拒絕莫少平出任劉曉波的辯護律師。遂改由莫少平律師事務所的尚寶軍、丁錫奎擔任其辯護律師。兩位律師第一次與劉曉波會見。

十二月二十五日，劉曉波案在北京第二中級法院開庭審判。當日，劉霞及數百名劉曉波的支持者被軟禁在家。美國、歐盟等國的使館官員要求旁聽亦被拒。

十二月二十六日，被當局以「煽動顛覆國家政權罪」判刑十一年，剝奪政治權利兩年。在法庭上作「我沒有敵人」的最後陳述。

一審判決書指控其在「觀察」、「BBC中文網」等境外網站上發表〈中共的獨裁愛國主義〉、〈難道中國人只配接受「黨主民主」〉、〈通過改變社會來改變政權〉、〈多面的中共獨裁〉、〈獨裁崛起對世界民主化的負面效應〉、〈對黑窯童奴案的繼續追問〉等「煽動性」文章，造謠和誹謗中國政府；還在《零八憲章》中提出「取消一黨壟斷執政特權」、「在民主憲政的架構下建立中華聯邦共和國」等多項主張，試圖煽動顛覆政府。判決後，被獲准與妻子劉霞短暫會面，表示將提出上訴。

獲全美學自聯「自由精神獎」。

評論集《大國沉淪：寫給中國的備忘錄》由台北允晨文化出版社出版。

評論集《從天安門事件到零八憲章》由日本藤原書店出版。

二〇一〇年　五十五歲

一月二十二日，代表來自三十六個國家、八百多名學者的歐洲漢學學會，向胡錦濤發出公開信，呼籲立即釋放劉曉波。

二月十一日，北京市高院二審判決，駁回上訴，維持原判。

三月十日，全球一百五十多名學者、作家、律師和人權倡議者發表致中國人大委員長吳邦國的聯名信，呼籲全國人大通過推動釋放劉曉波，來表明中國將以認真的態度來實現法治的目標。

五月二十六日，被移送遼寧省錦州監獄。

六月二日，劉霞第一次獲准到錦州監獄探望丈夫，送去一些食品、衣物和書籍。

十月四日，獲「人權觀察」組織「愛麗森・黛絲・弗基斯非凡運動獎」（Alison Des Forges Award for Extraordinary Activism）。

十月七日，獲德國筆會「赫爾曼・凱斯滕獎」（Hermann-Kesten-Medaille）。

十月八日，挪威諾貝爾和平獎評審委員會主席托爾・亞格蘭宣布，挪威諾貝爾委員會以「在中國為基本人權持久而非暴力的奮鬥」為由，將二〇一〇年諾貝爾和平獎頒發給劉曉波。如果排除達賴喇嘛的國籍爭議，劉曉波是首位獲得諾貝爾和平獎的中華人民共和國公民。

十月九日，與劉霞在獄中會面。告訴劉霞，此前已經從監獄方面得知自己獲獎的消息，並在劉霞面前流著眼淚說，這個獎項是頒給死於「六四」屠殺的亡靈的，並認為最應得獎的是「天安門母親」群體。此後，劉霞一直處於被非法軟禁狀態。

十月十日，部分華人基督徒發表〈悔改與和解：目前中國社會唯一的出路——基督徒恭賀劉曉波先生榮獲二〇一〇年諾貝爾和平獎之公開信〉。

十月十一日，「天安門母親」群體發表〈我們的聲明〉，該聲明指出：「劉曉波先生的獲獎，對我們來說也是莫大的鼓舞。」

十月十一日，美國《時代週刊》製作「全球十大政治犯」特輯，劉曉波位居首位。

十月二十五日，十五位諾貝爾和平獎得主發表一封連署的公開信，向聯合國祕書長潘基文以及G20成員國領袖呼籲，希望他們在G20韓國首爾高峰會期間，向中國國家主席胡錦濤提出釋放劉曉波與解除對劉霞的軟禁。

十二月十日，諾貝爾和平獎頒獎典禮在奧斯陸舉行。劉曉波及其直系親屬，包括劉霞邀請出席典禮的數百名友人，全部被軟禁在家，無法出席頒獎典禮。主辦單位特意安排一張具有象徵性的「空椅子」，這在諾貝爾和平獎百年的歷史上極為罕見。

諾貝爾委員會祕書長倫德斯塔德告訴「德國之聲」電台：「委員會將會替劉曉波保管好獎牌、獎狀和獎金。等待他本人或者派遣的代表有一天能來奧斯陸領獎。」而且，獎金的利息一分錢也不會少，「不管利息有多少，他到時候會連本帶息的獲得這一千萬瑞典克朗」。

十二月十日，諾貝爾和平獎主題展覽「我沒有敵人」向公眾開放。

十二月十一日，諾貝爾和平獎音樂會在奧斯陸舉行。音樂會由好萊塢影星丹佐·華盛頓和安妮·海瑟威連袂主持，挪威國王和王后及六千名觀眾出席。音樂會上播放了翁山蘇姬支援劉曉波的短片。全球多支知名樂隊參加演奏，一百多個國家轉播。

德國筆會、美國筆會、葡萄牙筆會、捷克筆會、澳洲雪梨筆會等筆會宣布劉曉波為榮譽會員，獨立中文筆會宣布劉曉波為榮譽會長。

《劉曉波文集》德文版由德國漁夫出版社出版。

《劉曉波文集》中文版由香港新世紀出版社出版。

《追尋自由：劉曉波文集》由美國勞改基金會出版。

二〇一一年　五十六歲

三月，聯合國任意羈押工作小組就劉曉波以及劉霞的案件出具意見書，分別為十五／二〇一一號和十六／二〇一一號。意見書介紹了劉曉波及劉霞的個人情況及目前遭遇，認為中國政府對劉曉波和劉霞人身自由的剝奪屬任意羈押，要求中國政府釋放劉曉波，停止對劉霞的軟禁，並對他們予以賠償。

九月二十二日，父親劉伶去世。據美聯社等媒體報導，劉曉波被獲准出席父親的葬禮。

《劉曉波文集：倖存於最後的審判》日文版由日本岩波書店出版。

文集《「我沒有敵人」的思想：中國民主化奮鬥二十餘年》日文版由日本藤原書店出版。

十月，法國比楊古市立博物館舉辦名為「沉默的力量」的劉霞攝影作品展。

十二月八日，包括圖圖大主教在內的五名諾貝爾獎得主聯名呼籲中國政府釋放劉曉波。他們成立了「營救劉曉波委員會」，在聲明中指責國際社會淡忘了劉曉波的命運。他們呼籲「所有那些致力於保障思想和言論自由人加入進來，為釋放劉曉波作出努力」。挪威諾貝爾獎委員會祕書長倫德斯塔德認為，他們的發出的聲音非常重要，「這五名獲獎者提醒我們，必須繼續爭取人權的鬥爭」。加入該委員會的還有前捷克總統哈維爾。

二〇一二年　五十七歲

二月，劉霞的攝影作品展在美國哥倫比亞大學舉行，此後還將在馬德里、香港、台灣等地展出。

二月十三日，中國國家副主席習近平訪美，美方提出釋放劉曉波等異議人士，未得到習近平的直接回應。

二月，《劉曉波文集》英文版由美國哈佛大學出版社出版。

歷史與現場 211

我無罪：劉曉波傳

作　者—余　杰
主　編—湯宗勳
責任編輯—李清瑞
特約編輯—黃珮玲
美術設計—賴欣怡
執行企劃—鍾岳明

總 編 輯—余宜芳
發 行 人—趙政岷
出 版 者—時報文化出版企業股份有限公司
10803台北市和平西路三段二四〇號四樓
發行專線—（〇二）二三〇六六八四二
讀者服務專線—〇八〇〇二三一七〇五
（〇二）二三〇四七一〇三
讀者服務傳真—（〇二）二三〇四六八五八
郵撥—一九三四四七二四時報文化出版公司
信箱—臺北郵政七九～九九信箱
時報悅讀網—http://www.readingtimes.com.tw
電子郵箱—history@readingtimes.com.tw
法律顧問—理律法律事務所 陳長文律師、李念祖律師
印　刷—勁達印刷股份有限公司
初版一刷—二〇一二年八月三十一日
初版五刷—二〇一九年一月十九日
定價—新台幣三八〇元
（缺頁或破損的書，請寄回更換）

時報文化出版公司成立於一九七五年，
並於一九九九年股票上櫃公開發行，於二〇〇八年脫離中時集團非屬旺中，
以「尊重智慧與創意的文化事業」為信念。

我無罪：劉曉波傳 / 余杰著. -- 初版. -- 臺北市：時報文化,
2012.08
面；　公分. -- (歷史與現場；211)

ISBN 978-957-13-5628-0(平裝)

1. 劉曉波　2. 傳記

782.887　　101014629

ISBN 978-957-13-5628-0
Printed in Taiwan

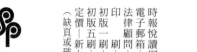